岩　波　現　代　文　庫

明治の表象空間

(中)

歴史とイデオロギー

松浦寿輝
Hisaki Matsuura

学術 475

岩波書店

凡　例

一、文献の引用に当たって、旧仮名遣いはそのままとしたが、旧漢字は新漢字に置き換えた。また、今日の読者の読み易さの便に配慮し、最小限の範囲で句読点を補うないし変更する、濁点を添える、ルビを振るなど手を加えた箇所がある。

一、本書の成立には、明治時代の基本的文献を集成した三つの叢書、『明治文学全集』(全九十九巻+別巻一、筑摩書房、一九六五―八九年)、『明治文化全集』(第三版、全三十二巻、日本評論社、一九六七―七四年)、及び『日本近代思想大系』(全二十三巻+別巻一、岩波書店、一九八八―九二年)が大いに裨益している。本書で行なった引用も、これらの叢書に収録されている文書に関しては、原本のページ数ではなく叢書における該当ページ数を記載している。アクセスの容易さという点で、その方が読者の便宜に資すると考えたからである。むろん個人全集等、他に厳密な校訂版がある場合はそちらに拠った。また『日本近代思想大系』は抄録が多いので、必要な場合は原本ページのレフェランスを添えた。なお、これらの叢書に収録された資料の多くは、現在、国立国会図書館の運営する「近代デジタルライブラリー」のウェッブサイトでその原本の本文全体が閲覧できるようになっている(http://kindai.ndl.go.jp/)。

一、年号の記法について。明治論としての性格上、本文中、明治期の出来事に関しては基本的に「明治**年」とのみ記載し、西暦での言い換えは、それが本文の理解にとって有用と思われる場合を除き、くだくだしいので行なわない。他方、「会沢正志斎の『新論』(一八二五年)から北一輝の『国家改造案原理大綱』(一九一九年)までのほぼ一世紀」のような記述において西暦のみ記しているのは、文政八年や大正八年などと書き添えることがここでの論旨にとって「関与的(relevant)」でないからである。本書の全体を通じて、元号と西暦の記法はこのように随時プラグマティックな判断で使い分けられている。なお、年齢は満年齢で記した。

目　次

上巻目次

下巻目次

第Ⅱ部　歴史とイデオロギー

17　科学——博物学(一)

薬園から植物園へ

現在の文京区白山三丁目に位置し、およそ十六万平方メートルもの敷地を持つ植物園の正式名称は、東京大学大学院理学系研究科附属植物園というものである。だが、むしろ小石川植物園という通称で知られているあの広大な庭園は、元来、東京大学所属の施設だったわけでもなく、また「植物園」だったわけでもない。それは当初は「薬園」だったのだ。

薬用植物(薬草木)の栽培施設としての「薬園」の存在自体は、大宝律令(七〇一年)や養老律令(七一八年)にすでに記録されており、わが国におけるその歴史は古い。しかしその本格的な出現は、徳川時代に入り、家光治世の寛永十五(一六三八)年、幕府が江戸内の南北二か所に開設した二つの薬草園をもって嚆矢《こうし》とすると言ってよい。牛込にあった北薬園は、綱吉治世の天和元(一六八一)年、その地に護国寺建立が決まって廃止される。麻布にあった南薬園も、三年後の貞享元(一六八四)年、白金御殿の拡張に伴って廃園となる。しかし同年、小石川にあった館林藩の下屋敷の拡張に当たって、その敷地の一部にこの南薬園を移設することになった。これが現在の小石川植物園のそもそもの始まりである。その後、徳川時代を通じて小石川薬園を見舞った有為《うい》転変の数々については触れる紙幅はなく、またその必要もないので（詳しくは大場秀章「日本における植物学の歩みと小石川植物園」等を参照のこと。本書の以下の記述も、同論文や同じく大場氏の「伊藤圭介と物産学」に多くを負っている）(1)、ここでは明治初年まで時代を一挙に下ろう。

維新の混乱の中、小石川薬園の所管はめまぐるしく変転する。明治元年、この薬園はまず東京府の管轄に移り、大病院附属御薬園と称することになる。当時、新政府は幕府直轄の昌《しょう》平黌《へいこう》（昌平学校）、開成所（開成学校）、西洋医学所（医学校）を統合して大学校（後に大学）を創設するが、それとともに小石川薬園は、同二年五月（一説には六月）、大学校附属となり、医学校御薬園と呼ばれるようになる。同四年、旧昌平黌の大学本校が廃止され、他の二校が大学南校・東校として残ったとき、小石川薬園は後者の所属になり、大学東校御薬園、次いで東校御薬園と称した。

明治四年七月、大学の教育行政機能を独立させて文部省が設置されると、この薬園は文部省所管となり、十月には同省内に設けられた博物局に合併される。同六年三月、太政官博覧会事務局に合併された後、同八年二月にはふたたび文部省に移管され、文部省博物館の附属となり、同年三月に小石川植物園と改称される。「薬園」に代わって「植物園」という名称がここに初めて登場するのである。

他方、南校・東校は東京開成学校・東京医学校時代を経て、明治十年四月に併合され、かくして文部省所管の官立東京大学が発足する。法・理・文・医の四学部と予備門とを併せ持つ、学生生徒数約千六百人の東京大学（同十九年には帝国大学、三十年には東京帝国大学と改称される）の創立に際し、小石川植物園はその附属施設にいわばふたたび戻り、かくして今日に至ることになる。

煩瑣《はんさ》な記述になったが、要は、小石川薬園が、維新直後の十年ほどの短い歳月の間に、東京府の病院附属から始まって、大学へ、博物館へ、また大学へと、大きく言えば三度《みたび》その所属を変えたということだ。その過程で正式名称が「薬園」から「植物園」に切り替わったのは、繰り返すなら、文部省博物館附属時代の明治八年三月のことである。

では、この明治八年に日本ではどういうことが起きていたのか。たとえば、同年三月七日、太政官達として「行政警察規則」が制定されており、その第一章第一条に「行政警察ノ趣意タル、人民ノ凶害ヲ予防シ、安寧ヲ保全スルニ在リ」と謳われているという点については、本書（上巻）「2 仁愛——内務省と警察（一）」ですでに触れた。同「規則」では、捕亡吏・取締組・番人などの名称が「邏卒《らそつ》」に統一され（同年十月に「邏卒」はさらに「巡査」に改められる）、その「邏卒」の任務の一つとして、あの「戸口調査」——それが「横」へ逸脱してゆく運動の抑止を目的とした保安的オペレーションであるという点は、本書（上巻）「4 逸脱——戸籍（二）」で詳述した——が明文化されてもいる（第二章第五条「持区内ノ戸口、男女老幼及其《およびその》職業、平生ノ人トナリニ至迄《いたるまで》ヲ注意シ、若《も》シ無産体ノ者集合スルカ又ハ怪シキ者ト認《みとむ》ルトキハ、常ニ注目シテ其挙動ヲ察スベシ(2)」）。

この明治八年の四月十四日の太政官布告では、漸次立憲政体を立てるという趣旨の詔書が発布されている。が、その一方で同年六月二十八日には、反政府運動取り締まりのため、讒《ざん》謗《ぼう》律《りつ》・新聞紙条例が制定されてもいる。新政府は、憲法制定の公約によって開明派の輿《よ》論《ろん》を懐柔する一方、民衆の思想と行動を掌握する管理技術を進化させ、それを制度化・システム化しつつあった。「小石川薬園」から「小石川植物園」への改称はまさにそのさなかに起きた同時代の出来事だったのだ。この同時代性の意味を考えてみたいと思う。

王室など権力者の私有する薬用植物の栽培施設であったものが、近代的な「植物園(botanical garden)」へ進化するという過程は世の東西に普遍的に見られるもので、何も小石川植物園のみの特殊な事情であったわけではない。パリのジャルダン・デ・プラントをはじめ、今日世界有数の植物園と呼ばれるものはほぼすべて同様の過程を辿っている。ただしそれらはもっとゆっくりしたリズムで変貌を遂げており、それと比べた場合、維新後十年に満たない期間に、制度上の位置づけに関してめまぐるしい試行錯誤を重ねたうえで、今日まで続く最終的な形態に一挙に着地しおおせた小石川植物園の「近代化」は、劇的と言えば劇的である。当時の日本の他の多くの社会制度の変革においても見られるこのドラマティックな突発性は、出来事としての明治維新の世界史的特異性にほかならず、その意味で小石川植物園の運命は日本の「近代化」の特質の端的な表象の一つと呼びうるかもしれない。

むろん、「薬園」から「植物園」へ看板を掛け替えようと、そこに植えられている植物や保存されている標本の財産目録自体は、実質上は前代から引き継いだものが急激に変わったわけではない。内容にさしたる変化がないものへのラベルの貼り替えやステイタスの組み換えという、他ならぬこの点においてもまた、急ごしらえの日本の「近代化」の諸現象すべてに通底する過渡的性格が模範的に露呈しているとも言える。ただし、看板の掛け替えは、中身の意味づけの仕方にも、中身それ自体にも、遅かれ早かれ不可逆的な変容をもたらさずにはいない。

たとえば、パリ大学ジュスィユー校脇に位置するジャルダン・デ・プラントは一六二六年に発足し、アカデミー・フランセーズの創立と同年の一六三五年に王室薬用植物園として公式に設立されている。一六八四年創設の小石川薬園は、世界史的に見てこれとほぼ同時期の文化的産物ということになる。それは西欧の近代的植物園の嚆矢をなすイタリアのピサの植物園(一五四三年)やオランダのライデンの植物園(一五八七年)などに比べれば遅れをとっているものの、ロンドン郊外のキュー王立植物園(一七五九年)よりはかなり先んじて作られているわけで、当時西欧先進国の都市に伍する水準にあった江戸文化の余裕と底力をそこに認めるのはあながち間違いではあるまい。

ただし、ジャルダン・デ・プラントの場合、博物学者ビュフォンが園長を務めた一七三九年から八八年までの間に飛躍的に充実し、以後も収集された植物の質量ともに拡充を続け、革命や戦争や内乱のうち続くフランス近代史を通じて、博物学の研究センターとして機能しつづけた(3)。それと比べた場合、一九世紀後半まで「薬園」にとどまりつづけた小石川植物園が、学知の深化と豊饒化《ほうじょう》という点で甚だしく遅れをとっていたことは否定しがたい。

江戸博物学の系譜

もちろん、博物学(natural history)それ自体に関するかぎり、江戸期の日本に独自の発達と洗練があったのは周知の通りである。今日、江戸博物学の豊饒このうえもない表象世界は、新たな「考古学」的視線による発掘の対象となりつつあるが、それは本書の主題ではないのでここでは詳述しない(4)。それでも、植物に関わる博物学ないし博物誌が、中国起源の本草学の受容という形をとったという点をはじめとして、その沿革の基本的な流れには一瞥をくれておいた方が良いかもしれない。

本草学とは言うまでもなく薬草に関する知識の集積である。その輸入の過程には奈良時代以降長い前史があるが、江戸以降に話を限るなら、日本の本草学者に大きな影響を与えた重要な著作は、李時珍《りじちん》が明《みん》末に著した『本草綱目』(一五九六年頃)である。江戸の本草家たちは、そこに記載されている植物が日本のどの植物に当たるかを究明することに精力を傾注した。この時点では、日本の本草学は中国伝来の原典をめぐる訓詁《くんこ》註解にとどまっていたとも言える。

しかし、そこに貝原益軒が現われる。本篇十六巻、付録二巻、図譜(諸品図)三巻からなる益軒の『大和本草』(一七〇九年)は、カノン化された漢籍のブッキッシュな受容にとどまっていた日本の本草学に突破口を切り開いた画期的業績である。そこには和漢洋の動・植・鉱物千三百六十二種が記載されているが、うち三百五十八は「和品」(国産品種)が占める。益軒は、李時珍の記述の註解に飽き足りず、みずから日本の山野で植物種を広く採取し観察し、その図示と分類を試みたのだ。その分類法も、『本草綱目』に準じながら必ずしもそれを金科玉条とはせず、独自の立場を打ち出している。そもそも、或る種を「和品」と特定するためには、それが漢籍に記載されていないことを確証することが必要であり、従って益軒が『本草綱目』をはじめ中国の本草学をめぐって徹底的な研鑽《けんさん》を積んだことも明らかである。フィールドワークと文献学を結合し、また、薬用の範囲を超えた総合的な植物誌をめざしているという点で、『大和本草』は本草学から博物学への脱皮を徴《しるし》づける日本最初の著作と呼びうるものであった。

以後の江戸期の博物学の進展については多くの文献で紹介されているので、ここでは深くは立ち入らない。『大和本草』をはじめ、稲生若水《いのうじゃくすい》の『庶物類纂』(一七一五年の著者の死によって未完)、小野蘭山『本草綱目啓蒙』(一八〇三―〇六年)など多くの労作によって、日本固有の本草学の伝統が形成されていったこと、江戸時代末期にはC・P・ツュンベルクやP・F・フォン・シーボルトなどを介して西洋本草学の影響が日本に波及し、江戸時代最大の植物図譜である岩崎灌園《かんえん》『本草図譜』(一八二八年)、リンネの分類に基づく飯沼慾斎《よくさい》『草木図説』(一八五六―六二年)などが出版され、日本の植物についての知識が集成されていったことのみ記すにとどめよう。こうした過程で、本草家のみならず絵師や園芸家の手になる植物画が数多く描かれ、江戸文化は繊細なボタニカル・アートの驚異的な財産を所有することにもなった。

ただ、こうした江戸の博物学の豊饒な伝統は、個物を観察しそれを精確に描写することのマニアックな歓びに衝き動かされていたもので、「学」としての体系性へと向かう志向性は稀薄であった。フーコーが西欧の「古典主義時代」の知の原理として措定した「マテシス」や「タクシノミア」の貫徹への欲求(5)はそこでは稀薄であり、江戸の本草家たちによる図説や図譜の作成行為の底に脈打っていたものはむしろ、豊かな多様性とともに繁茂し増殖する生物種の群れを遺漏なく列挙し尽くしたいという偏執であった。徹底的な列挙によって一覧表を作成したいと欲しつつも、その表《タブロー》の内部でそれら種の集合にいかなる秩序を与えるかという知的な問いが彼らの興味の焦点をなすことはなかったのだ。生物種の多様性を一貫したシステムによって整序し、かくしてこの「世界」全体を包含し尽くす無矛盾的な説明原理を編み出そうという形而上的欲求は、彼らを決して捉えなかったのである。かくして、江戸の博物学は「学」というよりむしろ博物誌と言うべき水準にとどまり、一人のリンネも一人のキュヴィエも生み出すことはなく終った。

『言葉と物』におけるフーコーのシェーマに従うなら、一九世紀初頭、西欧ではすでに「古典主義時代」は終りを告げ、キュヴィエの言説の出現とともに博物学から生物学への「エピステーメー」転換が始まっている。幕末期の日本では、リンネの高弟ツュンベルクや、そのツュンベルクの『日本植物誌(*Flora Japonica*)』を日本に伝えたシーボルトなどを経由し、リンネの分類秩序が徐々に導入され、本草学の博物学化がゆるやかに進行していたが、その間、当の西欧ではもうすでに博物学の言説自体が過去のものとなり、生命そのものを問題化する生物学の時代が始まっていた。

従って、小石川薬園が未だに「薬園」のままにとどまっていた明治初年の日本の植物的な知には、二段階のキャッチアップを同時に行なうという慌ただしい責務が課されることになった。まず第一に、本草学の残滓《ざんし》を一掃し、博物学の知の体系を整備しなければならない。その手始めとして要請されたものこそ、「薬園」の看板を「植物園」に掛け替えるという作業にほかならなかった。だが、それだけではまだ足りない。明治の植物学者は、記載と分類による一覧表作成という博物学的身振りから離脱し、顕微鏡を駆使しつつ細胞レヴェルで生命の謎を探るという近代生物学の冒険に乗り出さなければならなかった。東大理学部附属となった小石川植物園は、その冒険が繰り広げられる舞台となることもまた要請されたのである。

小石川植物園が東大の所管となることが決まったとき、医学部所属とするか理学部所属とするかについては議論があり、容易には結論が出なかったという。薬用植物の栽培所であるかぎりは病の治療という具体的な目的に奉仕しなければなるまいが、薬園という名はすでに消え、それは今や植物園と命名し直されている。理学部に所属させるという最終的な結論は、この施設を実利的目的に奉仕させるよりはむしろ学問研究の場として定義しようという東京大学側の意思表示であったわけで、薬草という概念自体が近代医学においてすでに存在感を失いつつあった以上、これは明らかに正当な措置であった。

明治初頭の十年間に、この薬園がまず病院と医学校、それから博物局へ、さらに東大理学部へと次々に所属を替えていった過程は、本草学から博物学へ、そして生物学へという「ディシプリン跨《また》ぎ越え」の運動がこのとき一挙に進んだことの、凝縮された表現だったとも言える。その背景には、焦燥感に駆られた知的エリートたちによる途方もない量の思考の堆積があったに違いないが、ともあれこのラディカルな知の更新の運動が、たったの十年弱という短い期間に緊密な形で推移したところに、明治維新という事件の苛烈このうえもない性格が露呈していよう。もちろんそれは制度上の所属や名称の変更をめぐる形式的変革にすぎないと言えば言えるが、そこに、西欧の何をキャッチアップすべきかについての透徹した見通しが胚胎《はいたい》されていたことは事実である。当時の文部行政の責任者たちは、これから日本が植物をめぐっていかなる知的営みを行なうべきかに関して、聡明で的確な展望を持っていたのである。

日本における「植物知」は、治療という具体的目的の経験的追求（本草学）から、可視的特徴の記述とそれに基づく分類の試み（博物学）へ、さらに生命それ自体をめぐる真理の解明（生物学）へと進展していったのであり、この進展が繰り広げられた舞台として、その各段階での調査と探求を支える物理的環境として、絶えず重要な役割を果たしてきたものが、小石川植物園なのである。やがてこの植物園に植わった樹齢二百年近いイチョウの大樹から精子が発見され（明治二十九年）、それは日本の植物学が世界に貢献した最初の本格的業績の一つとなる。

学知の闘争とそのアリーナ

小石川植物園を舞台とし「植物知」を主題として、本草学、博物学、生物学という三つのディシプリンの間に演じられた一種の覇権闘争的な絡み合いの劇は、この植物園を管理しあるいはそこで研究に従事した立役者たちの系譜にくっきりと刻印されている。東京大学創立当時、理学部で生物学の講座に着任した初代の教授は、動物学担当が大森貝塚の発見者エドワード・シルヴェスター・モース、植物学担当が矢田部《やたべ》良吉という二人であり、小石川植物園の管理責任者の地位には当然、矢田部が就くことになった。ところが、いわば園長の地位にいた矢田部は、実際上は植物園にはあまり足を運ばなかったという。その一方、文部省に出仕して植物園が博物館所属であった時期からそこに定期的に出勤し、東京大学創立に際しては「員外教授」という特殊なポストに就き、理学部所属となった植物園に引き続き足繁く通ってそこで植物調査に従事したもう一人の学者がいる。伊藤圭介がその人である。

伊藤圭介(一八〇三—一九〇一)は、加藤慶元、浅野春道《しゅんどう》、山田貞石、水谷豊文《ほうぶん》などを輩出した本草学の「尾張学派」の後継者である。もともと蘭方医であったが博物学に興味を持ち、文政九(一八二六)年、オランダ商館使節一行の一員として江戸への参府旅行中のシーボルトに、師の水谷に伴われて面会し、道中をともにしつつ教えを受けている。さらにシーボルトの勧めに従い、翌年には長崎に遊学し、半年にわたってシーボルトとの間に知識と意見の交換を行なった。名古屋に帰郷後、一八二九年には四巻三冊の『泰西本草名疏《めいそ》』を刊行する。これはシーボルトから贈られたツュンベルクの『日本植物誌』の学名に和名を付したもので、その附録で雌雄蕊《しゆうずい》に基づくリンネの分類法を日本で最初に紹介したという意義を持つ。そこから始まった圭介の植物知の集積が、徹底して博物学の枠内にとどまるものであることは明らかだろう。

他方、矢田部良吉(一八五一―九九)はもともと外務省の官吏であったが、森有礼《ありのり》に随行して渡米した折りに職を辞し、コーネル大学に入学して植物学を学ぶことになる。帰国後、東京開成学校教授、東京教育博物館長を経て、東京大学教授に就任する。開明的な啓蒙主義者であり、日本語のローマ字化を主張する一方、外山正一《とやままさかず》、井上哲次郎とともに『新体詩抄』(明治十五年)を編んで日本近代詩の創出に一役買うことになるこの人物は本書の主題にとって非常に興味深いが、今ここで問題になるのは、彼の知的背景が本草学とも博物学ともまったく無縁であったという一点である。矢田部にとっては江戸期の本草学もコレクション趣味の博物学も、旧時代の遺物以外の何ものでもなかったことは明らかだ。だが、小石川植物園では「事務担任」の矢田部のほかに「取調担任」の伊藤圭介が調査を続けており、この二重体制のうちに、博物学から近代的な植物分類学への移行期の過渡的性格が鮮明に露呈している。

講義義務が免除された「員外教授」というポストは、当時七十四歳になっていた圭介のためにとくに設けられたものであろう。四年後に正規の教授になっているが、学生に向けての授業は行なうことがないまま彼は明治十九年まで勤め、学制改革によって東京大学が帝国大学と改称されたのを機会に八十三歳で「非職」となっている。圭介が東大で受けた特別待遇は、文政九年のシーボルトとの面談から始まるこの老博物学者の長いキャリアに対する尊敬に由来するものだったろう。とともに、発足当時の東大理学部での植物学の水準が、英語の達者な若い矢田部の英語文献からの受け売りだけでは心許ないという判断もあったかもしれない。むろん矢田部は矢田部で、国内の調査旅行を重ねて植物標本を広く採集するとともに、後進の優秀な研究者を数多く育て、近代植物学の基盤を定礎することに貢献するが、彼自身が独創的な業績を上げえたわけではなかった。

　圭介の小石川植物園での植物調査は、『小石川植物園草木目録』に結実し、双子葉植物を扱う前篇は明治十年に、単子葉植物及び隠花植物を扱う後篇は十三年に、東大理学部から出版されている。ところで、この後篇に関しては翌十四年に改訂版が刊行されており、それに関して牧野富太郎が「『小石川植物園草木目録後編』ハ何故《なにゆえ》同ジ様ナ本ガ二冊アルノカ」[6](一九二八年)と題する文章を書いている。そこで牧野は改訂版刊行をめぐる関係者の証言の聞き書きを交え、自身の意見を披露しているのだが、それによれば、矢田部の弟子であった松村任三(一八五六—一九二八)——彼は明治二十三年には矢田部の後を継いで植物学担当の二代目の帝大教授となる——は、このとき圭介の準備した草稿を出版するに当たって、分類体系に変更を加えて掲載した、これを不服とした圭介が、自身の意向に沿って改訂したものが、翌年出された第二版なのだという。ただし大場秀章氏は、二つの版に分類体系上の差異は実はなく、第一版で掲載した種の幾つかが第二版では削除されていること、一部の学名が変更されていること等が見受けられるだけだとしている。[7] 牧野の主張の当否は判然としないが、いずれにせよ、ことさら挑むように第二版を出した伊藤圭介の身振りに含まれる攻撃性は明らかだ。時代に取り残されつつある老本草学者は、少壮気鋭の植物学者から軽侮の視線を浴びせられるのを感じ(明治十四年時点で伊藤は七十八歳、松村は二十五歳)、それへの反撥とみずからの経験知への矜持《きょうじ》をこうした形で表現したのだろうか。牧野富太郎によれば、松村は当時の本草学者を「葉っぱ一枚位をぺらぺらさして」と罵倒していたという。ともあれ、『小石川植物園草木目録後編』の第二版刊行というこのささやかな出来事には、本草学＝博物学と近代的植物学との軋轢《あつれき》があからさまに刻みこまれていると言ってよい。

『小石川植物園草木目録』とは、この植物園の所蔵する財産の総体を記号化し集成して、二冊の書物の中に封じこめようとする企図にほかならない。それはいわば植物園全体の、書物の体裁をとった博物学的模型のようなものなのだが、植物園というこの小宇宙をいかにミニアチュール化し、表象空間の内部に収蔵するかという記号化原理の問いをめぐって、明治十年前後というこの時点で、旧派の言説と新派のそれとが闘争を繰り広げているという点はきわめて興味深いと言わねばなるまい。小石川植物園とは、異質な欲望に衝き動かされ、異質な目的をめざし、異質なシステムに支えられた言説と言説、学知と学知との間に戦闘が交わされた、血腥《ちなまぐさ》いアリーナでもあった。

最後に、小石川植物園が東京府の民衆に対して果たした啓蒙的役割にも触れておこう。一般的に言えば、植物園の機能とは、資料の収集と保存、教育研究の補助、植物知識の一般普及の三つからなる。まず、広く植物の種を集めて育成し、随時それを標本化して標本室《ハーバリウム》の形で収蔵すること、次に、アカデミックな植物学研究に必要な環境とインフラを提供すること、第三に、園を一般民衆に開放し、植物に関する知識の啓蒙に努めること――この三つである。

この最後の点に関わってもまた小石川植物園は、閉鎖的な薬園時代にはなかった模範的な役割を果たすようになり、それは今日なお続いている。

> 第一条　小石川植物園ハ東京大学中理学部ノ管掌スル所ニシテ、本学諸部及予備門生徒ノ植物学ヲ実地ニ研究スル所ナリト雖《いえど》モ、此《この》規則ヲ遵守スル時ハ何人ニテモ来観スルヲ得ベシ。第二条　東京大学及予備門教員属員及生徒ハ勿論《もちろん》何人ニテモ来観ヲ望ム者ハ該園門衛ヨリ鑑札ヲ受ケ、出門ノ節之《これ》ヲ還付スベシ。但《ただし》車馬ニ乗ジ或《あるい》ハ狗《いぬ》ヲ牽《ひき》テ園内ニ入ルヲ許サズ。第三条　園内ノ花卉《かき》ハ漫《みだり》ニ採折スルヲ禁ズ。但東京大学及予備門教員及生徒植物学ニ従事スル者ニシテ学課用ニ備ヘント欲スル者ハ、東京大学ヘ申出《もうしいで》其特許ノ証《しょう》牌《はい》ヲ受ケ植物園ノ允許《いんきょ》ヲ経テ採折スルハ此ノ限《かぎり》ニアラズ。第四条　来観ノ時間ハ午前九時ヨリ午後四時マデトス。但特許ノ証牌ヲ携持スル者ハ此ノ限ニアラズ。第五条　園内及休息所ニ於テ飲酒ヲ禁ズ。[8]

これは、園が東京大学の附属になった明治十年に定められた一般来観の規則である。「東京大学及予備門教員及生徒植物学ニ従事スル者」の特権を認めたうえで、基本的には園の門戸を一般大衆に向けて開くという決断が下されたのだ。この民主主義的開放性と公共志向もまた、都市に設《しつら》えられた文化装置の帯びるべき「近代性」の一指標と言うべきものだろうが、そのことの政治性が、植物園に保存される植物資料から蒸留されてゆくアカデミックな専門知の精髄との間にいかなる関係を取り結んでいるかを問うことが、われわれの次の課題となる。

18　外圧 —— 博物学㈡

学知と外圧

今日の日本になお「クロフネ」の比喩の頻繁な使用とともに生き延びている「外圧」の概念は、歴史的には何よりもまず軍事力の示威を意味していた。幕末、わが国の沿岸に相次いで来航した西欧各国の艦隊は、その禍々《まがまが》しい艦載砲の威嚇によって、日本に世界的な経済マーケットへの参加を要求し、結局幕府はそれに屈することになった。実際、「クロフネ」の大砲は、その潜勢力の示威だけに終らず、一八六三(文久三)年の薩英戦争や一八六四(元治元)年の四国艦隊下関砲撃事件では現実に火を吹きさえした。薩摩藩砲台の四倍の火力と射程を持つイギリス艦の最新式アームストロング砲は、城下町の主要施設を破壊して甚大な損害を与え、攘夷の不可能を手痛く思い知らせたのである。

だが、「クロフネ」が加えた圧力は単に現実的かつ潜在的な暴力の示威だけにとどまるものではなかった。たとえば江戸の「薬園」が東京の「植物園」へ脱皮していった過程もまた一種の「外圧」の結果にほかなるまいが、それは必ずしもアームストロング砲の脅威によるものではない。では、幕藩体制下で「薬園」としてそれなりの有効性とともに機能していた施設を、近代的な「植物園」として再編しなければならないという衝迫《しょうはく》は、いったいいかなる力によって作り出されたのか。「植物園」創出へ向けて理系学知の専門家たちの間に合意形成を促し、それを明治政府に断行させたものはいったい何であったのか。ここで興味深いのは、幕末日本に陸続と押し寄せた西欧各国の「クロフネ」に、植物の採集家が乗り組んでいたことだ。

一八五四年四月十五日　私はペリー提督と何人かの士官と一緒にウェブスター島に上陸した。彼らはいくらかの貝を採り、野菜としてタンポポ(Toraxacum leontodus)を摘んだ。

この草は、どこへ行っても見かけられ、かつ繁茂していた。私は二十種の初めて見る花を見つけ、それらをこれまで収集したものと同じく、プレスにかけた。しかしそれらは、船上の湿気が多いので、乾きが悪い。

四月十七日　ふたたびウェブスター島に赴き、この前の土曜日には開花していなかった数種の花を見つけた。ウィリアムズ博士は、面白い貝と下等海生動物を幾つか見つけた。私は今日海藻の収集を始めた。だが、それをプレスする適当な紙がない。私は二時に戻り、花をプレスにかけた。そして、これまでに収集した、もうかなりの量に膨らんだ植物の〔吸取紙の〕交換をした。すばらしい春の陽気なので、もっと多くを見つけたいと思った。

ペリー艦隊に同行した「農学者《アグリカルチュリスト》」ジェイムズ・モローの日記の一節である(白幡洋三郎『プラントハンター──ヨーロッパの植物熱と日本』[1]による)。ここでウェブスター島と呼ばれている夏島は現在は埋め立てによって本土と接続し、横須賀市夏島町の町名にその名をとどめている。

合衆国の東インド艦隊司令官マシュー・C・ペリーは、大統領フィルモアから親書を託され、日本遠征を命じられる。旗艦ミシシッピー号ほか三隻を率いて琉球、小笠原諸島に寄港した後、一八五三年七月浦賀沖に投錨《とうびょう》する。幕府は江戸湾からの退去を要求したが、ペリーは峻拒《しゅんきょ》、軍隊上陸を示唆して威嚇した。結局、大統領親書を手交しただけでいったん退去するが、翌五四年二月ふたたび江戸湾に来航、軍艦七隻の威を誇示しつつ交渉した結果、三月三十一日、神奈川条約(日米和親条約)が調印される。

ペリー艦隊の主要な使命は日本との間に通交・通商条約を結ぶことであったが、その前半はかくして達成され、残りの通商条約の方も、下田に着任した総領事ハリスによって四年後の一八五八年七月に実現することになる。一見、すべては軍事と政治と経済の水準で推移しているかに見える。しかし、白幡氏も前掲書で強調する通り、この艦隊にいわゆる「プラントハンター」が数名乗り込んでおり、西欧にとって未知の土地であった日本で熱心に観察と植物採集を行なっているという事実にスポットライトを当てるとき、ペリーの日本遠征はいささか新しいイメージの下に立ち現われてきはしまいか。軍務とも航海術とも無縁であったジェイムズ・モロー（一八二〇―六五、ペンシルヴェニア大学で医学の学位を取得）やサミュエル・W・ウィリアムズ（一八一二―八四、宣教師として中国に長く住み、博物学に詳しく、艦隊の首席通訳官を務めた）は、植物のみならず動物や鉱物の標本収集を精力的に行ない、持ち帰った標本は故国の大学の専門家の元に届けられ、分析の対象になっている。ペリーの遠征は「学術的」な航海でもまたあったのだ。

　むろん、そこで問題となる学知が政治や経済と無縁であったわけではない。世界資本主義のプレイヤーの一員となることを日本に求めたペリー艦隊は、そのプレイヤーとしての資質の調査の一環として、日本が世界市場の商品たりうる資源をどれほど所有しているかについて、いわば実利的な情報収集を行なったわけだ。ウィリアムズが村から村を経巡《へめぐ》ってコウゾ（ペーパー・ツリー）を熱心に探したり、桐油を採るためのキリの畑を調査したりしているという事実に端的に示されている通り、彼らの主な関心は有用性の高い植物の発見にあった。それは通商条約が結ばれ貿易が始まった暁にはいかなる商品を輸入しうるかについての調査であったが、場合によっては貿易の開始など待つまでもなく、植物の実物なりその種子なりをその時その場で採取して故国に持って帰ってしまえばそれでもよかったのである。

　ここで、「搾取」などという言葉をただちに持ち出すには及ぶまい。というのも、日本におけるモローやウィリアムズの活動が功利的な資本の論理に奉仕するためのものだったというのは事態の半面にすぎず、他方で彼らは、その日記や報告書に示されている通り、新種を発見したいという純粋に知的な好奇心に衝き動かされてもいたからである。日本の植物相《フローラ》の構成要素をリンネの分類に従って的確に同定しようとする彼らの注意と配慮は、学術的という形容を付すことが十分許されるものであった。

西欧各国から出発して全世界へ散っていったプラントハンターたちの活躍は、一九世紀西欧文化史のきわめて興味深い一挿話である。(2) プラントハンターとは、机上で標本を分析することに自足せず、遠い異国に足を延ばして未知種を持ち帰ることに情熱を注いだ植物学のフィールドワーカーのことである。植物が食用・薬用・観賞用など種々の市場価値を備えた換金商品たりうる以上、彼らは当然、単なるアカデミックな研究者ではなく、一攫千金を目論《もくろ》む山師としての側面も持っていた。西欧で今日広く栽培されている植物のうちには、有名無名のプラントハンターたちによって、この時代に非西欧世界からもたらされたものが数多く含まれている。たとえばゼラニウムは、イギリスのフランシス・マッソンによって南アフリカからもたらされたものだし、マラリアの特効薬キニーネの原料キナノキは、やはりイギリスのリチャード・スプルースとクレメンツ・ロバート・マーカムが南米で採集してきたものだ。バラ栽培の歴史においても中国種が果たした役割は大きく、今日の主流をなす、花が大きくて香りが高いティー・ローズ(あるいはティー・センティド・チャイナ)は、一八一〇年に広東から輸入されたものである。

プラントハンターは西欧各国にいたが、中でも英国人の活躍が目立つのは、園芸に情熱を傾ける英国人の国民性とともに、キュー王立植物園が海外にプラントハンターを積極的に派遣し、外国種の植物採集とその英国への風土馴化に精力的に取り組んだという事情が、大きな役割を演じている。当然、彼らは幕末期の日本にもやって来た。たとえば、英国の園芸界でヴィーチ王朝と言われるほどの隆盛を誇った園芸商一家の末裔《まつえい》ジョン・グールド・ヴィーチ。彼は一八六〇年に来日し、当時の英国で観賞用植物として人気が高かったシダ類をはじめ、野菜や薬草など多くの種子を故国に送り出している。しかし、同時に彼は、英国の初代駐日公使ラザフォード・オールコックらとともに富士登山に参加し、富士山の植生分布を細かく観察し記録し、高度差による分布図を作ったりもしており、その活動は単なる輸入商人のそれにとどまってはいない。そのオールコック自身、もともと医学を修め博物学の教養もあった人物で、日本の植物相に強い興味を持ち、その著書『大君の都』(一八六三年)でも日本の農業や植生について多くのページを割いている(3)。

資本主義と分類学

英国のみならずロシアからもフランスからも日本を訪れていたプラントハンターたちの主要目的はたしかに商品開発ではあったが、しかし彼らの活動は金儲け目的のビジネスに終始するものではなく、そこに絶えず植物をめぐる「知」の収集が随伴していたことは注目に値する。「先進国」は「後進国」の植生を観察し記述し分析し、それを資料としてみずからの植物学をいっそう深化させ豊饒《ほうじょう》化させようと努めていたのであり、プラントハンターたちはそうした植物的な「知」の前線を拡大するための尖兵の役割をも果たしていたのである。このややいかがわしい野心的冒険家たちは、「資本主義」と「学知」の両方に足を掛けつつ、両者それぞれの運動を有機的に共鳴させ、互いに互いを支え合う関係を作り出しつつ、両者ともどもの拡大と普遍化に奉仕したと言える。

日本はこの二重の「グローバル化」の波に洗われ、それへの対応を模索しなければならなかった。その模索の軌跡こそつまるところ日本近代史総体の本質的部分を構成するものにほかならないが、そのほんの一角に潜むごくささやかな、しかしきわめて徴候的と言ってよい挿話の一つが、一般民衆に向かって開かれた小石川植物園の創出なのである。

「外圧」はここでは、植物学という近代的な「知」の浸透という形で作用した。この「学知による外圧」を受けとめた明治日本は、博物学から植物学へという西欧的なパラダイム・シフトをみずからの問題として内在的に我有化し、西欧に伍してその学知の発展に寄与するための場と制度を作り出すことを強いられた。そのためにはもちろん大学が、出版が必要となる。また、大学の講義で語られるための、出版される啓蒙書の中に書かれるための、新しい日本語の概念と文体が必要となる。しかし、植物学というこの分野に関するかぎり、東京大学理学部に生物学講座が設けられただけでは話が済まず、研究のための資料体を提供する施設としての植物園が整備されなければならなかったのである。

そうした機能は、貴人の健康維持のためにのみ用いられるべき稀少な薬草を栽培する閉鎖的な「薬園」によっては、果たすことのできないものであった。近代的な学知は、医療用という特定化された実利機能を超え、普遍化された真理へと結晶しなければならない。またそれは、権力者の独占から解き放たれ、民主化されたアクセス可能性を備えなければならない。

すでに掲げた「小石川植物園来園規則」が示すように、この施設の開放性の度合いは二段階に分けて定義されている。まずそれは一義的には東大の教員と学生のためにあるとされ、近代的な学知の受容と創造と継承の装置であることが謳われている。しかし同時に、「此《この》規則ヲ遵守スル時ハ何人ニテモ来観スルヲ得ベシ」とあり、学知の裾野を一般市民にまで広げるという配慮が示されている。この施設それ自体、普遍性を標榜《ひょうぼう》する学知の浸透が――あるいはむしろその普遍性というイデオロギーそれ自体が――「外圧」として働いた結果、創出されたものである以上、当然と言えば当然のことなのだが、日本が諸国の交通空間に向けて国を開いたように、この植物園もまた「四民平等」となった市民社会に向かって開かれたものとならなければならなかったのである。

繰り返すなら、日本は徳川時代においてすでに本草学の名の下に、わが国なりの博物学の豊かな達成を示してはいた。その「博物知」は、貝原益軒以来、日本固有種の記載の網羅性においても、個々の種の記述の徹底性においても、またボタニカル・アートの美的洗練においても、文化的価値としては決して同時代の中国にも西欧にもおさおさ引けをとらない水準に達していたのである。とはいえそれは、個物の特異性の精密かつ繊細な表象の作成に拘泥《こうでい》するもので、普遍的真理へと上昇的に収斂《しゅうれん》してゆく学知のシステムをそこから立ち上げようという欲求とは無縁であった。そうした超越性の次元と無関係なまま日常的な経験性の地平で安定すること、悪く言い換えるなら趣味的な自己充足こそが、江戸博物学の繁栄を保証していたとも言える。そうした自己充足の空間に亀裂を入れたものこそ、普遍的な体系性を標榜する学知という「外圧」にほかならない。

もちろん、リンネの分類法自体は彼の高弟ツュンベルクの『日本植物誌』などを通じてすでに輸入されており、それに基づく飯沼慾斎『草木図説』が刊行されたりしてはいた。だがそれはこの趣味的な自己充足を根底的に脅かすほどの衝撃を波及させたわけではない。またシーボルトへの伊藤圭介の傾倒にしても、このドイツ人医師の博識への尊敬という個人的逸話の性格が強いもので、伊藤が「知」の存在様態それ自体の組み換えに対する危機的な予感を抱いていたようには思われない。江戸期の趣味的な博物誌から、網羅的な体系性を志向する博物学へ、さらに生命それ自体を問題化する生物学へ、という二段階の転換に向けて、日本の知的世界が不意に駆り立てられてゆくのは、普遍性を僭称《せんしょう》する学知が「外圧」として自覚されて以降のことなのである。

この「外圧」のありかたを端的に表わしているものこそ、艦載砲を備えた「クロフネ」に、特殊な使命を帯びたプラントハンターたちが乗り組んでもいたという事実にほかならない。強大な軍事力で日本を威嚇した「クロフネ」は、植物知の最前線を日本に移送してきた情報帝国主義の媒体でもあったということだ。実際、それ以前に日本に長期滞在したケンペルやツュンベルクやシーボルト――三人とも医師として長崎出島の商館に勤めていた――が行なった日本の植物相の研究は、ペリー艦隊のモローやウィリアムズはじめ幕末期に陸続と来日した各国のプラントハンターたちの貪婪《どんらん》な視線と比べれば、はるかに中立的で、攻撃性の薄いものであった。そこに「外圧」はなかったのである。

一八五〇年代以降、日本は、プラントハンターたちの貪欲で徹底的な視線によって自己が観察され記録され分析されるという体験を味わうことになる。むろんこれは、このとき日本が蒙った「開国」という名の大きな外傷体験の片隅に位置するほんのささやかな一挿話にすぎず、植物学以外の領域でも並行して同じような事態が進行していたことは言うまでもないが、その総体がもたらした帰結として、日本は、資本主義においても学問においても、グローバル化した「同時代ゲーム」にその一プレイヤーとして参加する以外の途《みち》を絶たれることになる。大砲の脅威と同時に、観察と記録と分析の視線それ自体もまた「外圧」として働いたのである。

それは、関東地方ならどこにでも生えているありふれたカントウタンポポをリンネの分類法に従って学名でTaraxacum platycarpumと呼ぶ視線であり、同時にまた西欧と日本を隔てる距離がいかなる商品価値を産み出し、どれほどの利潤をあげうるかを冷静に算定する視線でもある。資本主義と博物学という二つの異種のシステムによって同時に磁化されたこの知的視線を、以後、日本は自分自身所有し駆使できるようになるための必死の努力を開始する。みずからの内なる他者としての北海道や琉球に、さらには台湾や朝鮮に、西欧から教化されたこの視線を向けようと試みてゆくことにもなるのである。

海を渡って未踏の遠隔地まで出かけて行き、そこで新種を発見したいという渇望は、そもそも分類学それ自体に内在するものだとも言える。分類学とは、個物の特異性とシステムの一般性とのせめぎ合いの場に絶えず暫定的にのみ成立する危うい学知にほかならないからである。世界を整合的に切り分けてそのすべての断片を遺漏なく命名しおおせ、かくして普遍性と網羅性を体現し尽くして安定することこそが、この学知の究極の夢なのだが、汲めども尽きぬ個物の多様性がその夢を獰猛《どうもう》に食い破り、安定を突き崩すという事態が絶えず出来する。そのとき分類学はまた新たな原理を模索し、より普遍的にしてより網羅的な分類学へ向かって脱皮を試みなければならない。分類学が新種の発見を渇望するのは、それがみずからのシステムの普遍性が試され確証されるもっとも重要な機会だからである。その未知の種を分類システムのグリッドの内部に整合的に位置づけることが可能であるなら、システムの耐性が証明され、「知」はみずからの普遍性と網羅性への自信をますます深めることができるだろう。

原理と勇壮

個物への愛に自足していた江戸博物学の空間を揺るがしたのは、——そこに「外圧」として働き、それなりに安定していた徳川時代の博物知のパラダイムに変容を迫ったのは、こうした学知が僭称する原理的な普遍性というイデオロギーにほかならない。ペリー艦隊に乗り組んでいたモローやウィリアムズの任務が帝国主義的だったとして、その帝国主義とは必ずしも、日本の植物相を実用商品ないし美的商品として効率良く「搾取」し、世界市場の需給マーケットへ放出しようと試みたという点にのみ存するものではない。プラントハンターたちは、植物なら植物という対象をめぐって、それを分類し命名し記述する網羅的な学知が存在し、いかなる個物もそれを免れえないというイデオロギーを代表していたのであり、そうしたシステム論的なイデオロギーが、大砲を装備した「クロフネ」によって「後進国」の沿岸まで運ばれ、最終的にはその内陸深くにまで強圧的に浸透せしめられていったという出来事それ自体のうちに、極めつきの帝国主義が胚胎《はいたい》されているのである。

かくして学知の帝国主義にさらされた日本は、それに対する不可避の対応として、西欧のプラントハンターという他者の視線を習得し、その視線の主体となろうとする途を選ぶことになる。明治日本は植物をめぐって原理的な普遍性を僭称する「知」をみずからの内部に再構築しようとしたのであり、その内在化の装置の一つとしてしつらえられたものが、東京大学理学部所管の小石川植物園だったのである。

ところで、その初代の管理責任者の地位に就いた東大教授矢田部良吉が、『新体詩抄』の編纂者の一人でもあったという点についてはすでに触れてある。『新体詩抄』は明治十五（一八八二）年に丸善から刊行された「新体詩」のアンソロジーで、他の二名の編纂者は外山正一（社会学）と井上哲次郎（哲学）であるが、彼らもまた東京大学の教官であり、従って彼らは三人とも、明治初期の日本で、以上に述べたような普遍性を僭称する学知の内在的な再構築を、その最前線の現場において担当していた知識人にほかならなかった。

外山は丶山《ちゅざん》、井上は巽軒《そんけん》、矢田部は尚今《しょうこん》の号を用いて序文を書き、翻訳し、またみずから創作の筆を執っているが、そこに収録された翻訳詩十四篇、創作詩五篇のうち、ここでは外山の物した悪名高い一篇、「社会学の原理に題す」の冒頭に一瞥をくれておくことにしよう。

宇宙の事は彼此《かれこれ》の　別を論ぜず諸共に
規律の無きはあらぬかし　天に懸れる日月や
微かに見ゆる星とても　動くは共に引力と
云へる力のある故ぞ　其《その》引力の働《はたらき》は
又定まれる法ありて　猥《みだ》りに引けるものならず
且《か》つ天体の歴《へ》廻《めぐ》れる　行道とても同じこと
必ず定まりあるものぞ　又雨風や雷や
地震の如く乱暴に　外面は見ゆるものとても
一に定まれる法はあり　野山に生ふる草木や
地をはふ虫や四足や　空翔けりゆく鳥類も
其組織より動作まで　都《すべ》て規律のあるものぞ

（ゝ山仙士「社会学の原理に題す[4]」）

この詩篇の悪名が高いのは、端的に言ってこれが笑止なまでにくだらない作品であるからだ。七・五の反復で単調に続いてゆく音律は平板で美も雅趣もなく、またそれに乗せて語られてゆく内容もありふれた紋切り型の域を出ない。なるほどそこには或る思想が語られているとも言えるが、それは実のところ思想と呼べるほど深いものでも独創的なものでもない。外山は単に、世界の現象はその表面的な多様性を超えたところで「規律」「一に定まれる法」

によって統べられており、世人はそれを認識すべきだと説いているだけのことである。

これに続けて外山は、その「規律」とは世界にいま現在起きていることだけではなく、万物の「深き由来と変遷」の過程をも統轄しているのだと展開してゆく。「アリストートル、ニウトンに　優すも劣らぬ脳力の　ダルウヰン氏の発明ぞ」と謳われる進化論に触れ、「これに劣らぬスペンセル」の提唱するその社会学ヴァージョンに言及したうえで、そこに「社会の学の原理」を定礎するのだという。そして、そうしたことを弁《わきま》えないまま軽薄な言動を示す役人や新聞記者や演説家への罵倒を経て、「政府の楫《かじ》を取る者や　輿《よ》論《ろん》を誘ふ人たちは　社会学をば勉強し　能《よ》く慎みて軽卒に　働かぬやう願はしや」という提言で締め括られるのだが、この詩(?)の文学史的な意義を論じることは今は措《お》く。

ここでとりあえず注目しておきたいのは、この詩の冒頭、まるで中学生のような素朴な言葉遣いで為されている信仰告白、すなわち世界のすべての事象には普遍的な法則が貫徹しているという結局は一種の形而上学にほかならない命題の表明が、前述の「学知による外圧」を受け止め、その内在化へと向かったこの時期の日本知識人の、もっとも素直な反応を表わしているという点である。天体の運行も気候の変動も動植物の生態も種の進化も、さらには人間社会のありようさえも、「規律」「法」とそれに基づく因果律の原理に統べられているのだと信じること。このきわめてナイーヴな決定論の信条が、やや誇らしげに、一種の傲慢さを漂わせたトーンで語られていることに留意しよう。外山正一は、経験性の地平で起きている事象に目を奪われ、その背後に潜む「規律」「法」に思いを致すことをしない一般庶民を露骨に蔑視している。普遍性を標榜しうる諸学の「原理」を解明するという作業は、帝国主義的「外圧」を受動的に蒙るばかりの客体であることに甘んじず、むしろその力を行使する主体の側に身を置こうとしていた明治日本の「知」の尖兵が、社会のエリートとしての階級的自負とともにみずからに課した、最重要の使命だったのである。

その外山が『新体詩抄』に載せているもう一つの詩に、「抜刀隊」[5]がある。西南戦争での官軍の斬りこみ部隊「抜刀隊」の奮戦を勇壮な調べで謳い上げた作品だ。「我は官軍我敵は天地容れざる朝敵ぞ」と始まり、「敵の亡ぶる夫迄《それまで》は　進めや進め諸共に　玉ちる剣《つるぎ》抜き連れて　死ぬる覚悟で進むべし」というルフランを節ごとの末尾で繰り返すこの作品は、繰り返しが多く冗漫なうえにこれもまた紋切り型の修辞のオンパレードながら、「社会学の原理に題す」よりさすがに多少は出来が良いと言えなくもない。それもあってか、後に陸軍軍楽隊教官のフランス人シャルル・ルルーの作曲でメロディが添えられるや、日本で最初の軍歌として爆発的にヒットした。のみならずまたこの曲は「分列行進曲」とも呼ばれ、旧陸軍から現在の自衛隊にまで歌い継がれているという。

ペリー艦隊が大砲の威嚇とプラントハンティングとを、武力と学知とを共存させていたように、『新体詩抄』におけるゝ山仙士の作品世界では、普遍的原理を剔抉《てっけつ》する学知の誉れと「朝敵」征伐に命を賭けた英雄的軍人の偉功とが共存し、その両者が同時に礼讃されている。この共存を可能にしているものは、いったい何なのか。

19　分類――システム（一）

「言の葉」の分類学

植物学と言語学には幾つか共通点がある。まず、植物も言語も人間の生活環境のいたるところを埋め尽くしているきわめてありふれた対象で、一見そこには何の謎もなく、とりたててそれを知的に認識し体系的に把握するなどということをしなくても、人の日常生活には何の支障も不便も生じないという点がある。たしかに植物や言語の有用性の側面に関わる技術的な知というものは存在し、それはたとえば薬用植物の栽培とか敬語表現の習熟といった現実的課題に対して発動されるのだが、「植物」なり「言語」なりの本質を問い、それを総体として理解しようとする欲望に応えるといった種類の学知ではそれはむろんない。現実的な要不要を超えたところで「植物」や「言語」の世界内でのありようを理解しようとする欲望は、治療だのコミュニケーションだのを目的として持つ実用知とは異質なものであり、日常世界を超出した普遍知の空間に所属している。

ただ、そうした普遍知の視線が向けられる対象そのものは、植物の場合も言語の場合も、ありふれた現実世界のごく平凡な構成要素でしかないという事実は残る。植物学が、また言語学が相手にするのはヒトの住まう等身大の日常世界で手を伸ばせばすぐ届くところに遍在するありきたりのモノでしかなく、はるかな太陽系の運行でもなく存在とは何かといった深遠な形而上学でもない。なるほど、植物にとって「生命」とは何か、言語にとって「意味」とは何かといった問いにまで足を踏み入れるなら、そのとき思考は否応なしに抽象性の階梯《かいてい》を昇っていかざるをえないが、その場合でも学知が直接に対象とし思弁の材料とするものは、あくまでこの草、この花、この音の響き、この文字の形態であり、それは人間が日々の生活においてきわめて自然な何かとして体験しているものでしかない。そんな自然のうちに、考えようによっては神秘とも奇蹟とも映る「生命」が、また「意味」が宿ることの不思議に触発されて、植物学や言語学は始動するのかもしれない。

　日本語において古来、コトバが「言の葉」という植物的なイメージで捉えられてきたのも、恐らくこの不思議への驚きに媒介されてのことではないのか。小野小町が「今はとてわが身時雨《しぐれ》にふりぬれば言の葉さへに移ろひにけり」(古今集782・巻十五恋歌五)と詠んだとき、そこに表現されているのは、草木の葉ばかりか愛しいあなたのコトバの生色さえもが褪《あ》せてしまったという歎きである。コトバの植物的な生命力が、恋の睦言《むつごと》に籠もるエロスの磁力に通じ合っているのだ。そしてこのアニミスティックな力は、さらに進めば、詩歌に宿る言霊《ことだま》への信さえ呼び起こすことにもなろう。古今集仮名序の有名な冒頭、「和歌《やまとうた》は人の心を種として万《よろず》の言の葉とぞなれりける」での「言の葉」は、コトバ一般ではなく特権的に価値化されたコトバとしての和歌を指している。その「言の葉」に、「言葉の花のこれる木のもともかたく」(新古今集仮名序)云々のように艶《あで》やかな花まで咲き馥《かお》るとき、詩歌の美的価値はいっそう明瞭に示されることだろう。

いずれにせよ日本人は言葉を植物のように思いなしてきたのであり、そこにたとえば腥《なまぐさ》い血肉を備えた動物の表象を透視するといった視点は、われわれの伝統には馴染まない。文字に取り憑いた邪悪な霊をめぐるあの怪異譚《かいいたん》の中で、中島敦が「文字の精は野鼠のように仔《こ》を産んで殖える」と書きつけたとき(「文字禍」(1))、この動物性のイメージが或る衝撃を波及させずにおかないのは、言葉＝植物というステレオタイプ化された古来の通念があればこそのことなのだ。

植物も言語も世界中に遍在しているので、「植物」総体、「言語」総体を視界に収めうる者など誰一人いない。蕪雑《ぶざつ》に増殖し拡散したそんな対象を前にするとき、認識主体に要請されるのはまず、分類である。そもそもの出発点に分類の身振りがあるという点が、植物学と言語学とのさらなる共通項をかたちづくることになる。植物相《フローラ》を、発話《スピーチ》を、つまりあたりにとめどなく広がり出し、差異と同一性を認知するのが困難な事物＝事象の織物を、いかにして理性的に認識しうるのか。学知は、よくよく瞳を凝らしまた耳を澄ますことによってそれをまず単位に分節化し、そこに種と類の分類階梯を導入しようと試みる。一般概念に基づく分類格子をあてがうことで、それを理解し分析しようとするのだ。のっぺりと広がっている植物相《フローラ》の織物のうちに、或る特徴を備えた個体群を差異化し識別し、それを取り出してタンポポならタンポポと命名すること。切れ目なしに流れてゆく言葉の連なりを語なら語という単位に分節化し、その語群のうちにやはり或る特徴によって括られる個体群を識別し、それに動詞なら動詞という名称を与えること。いずれの場合においても、分類を始動させるのは、何らかの原理によって正当化されたこの命名行為にほかならない。しかも、言うまでもなくそれは端緒にすぎない。

或る植物集合をタンポポと名づけるとして、では、そのタンポポの集合とキクというもう一つの集合との間の関係はどういうことになっているのか。キクとタンポポは相容れない二つの群なのか、それともキクという大分類に含まれる下位分類としてタンポポや狭義のキクがあるということなのか。そのタンポポの集合の内部をさらにカントウタンポポ、シロバナタンポポ、セイヨウタンポポ等々と分類してゆくことはできるのか、できないのか。もし日常言語でタンポポとひとまず命名したものに、さらなる厳密を期した分類を施し、たとえば被子植物門・双子葉植物綱・キク目・キク科・タンポポ属などといったかたちで定義し直すとしたならば、その門＝綱＝目＝科＝属の階層秩序は、いったいいかなる原理によって基礎づけられているのか。

仮りに動詞なら動詞という種名の集合を言葉の織物から切り取ってくるとして、それと助動詞というもう一つの集合との間には、いかなる関係を見出すべきなのか。たとえば使役の助動詞「ス・サス」が「押ス」に連なる場合、「受ク」に連なる場合、「来《ク》」に連なる場合、それぞれの動詞の活用語尾にはいかなる差異が生じるのか。もしそれぞれの場合で動詞の語形が異なってくるとすれば、それを手がかりに動詞の集合の内部にさらなる下位分類を導入することはできるのか、できないのか。

かくして、数かぎりない問題群が派生し分岐し増殖し、そのすべてを合理的に整序し原理的に記述しうるシステムの存否が追求されることになる。その追求が最終的にすべてを綜合する完璧なシステムへと結晶しうるかどうかはともかく、そうしたシステムの完成をめざす努力のいっさいが、植物学なり言語学なりの基盤形成の端緒をなすことになるのである。

この点に関わって注目すべきは、植物と言語の両者ともどもに対して知的興味を示した学者を、「前近代」期の日本が少なからず所有しているという点であろう。たとえば、本居宣長《もとおりのりなが》が『うひ山ぶみ』で「古学の始祖(2)」と称えた古典学者契沖《けいちゅう》(一六四〇—一七〇一)。万葉集の研究の過程で万葉仮名の表記に用字の統一性があることを発見し、『和字正濫鈔《しょうらんしょう》』(一六九五年)を著していわゆる「歴史的仮名遣い」の基礎を確立したこの文献学の泰斗は、日本語における文字表象の問題を徹底的に考え抜いた先駆的な思想家の一人である。だが、その契沖の『和字正濫鈔』や『和字正濫要略』(一六九八年成稿)が、単に文字表記の問題にとどまらず、古典に登場する植物名をめぐって熱心な考証を行ない、李時珍の『本草綱目』をも参照しているという事実は、きわめて示唆的ではないだろうか(3)。言語学者契沖は本草学にも通じており、いっそ本草家の一人であったとさえ言ってもよいのだが、単にそれだけのことではなく、古代の日本語の姿形を究めようとした彼の実証研究が、『本草綱目』に記された名称と日本の植物との対応如何《いかん》を探るところから出発した江戸の本草学者の努力と相似の曲線を描いていたという点が、ここでのわれわれの論述にとってまことに興味深いのだ。

「言語知」の近代化

実際、言語学者が植物に関心を示したように、他方、本草学者の側にも言語論が存在する。『本草綱目』の批判的摂取の過程で「名」と「物」との対応の問題を追求し、その結果を『大和本草』にまとめた貝原益軒に、他方で『日本釈名《しゃくみょう》』(一七〇〇年)のような語源論や『和字解』(一六九九年成稿)のような仮名遣いの法則の研究があるという事実もまた、契沖が身を置いていたのと同じ知的文脈で捉えるべきではないだろうか(4)。後段で触れる大槻文彦も彼の労作『言海』冒頭の「本書編纂ノ大意」の一節で、「日本辞書」(「日本語ヲ以テ、日本語ヲ釈《と》キタルモノ」)の先駆的試みの一つとして、新井白石『東雅』(一七一九年成稿)、賀茂真淵《かものまぶち》『冠辞考』(一七五七年)などとともに、益軒のこの『日本釈名』の書名を挙げている。

さらに時代を下って、本草学者が言語を論じたもう一つの例を引いておくなら、近代化された小石川植物園の草創期にそこで重要な役割を演じた他ならぬあの伊藤圭介に、日本語の表記に関する提言がある。彼は明治十四年、「これもまた　くちよくいふべくして　そのことはおこなはれがたきのせつ」という奇妙な題の言語表記論を『東京学士会院雑誌』に発表し、いくぶんかの戯文調を滲ませつつ、漢字の排斥と仮名使用の顕揚を主張しているのだ。

○わがいま　いはんとするかんがへは、むづかしき　からもじをはいして　たゞ　わがくにの　かなもじをもつて　せけん一ぱん　こうしがぞくのくべつなく　つうようせし

められんことを　のぞむところなり、〔…〕
○かなもじは　たれにても　じゆうじざいに　よくもちゐらるべきものなれば、かゆきにてのとゞくがごとく、なにのようにても　わがこゝろのおもふほどを　たにんに　よくしらしむべきものなり、かんじかんごまじりの　ぶんしやうにては　かくたやすくはまゐらぬなり、
○しなのくににおいて　おびたゞしき　もんじをおほえたるものは、たとへ　はくしきといはるゝとも、かくのごときがくしやは　じつようのすくなきことについて　おほいにせいしんと　くわういんを　つひやすことなり、あにをしむべきことにあらずや、〔…〕(5)

見られる通り、主張はきわめて単純で、古来ことあるごとに繰り返されてきた仮名ナショナリズムのアジテーションの、パターン化された一例にすぎない。やや粗暴な印象を与えるその主張を、時代の言語状況も何もかも無視し実際に仮名だけの文章で綴ってみせている点が、しかし少々面白いと言えなくもない。伊藤圭介はこれと同年の明治十四年、「諸植物ノ中本邦自生ノ品ト異邦伝植ノ者トヲ区別シ之《これ》ヲ弁断《べんせき》セント欲スルノ説」(6)と題する文章を同じ『東京学士会院雑誌』に発表しているが、彼にとっては仮名文字という記号もまた「本邦自生」の「言の葉」にほかならず、それは「異邦伝植」の漢字とはくっきりと「区別」「弁断」され価値化されなければならない対象だったのだろう。

徳川時代前期の契沖や益軒においては、植物の探求と言語のそれとが博物知の大きな枠組みの中で絡み合っていた。はるかに時代を下って、伊藤圭介の場合は、維新とともに現出し明治の言説空間の全域に波及したアノミー状態のただなかで、エリート知識人の啓蒙精神が近代日本語の運命如何という問題にふと向けられたとき、仮名文字という「言の葉」への愛が「外圧」によっていっそう増幅されたかたちで噴出したということだろう。いずれにせよ、これら三人の本草家の知的営みにおいて、言語の主題が副次的ながらちらりと姿を見せている点がわれわれの興味を惹く。

ところで、東大理学部の所管になった小石川植物園の近代化において達成されなければならなかったのが、本草学から植物学へという課題であったという点についてはすでに触れた。従って、われわれの主題にとって重要なのは、博物学の一分野としての本草学において言語の主題がどう絡んできたかという問いであるよりはむしろ、「外圧」以後の明治日本における植物＝言語の分類学の問題でなければならない。「ぐわいこくの　おしへのみを　あふがず、ひくつのこゝろ　なからしめんことを[7]」願って自分は仮名使用論を唱えるのだと、この歴史的時点で伊藤圭介に言わしめた心理的背景として、「クロフネ」が大砲とともにリンネの二名法システムで武装したプラントハンターたちを運んでくるところから始まった、外傷的な政治状況があったことは明らかだ。では、本草学に植物学への脱皮を強いたのと同様の「外圧」が、言語をめぐる学知に対してもまた働いたのだろうか。

ここでもまた、植物学と言語学との間に或る並行関係が見出せるように思われる。徳川時代以前の日本にすでにそれなりのきわめて豊かな学知が蓄積されており、にもかかわらず維新以後、「宇宙の事は彼此《かれこれ》の　別を論ぜず諸共に　規律の無きはあらぬかし」という威嚇的な形而上学の侵略にさらされ、普遍的な法（法則）の追求へ向けての近代的な再編成を余儀なくされたということ――そこにおいて、明治日本の植物知の発展の軌跡と言語知のそれは、或る相似の曲線を描いているように見える。世界の現象に貫徹している普遍的な法（法則）を解明することが学問の使命であると信じた主体にとっては、もはやその対象が植物の場合であろうと言語の場合であろうと、ノンシャランな足取りで思いつくまま恣意《しい》的に繰り広げてゆく趣味的な記述に自足していることは不可能となった。ひとたび選択した方法を、収集した資料体の全体に対して貫徹し、原理の解明へ向かってぎりぎりと引き絞ってゆく或る徹底的な思考の持続が要請されることになったのである。では、言語の探求におけるそれは、いったいどのようなものであったか。

すでに名を挙げた契沖以来としてもよいが、日本にはすでに古語研究の豊かな伝統があった。ここではそれを細密に跡づける余裕はないし、また、長崎出島を通じての蘭学の摂取とともに、日本語をめぐる思考に西欧語文法の影響が浸透していった過程を逐一辿り返すことも今はすまい。里程標として、日本初のオランダ語文典である藤林普山《ふざん》『和蘭語法解』（一八一五年）、オランダ語文法の日本語への適用を試みた鶴峯戊申《つるみねしげのぶ》『語学新書』（一八三三年）といった書名のみ挙げておくにとどめよう。

維新を経て、明治八年に刊行された田中義廉《よしかど》『小学日本文典』は、かなり本格的かつ詳細な日本語文法の記述の試みである。田中は品詞を名詞・形容詞・代名詞・動詞・副詞・接続詞・感詞の七つに分類しているが、感詞(現在の感動詞)を除く他の六品詞すべては今日用いられているものと同じである。[8] 鶴峯の『語学新書』が実体言《ヰコトバ》・虚体言《ツキコトバ》・代体言《カヘコトバ》・連体言《ツヾキコトバ》・活用言《ハタラキコトバ》等々の用語を用いているのに比べるとはるかに現代的な印象であり、今日の文法概念と地続きのものがすでにここに出現しているのだ。

田中義廉の品詞論の特徴は、助詞という独立した品詞項目を設けず、名詞にテニヲハの付いた形それ自体を単位として扱い、テニヲハ付帯による変異を西欧語の格変化と同様なものと見なしているという点だ。「格」の概念は、「文章中の、主となるべき名詞に属して、其《その》作動を示すもの」(第一格)、「名詞の互《たがい》の関係を示し、或《あるい》は物主と、物品との、関係を示すもの」(第二格)、「文中、主賓の外、猶《なお》作用に、関係したる標目を、示すもの」(第三格)、「文主、即《すなわち》第一格の作用の、直に及達する事物を示すもの」(第四格)の四種に分類され、いかなるテニヲハが付属するかによってさらに詳細な下位分類が施されているが、[9] いずれにせよ、日本語を西欧語文法のグリッドの中にやや強引に押し込めようとしているといった印象は否めない。「動詞の法」として「直説法」「接続法」等の概念を提起している点、「動詞の時限」に関して「現在」を「第一現在」と「第二現在、即半過去」に分けている点なども、その印象を補強する。

しかし、明治二十年代初頭に至って、契沖、賀茂真淵、本居宣長、富士谷成章《なりあきら》、鈴木朖《あきら》といった国学の系譜に連なる日本語論を受け継ぎつつ、それに西洋文典の解読グリッドを合理的に組み合わせ、日本語の特性はそれとして記述しつつ、かつ西欧文典と比べて遜色のない網羅的な形式性をも整備した、きわめて説得力のある日本語文法が出現する。それが大槻文彦の『語法指南』である。

「日本普通語」総体の浮上

ここでただちに付け加えておくべきは、『語法指南』がもともと辞書『言海』(明治二十二―二十四年)の冒頭に付載されたものであるという点だ。『語法指南』は明治二十三年にはそれだけ独立した単行本としても刊行されているが、本来、『語法指南』と『言海』本文の二者は相補的な関係にある一対の著作であり、その相補性それ自体に大槻の仕事の意義が存していることは明らかだろう。

大槻文彦(一八四七―一九二八)は元来、洋学者であった。明治五年に文部省に入省した大槻の初期の仕事は、日本語学とも言語学一般とも無縁のもので、小学校用教科書『万国史略』の編纂(二巻、明治七年)、『羅馬《ローマ》史略』の翻訳(十巻、同七―八年)などである。前者は中国史と西洋史を扱ったもの、後者は「米人セヱル氏ノ訓蒙羅馬史略」(一―五巻)、「英人テイトレル氏、ビートン氏、米人リコルド氏、グードリッチ氏等ノ羅馬史及ビ万国史等」(六―十巻)に拠るものだ。宮城師範学校(後の宮城教育大学)の創立に携わり、校長として赴任、明治八年に本省に戻って報告課の勤務となる。この時点までの大槻は、英語に堪能で文才に長けた文部官僚以上のものではない。

大槻が文部省に戻った明治八年二月、当時の報告課長西村茂樹が彼に国語辞書の編纂を命じる。以降、『言海』完成後もなお引き続きその増訂に腐心した歳月まで含めれば、結局彼の後半生の丸々全体はこの畢生《ひっせい》の事業に捧げられることになった。大槻は様々な困難を経て(西村の転任もあって原稿の完成にもかかわらず出版のめどが立たなかったこと、最終的には下賜された原稿の自費出版を余儀なくされたこと等々、その詳細は『言海』巻末に収められた「ことばのうみの おくがき」に詳しい)、二十二年五月から『日本辞書言海』の刊行を開始、二十四年四月に完結した。和語・漢語・外来語にわたって三万九千語余が収録されて、それが五十音順に配列されている。

近代的体裁による初めての日本語辞書『言海』の歴史的意義は二つあり、それは、辞書本文に表われた「網羅性」と文典部分の『語法指南』が明示する「システム性」であるが、この両者は結局は表裏一体をなして成立していると言ってよい。

まず、『言海』は「日本普通語」の総体を網羅的に記述し尽くした最初の辞書である。

> 此《この》書ハ、日本普通語ノ辞書ナリ。凡《およ》ソ、普通辞書ノ体例ハ、専《もっぱ》ラ、其国普通ノ単語、若《も》シクハ、熟語(二三語合シテ、別ニ一義ヲ成スモノ)ヲ挙ゲテ、地名人名等ノ固有名称、或ハ、高尚ナル学術専門ノ語ノ如キヲバ収メズ、又、語字ノ排列モ、其字母、又ハ、形体ノ順序、種類、ニ従ヒテ次第シテ、部門類別ノ方ニ拠ラザルヲ法トスベシ。其固有名称、又ハ、専門語等ハ、別ニ自ラ其辞書アルベク、又、部門ニ類別スルハ、類書ノ体タルベシ。[10]

これは『言海』冒頭部分に置かれた「本書編纂ノ大意」の書き出しであるが、ここで何度も繰り返されている「普通」の概念に注目したい。「普通語」の範疇《はんちゅう》の外に排すべしとしてここに挙げられているのは、固有名詞と学術語・専門語であるが、特殊な雅語や古語、また方言などもここからやはり省かれていることは明らかだ。国学系の言語論とは畢竟《ひっきょう》、古典に現われた高雅な文学的古言を正確に理解するための補助学問であったわけだが、洋学の教養で武装した新時代の文部官僚たる大槻にとっては、それらは参照の対象でこそあれ、「普通語」辞書の編纂の主要目的との関わりが薄かった。たとえば『言海』の「あはれ」の項目は、『源氏物語』以来のこの語の多様なニュアンスにも仏教的含意にも触れず、現今の簡便な字引きさながら「憐ムベキコト。傷《イタ》ハシキコト。フビン」と、ごく簡単に済まされている。

契沖以来の古言の研究の眼目は、年月の経過とともに忘れ去られてしまった起源の復元にあった。難解化《オブスキュア》してしまった意味の混濁を晴らし、万葉なら万葉の時代に「言の葉」が魂と直結するかたちで湛えていた——と彼らの信じる——透明性を回復しようとしたのである。『言海』の野心はそれとはまったく異なっている。『言海』に当時の日本人にとっての古語(ないし「漢文体」など書き言葉にしか現われないような語彙)が少なからず含まれているのは事実であるが、それが包摂しようと試みているのは基本的には日本語の共時的「現在」である。要するに、大槻が対象としたのは、樹木や草花のように自然な何かとして今現に日本人の日常生活の一部分をかたちづくっている「普通語」だったのである。「ことばのうみ　のおくがき」によれば、語義の確定に苦心した言葉が多く、或る外来語に関して専門家から専門家へ、施設から施設へと奔走しなければならなかったという苦心談なども語られているが、それでも大槻に、契沖や真淵や宣長のように文献学の深い迷路に踏み入ったり、語義の把握に独特な詩的感性を働かせたりする必要がなかったことだけはたしかである。

『言海』はいわば「普通語」について「普通」に書いているだけの著作であり、このテクストの歴史的意義はその点にこそある。実際、そこに収録された語彙の大部分を占めるのは、当時の「普通」に教養ある日本人ならば直感的に理解可能なものばかりだと言ってよい。ただし、意味を直感的に理解していることと、それを正確に定義する簡潔明快な——すなわちこれもまた「普通」の——文章を書き下ろすこととの間に、天地の隔たりがあるのは言うまでもない。大槻は、「普通語」を「普通」に記述する或るメタ言語の文体を創始したのである。しかも彼は、それを「普通語」の全体に対して網羅的に行なった。彼は、日本語の「現在」を余すところなく記述し尽くそうとしたのであり、この徹底的な網羅性こそが『言海』を日本語をめぐる学知の歴史において画期的なモニュメントたらしめているのである。

大槻は「ことばのうみ　のおくがき」で、当初の目算では、「収むべき言語の区域、または解釈の詳略など」はウェブスター英語辞典のオクタヴォ(八つ折)版(簡略小型本)に倣おうとしたと述べている。[11] 語義もまた、「「オクタボ」の注釈を翻訳して、語ごとにうづめゆかむに、この業難《かた》からずとおもへり」。ところがそんな甘い見通しはたちまち潰《つい》えた、と大槻の回顧談は続くのだが、ともあれ、参考にした先行辞書の筆頭にこの「オクタボ」が挙げられていることはきわめて徴候的である。「日本普通語」の総体をメタ的に記述し尽くすという大業は、日本語に格別関心の深い専門家ではなく、洋学者の手で為された——いやむしろ、洋学者の手でしか為されえなかったと言うべきだろう。

ウェブスター英語辞典という「洋学」の媒介を経ることで、「日本普通語」の総体は初めて視界にくっきりと浮上しえたのである。日本における植物知が西欧の「外圧」下に本草学からの脱皮と再編成を迫られたように、日本語をめぐる「知」のシステムにおいてもまた、ウェブスター英語辞典という「外圧」が『言海』という言語装置を創出させたということだ。ちなみに、クイーンズ・イングリッシュを規範化せずアメリカ英語の記述に重点を置くウェブスター英語辞典それ自体、みずから独立戦争に参戦し、合衆国は英国から政治的のみならず言語的にも独立すべきだとするノア・ウェブスター(一七五八—一八四三)の、熱烈な愛国精神の発露によって成し遂げられた仕事である。(12) そして、『言海』もまた明治日本のナショナリティの形成に一定の政治的役割を演じたことは言うまでもない。

20　秩序――システム(二)

「格」の廃棄

『言海』は、「日本普通語」を構成するすべての語彙の一覧表であるのみならず、それに網羅的な品詞分類を施し、或る文法的秩序の下に綜合した最初の知的著作である。巻頭に置かれた『語法指南』が提示するそのシステムは、基本的には西欧語の文典の枠組みに則りつつ、しかし田中義廉『小学日本文典』がそうであったようにそれにリジッドに準拠するあまりあちこちに不整合が生じるといった弊には陥らず、日本語の固有性をも可能なかぎり論理的な法則性によって統御しようと試みて、それにほぼ成功した、きわめて優秀な出来栄えのものである。用語も分類法も今日一般的に通用しているものとほとんど同一であり、要するに日本語文法は有用性の高い合理的システムを、『語法指南』によって初めて賦与されたと言ってよい。

実のところ、大槻文彦によるこの「言の葉」の分類システムは、突出した独創性を備えていたわけではなかったし、またそうである必要もなかった。大槻の前には日本人の先達による文法研究の業績があり、また彼が堪能だった英語の知識によって自在に利用可能な西欧文典のモデルがあり、またそのモデルの日本語への適用を試みた幾つもの先駆的業績もあった。彼はそれらすべてを彼なりの仕方で綜合し、みずからもっとも合理的と信じるシステムを作り上げただけのことなのだが、しかしそれこそがまことに画期的な出来事だったのである。「日本普通語」総体を「普通」に、すなわちもっとも無理なく包摂しうるこうした完成度の高いシステムが、『言海』と結合しつつ明治二十二年に出現したことの歴史的意義は決定的だったと言わなければならない。

その歴史的意義を徴候的に示す一例として、テニヲハの処理を取り上げてみよう。既述のように、田中義廉の文法は「名詞+テニヲハ」を単位とし、そこに「格」の概念を導入することで日本語を西欧語と同一平面上に置き、類比の枠組みを作り上げようとするものであった。他方、大槻文彦はテニヲハを独立した品詞と見なし、その固有の機能の記述に腐心している。「助詞」の名称は用いず彼はそれを「天爾遠波《テニヲハ》」と呼んでいるが、ともあれそれを名詞・動詞・形容詞・助動詞・副詞・接続詞・感動詞と同列に並ぶ一品詞として扱い、日本語の語彙総体をその八品詞に分類し尽くしているのである。

天爾波《てには》［天爾遠波の略語——松浦註］ハ、其《その》形、多クハ短小ニシテ、且《かつ》、独立シテハ用ヲ成サズ。然レドモ、常ニ、文中所在ニ居テ、上下ノ語ヲ連絡セシメ、互《たがい》ニ呼応シテ其意義ヲ通ジ、他語ノ方向ヲ示シ、意旨ヲ導キ、自他ヲ区別シ、彼此《ひし》ヲ分合シ、言語ノ位置、顛倒《てんとう》ストモ、其所在ニ就キテ指示ノ任ヲ尽スナド、関節ノ筋ノ如ク、門戸ノ枢《くるる》ノ如シ。(1)

〔傍点松浦、以下同〕

『語法指南』の「天爾遠波」解説部分の冒頭近くに置かれた一節である。最終行に見える「枢」とは、扉の端の上下に付けた突起を框《かまち》の穴に差し込んで開閉させるための装置を指す(回転軸をなす突起部の「とまら」にもそれを嵌め込む穴の「とぼそ」にも「枢」の字を当てる)。見られる通り、記述の重点は「然レドモ」以降にあり、品詞と品詞を結びつけ、両者の関係を統御する「関節」のような、「枢」のような或る特殊な言語単位を、それ自体「独立シテ」定義すべきだと大槻は考え、その独自性の確定に努めている。これに続く部分で彼は、この「天爾遠波」を「第一類　名詞ニ属《ツ》クモノ」「第二類　種種ノ語ニ属クモノ」「第三類　動詞ニ属クモノ」の三種に分け、その用法の詳細を記述してゆくのだが、ここでその詳細に立ち入る必要はない。われわれがここで注目したいのは、テニヲハが名詞から「独立シテ」その意味と機能の考察が試みられるようになったことの結果として、田中義廉『小学日本文典』で重要な役割を演じていた「格」の概念が消えるという点である。

「天爾遠波」解説の本文の後に、小さな活字で幾つかの註が添えられているが、その書き出しで大槻はまずこの「格」概念の帰趨《きすう》の問題に触れて、こう述べている。

第一類ナル名詞ニ属《ツ》ク天爾波ハ、羅甸《ラテン》名詞ノ格トイフモノニ似タリ。羅甸名詞ノ格ハ、語尾ノ変化ニテ成レリ、我ガ第一類天爾波モ、名詞ノ語尾ノ変化ト見テ、之《これ》ヲ格ト立テムモ可ナルガ如シ。サレド、我ガ天爾波ニハ、意義ニ異様ナルモノモアリテ、羅甸ノ格‖ト合ハヌモ多ク、縦《たと》ヒ合ハズトモ、我ハ我ニテ、名詞ノ格‖ヲ、特ニ数種ニ創制セムモ然ルベケレド、扨《さて》、其夥多《かた》ナル意義ノアル限リ、悉《ことごと》ク之ヲ格‖ト立テムモ、妥当ナラザルヲ覚ユ。[2]

「格」概念の適用の可能性を一応は認めたうえで、ここでも大槻は「サレド」と反転し、それは採らないと宣言しているわけだ。さらに、ラテン語の「格」は名詞自体の語尾変化によって示され、その変化も名詞の種類によって様態を異にするのに対して、日本語のテニヲハには「一定ノ成形」があり、さして数が多いわけでもないそれらがすべての名詞に同じように接続するさまは「千篇一律、サラニ異様アルコトナシ」という指摘が続く。「サレバ、羅甸ノ格ハ、足ノ如ク、其名詞ニ生得シテ、離ルベカラズ、我ガ天爾波ハ、履《くつ》ノ如ク、脱シテ衆ニ通用スルコトヲ得ベシ[3]」。テニヲハに、機能面からは「枢《くるる》」、形態面からは「履」という比喩が当てられることになるのである。

今日の日本語文法は、大槻が「第一類」と呼んだものにほぼ重なる助詞群に「格助詞」の名称を当て、「格」の概念を部分的に復活させている。だがわれわれは、明治二十年代前半の時点で、史上最初の近代的日本語辞書編纂という大業を成し遂げようとしていた大槻が、それと相い補うかたちで構築した文法システムにおいて、「格」の概念をあえて棄却するという決断を下したという事実に、積極的な意義を認めたいと考える。洋学派の大槻がウェブスター英語辞典に範を仰ぎつつ日本語辞典を構想したとき、その理論的基盤をなす文法システムにおいてもまた、西欧文典に則り、ラテン語の主格・呼格・属格・与格・対格・奪格等々の概念を採用して日本語を腑分《ふわ》けしてみたいという誘惑は大きかったはずである。そのことをめぐる逡巡は、先に引いた「(ラテン語の格と)縦ヒ合ハズトモ、我ハ我ニテ、名詞ノ格ヲ、特ニ数種ニ創制セムモ然ルベケレド……」という言葉によく表わされているが、最終的に彼は、日本語のテニヲハの実態に照らしてそれは「妥当ナラザル」解決だと判断し、「格」の概念を棄てたのである。

このことの理由は、恐らく、『語法指南』が辞書『言海』のための基礎作業であったという事実と深く絡み合っている。大槻には、何よりもまず、「が」「の」「に」「を」等々の一つ一つを、辞書の独立した一項目としてそれぞれ定義し記述しなければならないという責務があった。『言海』が「日本普通語」の語彙総体の一覧表であるかぎりにおいて、そこではテニヲハを名詞から分離し、独立させ、その一つ一つの意味と機能を確定し、明快な定義を与えてゆく必要があった。『言海』の見出し語は、「日本普通語」の全体を網羅的に覆い尽くしていなければならなかったのである。さらにまた、テニヲハ一つ一つを辞書の一項目として立ててゆくうえで、大槻は、それらの一群が日本語の語彙総体の中でいかなる位置を占めるかという問いにも答えなければならなかった。すべての見出し語に、それが属する品詞名を付記する必要があったからである。かくして「天爾遠波という品詞」の概念が要請されることになった。そして、その概念が成立可能であることを検証したものが『語法指南』の「天爾遠波」解説部分なのである。

また逆に、『言海』の方が『語法指南』のための基礎作業であったという言いかたもできる。『語法指南』において大槻は、テニヲハ群を三つの「類」に分類し、さらにその三つの「類」の総体を「天爾遠波」という品詞名でひと括りに取りまとめ、文法システムの内部に然るべく位置づけることを試みた。が、その際、「類」への下位分類にも「天爾遠波」という大項目への綜合にも、語の意味と機能の観点からのそれなりに合理的な根拠を示す必要があることは言うまでもない。その根拠付けを行なうに当たって拠って立つべき知識こそ、『言海』の個別項目としての「が」「の」「に」「を」等々の一つ一つをめぐる記述に要約されたものにほかならなかった。かくして、互いに互いを根拠づけ合う相補的な二著作として、『言海』と『語法指南』は同時並行しつつ生成を遂げていったのだ。

「緒」から「枢」「履」へ

そうした事情は、「格」概念の採用如何《いかん》とは直接関係のない「天爾遠波」の「第二類」「第三類」の扱いにも窺われる。「天爾遠波」解説部分の後註で、「履」の比喩の登場する前掲の引用に続けて、大槻はこう書いている。

第二類天爾波ハ、洋語ニテ言ヘバ、副詞ニ似タルモアリ、前置詞、接続詞ノ趣ナルモアリ、或《あるい》ハ、名状スベカラザルモアリ。然レドモ、其文中ニ立チテ、上ニ種種ノ語ヲ承ケ、下ハ動詞、形容詞等ニ係リテ、其意義ヲ達スルコトハ、何《いず》レモ、畧《ほぼ》、同趣ナルモノニテ、サラニ相別チ難シ。此《この》一類ノ語、実ニ、国語ノ言類中ニテ、一種殊様ノモノタリ。第三類ノ天爾波ハ、上下、皆、動詞、形容詞、助動詞ニ係ルモノニテ、スベテ、其接続法ト立テムモ、可ナルモノノ如シ。然レドモ、尚、分離シテ、何レノ動詞、形容詞、助動詞ニモ、通用連続セシムベキコトハ、第一類ノ如シ(4)。

大槻の思考法の特徴を示すあの「然レドモ」という逆接の接続語が、ここでも律儀に繰り返されていることに注目しよう。大槻はまず、彼がとりあえずの参照枠とした西欧語の文法の応用によって処理できるかどうかについて十分に思念をめぐらせ、そのうえであえてそれを棄てるという決断を下している。優先すべきはあくまで現在の日本語の運用の現場でなければならない。それに即して改めて考え直すところから、これらを「天爾遠波第二類」「天爾遠波第三類」として括りうるし、またそのような独立した群を構想するのが日本語にふさわしいのだという結論が導かれる。そして最後に、これら三類全部の集合を一品詞として総括することの適否が改めて問われることになる。

扨以上三類ノ語ハ、皆、固《もと》ヨリ、独立ニハ用ヰラレズ、而《しか》シテ、其他語ニ係ル規定ニ差異コソハアレ、其語姿ノ成立ヲ概見スルニ、三類共ニ、究竟《くっきょう》、同臭味ノモノタリ、因《より》テ、今ハ、類ヲ以テ別チテ、天爾波ノ一部門ニ総ベタリ(5)。

　以上に縷々《るる》引用してきた大槻の文章の、良く言えば周到、悪く言えば慎重すぎるあまりや迂遠《うえん》で持って回った感さえある文体の独自の質感に注目しよう。それ以前に何もなかった真っ白な未開地に、辞書＝文法の相補的ないし相互支持的な装置を作り出さなければならなかった創設者の、逡巡と試行錯誤が、このいくぶんくだくだしい論理進行の姿に刻み込まれているのである。彼には「天爾遠波」を品詞として「独立」させたいという強い意志があった。そしてその「独立」は、これだけの論述の手続きを踏んで説得したうえでなければ実現しえまいと感じていたのである。

　しかし、テニヲハに関して「彼以前に何もなかった」とは言いすぎではないのかという反論がありうるかもしれない。「天爾遠波」が担う特異な機能に対しては、日本の文学者は古来、十分以上に意識的であり、それをめぐって種々様々な考察が展開されてきたはずではないのかと。

　なるほど、藤原定家著と伝えられる（偽書の可能性が高い）『手爾葉大概抄《てにはたいがいしょう》』以来、それに飯尾宗祇《そうぎ》が註解を施した『手爾葉大概抄之抄』、『姉小路式』、それを増補した『春樹顕秘抄《しゅんじゅけんぴしょう》』『春樹顕秘増抄』など、中世歌学の秘伝書で、テニヲハの問題はすでに様々に論じられていた。江戸期に至って出現する富士谷成章の『脚結抄《あゆいしょう》』（一七七八年）、本居宣長の『てにをは紐鏡《ひもかがみ》』（一七七一年）や『詞の玉緒《ことばのたまのお》』（一七八五年）、また宣長の門人鈴木朖の『活語断続譜』（一八〇三年成立）や『言語四種論《げんぎょししゅろん》』（一八二四年）などは、これら室町時代に隆盛を極めた歌学書の問題提起を拡張し一般化し、日本語学の広い枠組みの中で置き直しつつ精細な考察を加えている。テニヲハ研究がすでに分厚い歴史の層をなして大槻文彦の前に存在していたことは事実である。

だが、室町時代以来の歌道書におけるテニヲハ論とは、畢竟《ひっきょう》、和歌作法の指南書でしかなく、テニヲハの機能を客観的に定義しようとする「科学的」な志向はそこにはなかった。そもそも和歌のために用いられる詩的言語は室町時代においてもうすでに人々の日常的な言語使用と相当に乖離《かいり》しており、これら歌学ないし歌道の秘伝書のどれもが「係り結び」の規範についてやかましく注意を促さなければならなかったのも、そうした意識のずれゆえのことである。従って、そこでの考察に素材となり対象となったのは古語にしてかつ詩語であるところの特殊な言語態であり、『言海』=『語法指南』が包摂しようとした「日本普通語」総体とは甚だしく異なったものであった。

江戸期の国学者の場合、良歌を詠むための技法伝授といった歌道の閉域からは距離を取り、より一般的な国語学の地平で問題が提起されていることは認めなければならない。だが、宣長にしても富士谷成章にしても(鈴木朖はやや異なるが)、文法論の例証として引いているのはほぼ八代集を中心とする和歌に限られており、そのことの必然的な帰結として、テニヲハの分析もまた、三十一文字で完結し美的小宇宙を形成する文学作品の詩的価値の問題と分かちがたく絡み合ってこざるをえない。『手爾葉大概抄』以来のテニヲハ論が江戸期の国学に至るまで終始「係り結び」の法則という中心テーマの周囲を旋回しつづけてきたのは、「係り」

を中継して「結び」で締め括られる一首の歌いぶりの、姿形の美如何という問題意識がそこに絶えず底流してきたことのゆえなのである。

　宣長から鈴木朖に受け継がれた「詞の玉緒」論とは、自立語としての「詞」が「玉」だとすれば付属語としての「辞(テニヲハ)」は「緒《ひも》」であり、「玉」の連なりを「緒」が結び合わせてゆくところに日本語の文章態が成立するというものだ[6]。だがここでもまた、そうした数珠《じゅず》のような語の連なりの極めつきのモデルとして思い描かれているものは、短歌一首の完結した立ち姿にほかならない。詩想とイメージで光り輝く幾つかの「玉」がテニヲハの「緒=紐」によって響き良く姿良く繋げられ、かくして間然するところのない三十一音節の声と文字の流れが生成し遂げるという議論になるのである。

　宣長によるこの「テニヲハ=緒」の比喩を傍らに据えるとき、暗黙のうちに価値化されたその審美性との対比で、大槻文彦の「テニヲハ=枢《くるる》」ないし「テニヲハ=履《くつ》」の比喩の近代的な散文性が、改めてくっきりと際立ってくるだろう。大槻によれば、テニヲハとは戸と框を結びつけ、戸の開け閉めを可能にする蝶番《ちょうつがい》のようなものだという。また、名詞に接続したテニヲハは名詞から生えた足のようなものではなく、むしろいつでも軀《からだ》から着脱可能な靴のようなものだという。言語システム総体の内部でテニヲハが果たす機能とそれがまとう形態とをきわめて即物的に表象しているだけのこれらの比喩には、きらめく「玉」の連なりとそれらを繋ぐ「緒」という、五七五七七の立ち姿に範を取った宣長の比喩のまとっている美的なイデオロギー性など、痕跡すら残っていない。

大槻にとって名詞とテニヲハは、「玉」と「緒」のようにまったく異質な二つのものではなく、辞書の見出し語たるべき言語単位として、完全に等価でなければならなかった。そうでないかぎり、日本語の語彙の一覧表としての『言海』の網羅性は達成しがたいからである。従って、彼はテニヲハ一つ一つについて、「独立シテ」その意味や用法を定義し(『言海』)、かつまた品詞としての「天爾遠波」の機能を「日本普通語」総体との関連で分析的に記述しなければならなかった(『語法指南』)。「枢」や「履」の比喩は、その両方の作業に際してテニヲハの機能と形態の特質を浮かび上がらせるために持ち出された単なる説明的なイラストレーションであるにすぎず、そこにはもはや「玉」と「緒」のイメージに孕《はら》まれた詩的な価値意識はかけらもない。要するに、日本語を学知の客体として大槻文彦が行なった精神的労働は、モノノアハレの詩的伝統への拝跪《はいき》をモチーフとする国学系の国語学とは根本的に異質な種類の言説に属するということだ。

形式と内容の捩れ

かくして、『言海』の見出し語にはテニヲハ一つ一つが「独立シテ」立てられ、様々な名詞・動詞・形容詞・助動詞等々と同一平面に並ぶことになった。「が(名)我意《ガイ》、ノ略」「が(名)雅(一)正シク善キコト。ミヤビナルコト。(二)厭《(いと)》ハシキ飾ナド無ク、瀟洒《サッパリ》トシテ、愛スベキ趣ヲ含ムコト。風雅」の直後、これと同列に並ぶかたちでテニヲハの「が」が続き、しかも意味の差異から三種に分かたれて——

が(辞)第一類ノ天爾波、動作ヲ起ス名詞ヲ、特《コト》ニ挙ゲテ示スモノ。

が(辞)[之]第一類ノ天爾波、名詞ト名詞ノ関係ヲ示スモノ、其意種種ナリ。(一)所有ノ意ヲ示スモノ。(二)由ル係ル所ヲ示スモノ。(三)に、ある、ノ意ヲ示スモノ。(四)と、いふ、ノ意ヲ示スモノ。

が(辞)第三類ノ天爾波、思フニ違ヒテ意ノ返ヘル意ヲイフモノ。[7]［(辞)は品詞名としての「天爾遠波」の略語。用例は省略した――松浦註］

といった具合に記載されることになったのは、やはり画期的と言うべき出来事なのである。ここまでわれわれは、テニヲハの分類法に焦点を絞りつつ、『言海』=『語法指南』に胚胎《はいたい》された言語認識の近代性を浮かび上がらせようと試みてきた。しかし、最後に、それと同時に留意しておくべきは、『言海』が「日本普通語」について「普通」に書かれた辞書である以上当然のこととはいえ、その各項目の記述内容それ自体には「普通」の範疇《はんちゅう》を出るものはないという点である。語の説明も用例もとりたてて「近代的」でも学問的でもなく、知的革新の衝撃を波及させるような種類の記述は皆無である。任意に引く一例だが、たとえば「たんぽぽ」の項目は次のようなものだ。

たん-ぽぽ(名)[蒲公英](古名、たなナリ、たんハ、其転ニテ、ほほハ、花後ノ絮《ワタ》ノほほけタルヨリイフカト云)古名、タナ。又フヂナ。草ノ名、原野ニ多シ、葉ハ、冬ヨリ、盛《さかん》ニ地ニ布キテ叢生《そうせい》ス、なづなノ葉ニ似テ大ナリ、切レバ白キ汁出ヅ、春、煮テ食フベシ、春ノ末、数円茎ヲ出ス、高サ五寸許《ばかり》、内空シク、頂ニ一黄花アリ、単葉《ヒトヘ》ノ菊花ノ如シ、又、白花ナルモアリ、後ニ、絮《ワタ》トナリテ、茎頭ニ玉ヲナシ、風ニ飛ブ。略シテ、タンポ。(8)

古名の考証から始まって、分布、生態、利用法、形態、生長過程等に触れ、最後の「風ニ飛ブ」の一句に仄《ほの》かな情趣が滲む。徹底的な推敲を経ていることが一目瞭然の、簡にして要を得た見事な文体である。ただし、近代的な植物学はここにはない。これは前近代的な博物誌の伝統を引き継ぐ記述であり、そうであることに自足していて、その範疇を超えてまで理科学的な厳密さを期すという野心は持っていない。タンポポと他の植物種との差異と同一性を定義し、植物全体の分類階梯《かいてい》の然るべき場所にタンポポを位置づけるといった近代的な「知」の視点は、ここにはあくまで不在なのである。

ちなみに、とりたてて学問的というわけではない今日の辞書のアプローチをこれに対比してみるのも一興かもしれない。やや百科事典的な性格をも併せ持つ『広辞苑』(第六版)の「たんぽぽ【蒲公英】」の項の記述は、「キク科タンポポ属の多年草の総称。全世界に広く分布。日本にはカンサイタンポポ・エゾタンポポ・シロバナタンポポ、また帰化植物のセイヨウタンポポなど十種以上あり、普通にはカントウタンポポをいう。根はゴボウ状。葉は土際に根生葉を作り、倒披針形で縁は羽裂。春、花茎を出し、舌状花だけから成る黄色の頭状花をつける。痩果は褐色で、冠毛は白色、風によって四散する。若葉は食用、帯根全体を乾燥したものが漢方生薬の蒲公英《ほこうえい》で健胃・催乳剤。たな。〈季春〉」といったものだ。(9)

ところで、「キク科タンポポ属の多年草」といった学術的定義が『言海』に見当たらないからといって、そこに大槻文彦の無知を見るべきではない。というのも、『言海』冒頭に置かれた「凡例」の(四十九)で、彼は「動植鉱物ノ注ハ、其各学問上ノ綱目等ノ区別ヲ以テ説クベキナレドモ、今ノ普通邦人ニハ、解シ難カルベシト思ヘバ、今ハ、姑《しばら》ク、本草家ノ旧解ヲ採リテ、眼ニ視ル所ノ形状ニ就キテ説ケリ」(10)とわざわざ述べているからである。「学問上ノ綱目等ノ区別」の不記載は、それ自体慎重な配慮を経て自覚的に選び採られた姿勢であり、方法論なのである。結果として、『言海』の記述は、個物の特異性への偏愛から発して可視的特徴を微細に記録し、その等身大の表象を作成したいと欲望する本草学=博物誌の言語態におおよそ収まることとなった。そこに近代的な植物学が不在なのはこうした事情による。

ただし、たとえそうだとしても、ここで「本草家ノ旧解」と呼ばれているものが、明治二十二年当時、必ずしも著しく時代遅れになっていたわけでもないという点は、ここで改めて念を押しておくに値しよう。博物誌の表象原理は文化全般にまだ広く生き延びており、すでに触れた通り、文政年間にシーボルトに師事した伊藤圭介が長命を保ち、明治十九年まで東大理学部教授の職にあり、小石川植物園に「取調担任」として勤務していたという事実もその一例証である。

『語法指南』と結合して作動する『言海』という言説装置とともに日本文化の自意識が史

上初めて所有することになったのは、日本語なら日本語という言語《ラング》の構成要素は有限であること、それは辞書という始まりと終りを持つ一覧表のかたちで物質的に提示可能であること、かつまたそれは或る首尾一貫した文法システムによって網羅的に基礎づけうることという、三段階からなる対自的な認識である。その形式と構造の徹底性においてそうした鋭利な認識を産み出し、大衆社会状況の黎明期にあった明治日本に浸透させ、かくして日本語をめぐる「知」の近代を開いた『言海』は、にもかかわらず、個々の項目の内容自体においては、一八世紀的博物学の表象原理の枠内にとどまることをあえて選択している。恐らくこの捩《ねじ》れにこそ『言海』という言説装置の歴史的意義があり、またその独自の魅力もあると言うべきだろう。形式と内容のこの捩れに、われわれは明治初期から中期にかけて日本の表象空間が置かれていた歴史的文脈それ自体の特異性を透視すべきなのである。

われわれはすでに、日本における近代刑法の端緒を徴《しるし》づける新律綱領の記述の特異性を検討し、犯罪に関わる個別ケースの網羅的列挙によってシステムに完璧を期そうとする欲望がそこに底流していることと、しかし同時にまた、そのボルヘス的列挙から洩れ落ちるものの存在がシステムを絶えず脅かし、潜在的な裂罅《れっか》や綻びを至るところで感知させずにおかないことを確認した〈本書〈上巻〉「5 網羅性――新律綱領・刑法(一)」〉。そこに認められるものもまた、すでに一種の「形式と内容の捩れ」であったと言ってよい。網羅的列挙によるシステム構築がめざされながら、一般化・抽象化・単純化をめざす近代的な「知」の方法論が欠落しているがゆえに、そこでシステムは合理的には機能していなかったからである。

新律綱領が制定された明治三年からおよそ二十年後に出現した『語法指南』(『語法指南』を付載した『言海』は明治二十二―二十四年刊)が、近代化された「言語知」の或る模範的な成果と呼びうるものであることはすでに述べた。それが言語という主題をめぐって一般化・抽象化・単純化をめざす方法論を貫徹させたテクストだからであり、明治初期・中期の加速された時間の経過の中で、二十年はそれだけ濃密な歳月だったのである。ただ、この方法論の実践篇と呼ぶべき『言海』本文において、近代的な「知」は不意に消失する。「日本普通語」の総体を網羅しているという点で、形式的にはそこに紛うかたなきシステムが存在しているかのような外観を呈していながら、記述の具体的な内容は近代以前のナチュラル・ヒストリーのパラダイムを脱していないということだ。

かくして、『語法指南』と『言海』とが一体となったこの「言語知」の装置において、形式と内容の振れは依然として残存している。それを、近代性の不足として貶毀《へんき》的に捉えるという「進歩史観」的な視点はわれわれのものではない。われわれは単に、一方にシステムたらんとする熾烈《しれつ》な欲望があり、その欲望に衝き動かされて書かれたテクスト群が存在しながら、他方また、至るところでシステム論的理性主義に抗う力が働き、システムの合理化を絶えず流産させつづけているというこの葛藤と混淆に、明治初期・中期の表象空間の歴史的特質を透視しようとしているだけである。そして、この時期のこうした葛藤と混淆が、不十分さや未完成の証しであるどころか、日本の表象文化史の他のどの時期にもない豊饒《ほうじょう》で魅力的なテクスト群を産み出しえたことを、むしろ積極的に評価したいと思う。実際、『言海』を最初から最後まで通読したいと思い立つ読者はいても、同じことを『広辞苑』に対して行なおうとする者などよほどの物好きでないかぎりまずいはしまい。そんなことをしても、面白くも何ともないからである。

大槻文彦の仕事の考察に捧げられた本章を締め括るに当たって、『言海』からアトランダムに抜き出したもう一つの項目の丸ごと全体を引用しておく。吉増《よします》剛造の詩などへとふと連想をそそられないでもないこの簡潔で「軽捷《けいしょう》」な記述に、当時のどの詩にも小説にもなかった美を感受するという一種倒錯的な「近代」意識は、本書全体の主題と決して無関係ではないはずだ。

きつ-ね（名）狐〔ねハ美称〕古名、きつ。異名、野干《ヤカン》。たうめ。たうか。獣ノ名、形犬ヨリ小ク、毛、黄赤ニシテ、腋ノ下、白シ、喙《クチ》、尖リ、尾、大ク、軽捷ニシテ疾ク走ル、人家ニ近キ山ナドニ穴居ス、性甚ダ狡猾《(こうかつ)》ニシテ、夜、人家ニ入リテ、鶏ヲ捕リ、食物ヲ窃《(ぬす)》ム。又、黒狐、白狐モアリ。(11)

21 例外——システム(三)

「啓蒙」の装置

徹底性においてははるかに劣るものの、日本語の語彙集としては『言海』(明治二十二—二十四年)に先立って近藤真琴《まこと》編『ことばのその』(同十七—十八年)や物集高見《もずめたかみ》編『ことばのはやし』(同二十一年)があり、これらの書名における植物的比喩は辞書がそれ自体いわば「言の葉の植物園」にほかならないことを明示している。事実、辞書と植物園は或る「世界」の雛型《ひながた》としての性格を共有している。東大理学部で植物学担当の初代教授に就任した矢田部良吉は、この時代の多くの日本人教授がそうしたように英語で講義を行なったが、授業中口癖のように"If you go to the Koishikawa Garden, you will see..."と繰り返していたという。何か理解しがたい語に出会ったときには『言海』を引けばそこに必ず意味説明と用例が見出される、ちょうどそのように、何か確かめたい植物種があれば小石川植物園へ行けばよい、そこにこそその見本なり標本なりが見出されるというわけだ。辞書も植物園も、言語をめぐって、また植物をめぐって「知」が必要に応じて依拠しうる基礎的な参照枠であり、さらにはそれを通じて言語世界・植物世界のとりあえずの全体像さえ獲得しうる高度に有用な「世界模型」なのである。

漱石『明暗』の「お延《のぶ》」が両親宛に手紙を書く場面に、長い文面を興に乗って一気に書き上げたので「日頃苦にして、使う時には屹度《きっと》言海を引いて見る、うろ覚えの字さえそのままで少しも気に掛からなかった」という一節がある(「七十八」)。『明暗』は大正五年の執筆で『言海』刊行からすでに四半世紀が経過しており、また「お延」はとりたてて知識人というわけではない市井の一主婦である。『言海』完成後その増補改訂に腐心した大槻が昭和三年に亡くなった後、文彦の兄の大槻如電《じょでん》に引き継がれようやく昭和七年に第一冊が刊行されることになる『大言海』まで含め、この辞書は日本人の言語教養のスタンダードとしての確固たる地位をかなりの長年月にわたって占めつづけたことになる。

世界を言語的に認識するための表象装置としての『言海』が「啓蒙」の時代の産物であることは間違いない。単に、人々が理性を私的にも公的にも使用して意見表明することを補助する実用の具としてそれが優れた機能を発揮したがゆえにのみそうなのではない。もちろん「日本普通語」を自在に駆使しうる能力の獲得こそ人が「みずからの未成年状態から抜け出る」ための本質的な一要件であることはたしかであり、そのための社会的な言語教育に『言海』は大いに役立ったのである。だが、『言海』が近代日本を「啓蒙」化するうえで重要だったのはむしろ、個人の内界にも収蔵されまたその身の回りの外界にも蕪雑《ぶざつ》に広がり出している日本語の言語空間は、実は合理的秩序の貫徹したシステムとして把握され記述されうるものであること、そして「普通人」による「普通」の言語活動のことごとくはそのシステムの作動として理解しうるものであることを、それがきわめて明確に示してみせたという点の方だろう。

もとより言語使用における実用知識の供給こそがその第一目的であったにせよ、実は『言海』はそれをしながら同時にその利用者に、或るメタ・メッセージを送り届けてくる。科学技術や法制度や政治体制に関してばかりではなく、あなたがそこに身を置きまたそれを頼りに暮らしている日本語という言語世界に関してもまた、あなたは合理的秩序への信のうちに安らうことができるのだと、それは暗黙のうちに語りかけてくるのである。開化のもたらした一成果でありかつ開化をさらにいっそう促進させる原動力にもなった『言海』の歴史的意義は、むしろこのメタ・メッセージの持つ揺るぎない説得力のうちに見出されるべきだろう。日本語のスタンダードとしての『言海』への信頼は、言語を理性の機能の内部に回収しうるという確信がもたらす安心感の別名にほかならない。千二百六十三ページの厚みのうちに包蔵された理性への信というイデオロギーが、『言海』を極めつきの「啓蒙」の装置たらしめているのである。

ところで、にもかかわらず、人は折りに触れ『言海』を参照することはできるし、また実際にそうしているにせよ、何もそれを唯一絶対の公準として遵守しつつ言語活動を行なっているわけではないという事実はなおかつ残る。なるほど『言海』がきわめてよく出来たシステムだとしても、話し、聞き、書き、読む人々の日常の営みは、言うまでもなくそのシステムからの、多種多様な大小の逸脱を絶えず繰り返しているからである。実際、先に触れた

『明暗』の一節の眼目は、「お延」が『言海』をあえて参照しなかったという点にあった。その逸脱の様態の諸相を、「啓蒙」は現実をいかに裏切り、またそれによっていかに裏切られるかという問いとの関わりにおいて以下に論じてゆくが、歴史性と原理性が絡み合うこの微妙な問題は幾つかの水準を弁別しつつ考察される必要があろう。

まず、『言海』における網羅的な綜合性を顕彰してきたここまでの論述と一見矛盾するようだが、その語彙表が覆っているものがたかだか「日本普通語」の総体であることの限界性がここで改めて指摘されねばならない。既述の通り、『言海』の見出し語に「地名人名等ノ固有名称」「高尚ナル学術専門ノ語」は収めないという原則が「本書編纂ノ大意」に記されている。その原則自体は一応認めるとしても、現代日本人が「普通」に知っていて当然のはずの古語や雅語への配慮が浅いのではないか、日常的に用いられているはずの漢語の収録が手薄ではないかといった点は、すでに刊行当初から『言海』の欠点としてあげつらわれてきた。「普通語」の収録にさえなお不備が残っているという批判である。だが、これらは技術的にいくらでも修正可能な不足や偏倚にすぎず、実際、『大言海』への増補改訂によって相対的に改善されている。

それより本質的な問題は、われわれの「普通」の言語生活とは実は「普通ならざる」ものの自在な介入に向かって一瞬ごと開かれており、「異常」や「例外」が沸き立っているその現場に直面するとき、現代日本語のスタンダードという意味での「日本普通語」の観念など、結局は思弁的な仮構にすぎないという点にある。なるほど大槻文彦は、一般の人々の実生活での言語使用という意味で「普通」という言葉を用いたのではあろう。しかし、『語法指南』と一体化したうえで『言海』が提示しているシステム（以後これを「言海システム」と呼ぶことにする）は、それがシステムであることそれ自体によって必然的に、人々の日々の言語実践の実態を大なり小なり裏切らざるをえない。合理的秩序の貫徹は、理性の範疇《はんちゅう》に属さないものを根こそぎ排除することによってしか達成されえないからである。

システムと例外状態

正しいもの、根拠づけられたもの、意味のあるもの、社会化されたものから成り立つ「言海システム」は、誤ったもの、狂ったもの、無意味なもの、幼稚なもの（「未成年状態以前」に属するもの）等々を決して容認しない。ところがわれわれの内にも外にも広がり出している言語空間の荒野には、過誤だの錯覚だの混乱だの譫妄《せんもう》だのが異形の「言の葉」のように生い茂り、それらは刈り取っても刈り取ってもそうそう容易に駆除されるような代物ではなく、そのことをわれわれは日常的な体験として知悉《ちしつ》している。それら多種多様な非理性的なものを駆逐することこそ「言海システム」がその重要な手立ての一つとして機能する「啓蒙」の使命にほかならず、蒙を啓かれて「未成年状態」を脱した近代人は、以後はみずからの言語行為を理性の命じる規範に沿って然るべく成型するように強いられてゆく。荒野は開墾され、すなわち栽培《カルチャー》＝文化が施され、整然と区画割りされた田畑へと変容しなければならないのだ。にもかかわらず、そうした栽培《カルチャー》＝文化の場の外部や隙間になお残る未開墾地には、分類表に従って組織された「普通」の「言の葉」とは種を異にする野生の植物が、つまり過誤や錯覚や混乱や譫妄が、猛々《たけだけ》しい活力ではびこりつづけ、個人の精神世界をも社会的な言語環境をも非合理的に汚染し混濁させつづける。「啓蒙」的観点に立つかぎり「汚染」「混濁」といった否定的語彙が導き入れられてしまうものの、実を言うならそもそもわれわれの生を意味づけ推進し豊饒《ほうじよう》化し、無為のニヒリズムから救う真に豊かな活力は、システムの提示する合理的規範からではなく、システムの外部で無方向的に跳梁するそれら非理性的なものたちの運動からもたらされるはずである。システムそれ自体、実はそうした非理性的な無意識の基盤に支えられることで初めて機能しえているのであり、非理性の抑圧が完遂され、個人と社会が完璧な合理的システムのうちに閉じ籠められる瞬間が仮りにもし訪れるとすればそれは、理性的規範それ自体がニヒリスティックに無意味化する致命的瞬間の謂《い》いにほかなるまい。

実際、『明暗』の「お延」は先に引用した場面で、「言海システム」を参照せず「うろ覚えの字さえそのまま」放置していることにむしろ深い昂揚感を味わっていたではないか。「お延」のエクリチュール実践の過程を辿り返してみるなら、それはまず共同体の言説規範を従順に踏襲することから始まった。「筆を取り上げた彼女は、例の通り時候の挨拶から始めて、無沙汰の申し訳までを器械的に書き了《おわ》った後で、少時《しばらく》考えた」。ひと通りのプロトコルを終えたところで彼女の筆が止まる。いくばくかの思慮を経て或る確信に達した彼女は「再び筆を動かした」。そのとき社会的規範は後景化し、それに代わって彼女の無意識に沸騰する欲動の流れが紙の上に迸《ほとばし》り出る。「感激に充ちた筆の穂先がさらさらと心持よく紙の上を走るのが彼女には面白かった。長い手紙がただ一息に出来上った。その一息がどの位の時間に相当しているかという事を、彼女はまるで知らなかった」。

『言海』の不使用が宣言されるのはこれに続く部分である。無時間的な純粋持続のただなかで、正を採り誤を排する「言海システム」は機能を止めてしまう。もちろん人は誰でも言語とこのような形で付き合っているのであり、生のもっとも貴重な秘密は、計測可能な時間の外部で体験されるこのパトスの持続の中にしか宿っていない。漱石の文章に時として珍妙の域に達した「当て字」が多いことはよく知られているが、無意識の衝迫に突き上げられるように一気に書いたうえで「この手紙に書いてある事は、何処から何処まで本当です。嘘や、気休《きやすめ》や、誇張は、一字もありません。もしそれを疑う人があるなら、私はその人を憎みます、軽蔑します、唾を吐き掛けます」と心中呟くここでの「お延」は、まるでしばしば規範から逸脱し恬《てん》としてそれを恥じない作者自身の言説実践を正当化する任を負わされているかのようだ。

書いている最中の快楽的な昂揚感とはうって変わったこの「憎みます、軽蔑します、唾を吐き掛けます」という「お延」の攻撃欲動は、正と不正を峻別する硬直したシステムそのものに対して向けられているようにも読める。みずからのエクリチュールが「何処から何処まで本当」であることを誇る「お延」の矜持《きょうじ》は、むろん直接にはその文面の内容に関わるものだが、「一字もありません」の限定はそれが書字表記まで含む自身の言語活動の全体を覆い尽くすものであることを示している。繰り返すなら、「日本普通語」総体を包摂すべく構築された「言海システム」とは一種の思弁的仮構であり、或る「スタンダード」の提示であることを示す「普通」という命名それ自体もまた、抽象的なイデオロギーにすぎない。わたしを見よ、ここに日本語の「全体」が在る、そしてその「全体」は相互に関連し合う有限の規則のシステムに則って機能している——そう『言海』は宣言する。その宣言に漲《みなぎ》る確信が人々を慰藉《いしゃ》し安堵させるのだが、そのことは同時に、言語をめぐる社会的無意識の奥底には実はこんなふうに宥《なだ》められることを必要とするほどの不安と戦《おのの》きが沈澱しているという事実を、逆照射してはいまいか。

通常の言語生活においては、理性の秩序の下に統べられた「言海システム」に則って語りかつ書いておればよいと人々はすっかり安心し、それが文明開化のやりかただと誇りさえしているかに見える。しかし、何らかの出来事をきっかけにひとたび箍《たが》が外れるや、システムに入った亀裂の隙間から「憎みます、軽蔑します、唾を吐き掛けます」という例外的な暴力が噴き上がる。「言海システム」が抑圧し排除しようとしているもの、それはひとことで言えば暴力である。その暴力の不意の噴出という出来事に、法規範の機能停止によって徴《しるし》づけられる「例外状態」の名前を与えてもよかろう。

ジョルジョ・アガンベンは、カール・シュミット『政治神学』(一九二二年)の劈頭《へきとう》に置かれた「主権者とは例外状態に関して決定を下すものを言う」というあの名高い命題の周到な読み直しを試みつつ、例外状態と法規範の関係について論じている(『例外状態』二〇〇三年)。「9・11」以降「世界的内戦」下に置かれ例外状態の一般化という奇怪な逆説的状況を生きつつあるわれわれの時代のアクチュアリティを見据えつつ、例外状態の概念の政治哲学的な理論基盤を固めようとするアガンベンの議論はきわめて刺激的だが、その論述中、原著では小活字で組まれた補注の一つで、彼は議論に補助線を引くかのように「言語活動と法との間の構造的類似性」に不意に言及している。

　言語的諸要素は、いかなる現実的なデノテーション(外示)も持たないままラング(言語)の中に存続していて、発話中のディスクール(言説)においてのみデノテーションを獲得するが、ちょうどそれと同様に、例外状態においても、規範は現実へのいかなる参照もないまま効力を発揮している。しかしながら、何ものかをラングとして前提することを通じてこそ、具体的な言語活動が理解可能となるのと同様に、例外状態における適用の中断を通じてこそ、規範は正常な状況に対して参照されうるものとなるのだ。[1]

「デノテーションを獲得する」は「明示的意味を持つ」といった程度に理解しておけばよかろうが、それにしてもなおややわかりにくい一節ではある。「言説《ディスクール》」という語はここで、恐らくバンヴェニスト的含意とともに用いられているのだと思われる。ただしバンヴェニストの用語法では、「言説《ディスクール》(一人称の語り手によるそのつどの発話の出来事)」は、「言語《ラング》」ではなくむしろ「語り《レシ》」ないし「物語《イストワール》(いかなる主観性も欠いた三人称言語の閉じた集積)」と対をなす概念であるから、このアガンベンの論述中の「ラング／ディスクール」の対立関係はむしろ「ラング／パロール」というソシュールの概念装置に置き換えた方が理解しやすいかもしれない。

日本語なら日本語という一つの言語体系《ラング》(＝国語)が一方にあるとして、これはあくまで潜在的なシステムにとどまるものであり、その限りではわれわれが先ほど「言海システム」をめぐって思弁的仮構と呼んだものに等しい。そのシステムの現勢化の契機として個々人による具体的な発話行為――パロール(言)、ディスクール(言説)、エノンシアシオン(発話)等、それをどう呼ぶにせよ――があり、それを通じて言語の実効的な意味作用が現実化する。この「ラング／パロール」の対を「規範／例外状態に関する決定」の対に重ね合わせてみせた直感がアガンベンの独創である。

主権者とは誰か

たとえば戒厳令下の非常事態で独裁者の下す決定のように、例外状態に関する決定においては現実への規範の適用は一時的に停止され、ひいては規範自体が無化される。だが、規範の停止において問題となっているのは、実は規範の適用がふたたび可能となるような状況を新たに創出することである。「すなわち、例外状態は、規範の適用を可能とするためにこそ、規範をその適用から分離するのだ。それが法のただなかにアノミーの地帯を導入するのは、現実的なものの効果的な規範化を可能ならしめるのを目的としてのことなのだ(2)」。ここでのアガンベンは、「主権者」概念の導入を通じて例外状態のアノミーを法規範のコンテクストのうちに再回収しようとするシュミットの議論の筋を辿り直しており、やがて彼はベンヤミンの暴力論を梃《てこ》にこのシュミットの立論自体を超えようとするのだが、それについては後に触れよう。ともあれ、非常事態において規範がいったん停止し、規範によって正当化されない例外的決定が下され、しかし翻ってその決定が「現実的なものの効果的な規範化」を改めて可能にし、かくして法という機械の滑らかにして遺漏なき作動のさまが再確認される──こうしたシュミットの「政治神学」のアクロバティックな弁証法は、それがナチ党とその総統《フューラー》のアリバイ作りにどこまで裨益《ひえき》したかどうかはともかくとして、一応論弁的に納得の行く筋道がついてはいる。

これと相同の機制をアガンベンは言語行為のうちに見る。例外状態が規範を停止させる、ちょうどそのように、個々の発話行為はラングから切断されたかたちで突発的に出来する。だが、例外状態における主権者の決定がそのアノミー的混乱を規範的秩序の内部に引き戻す、ちょうどそのように、発話行為のデノテーション機能はラングという潜在的システムの規制力を再確認させる。パロールはラングから直接には演繹《えんえき》されえない、それ自体独立した自律的出来事なのだが、にもかかわらずそれはラングを前提としないかぎり理解可能なものとなってくれない。かくしてパロールはラングというシステムの機能的実効性を改めて確証し、その潜在的実在をそのつど措定し直す。規範と決定がそうであるように、ラングとパロールは互いに還元不可能な関係にあるのだが、にもかかわらず両者は、中断、停止、無効化、分離それ自体を通じて、互いに互いを基礎づけ合っているというわけだ。

アガンベン自身がそうとはっきり言っているわけではないが、以上のような彼の議論から引き出されるのは、言語活動においてはいかなる発話行為も例外状態にほかならないという、一見奇矯《ききょう》と映るかもしれない結論である。だが驚くべきことに、言語行為の謎とそこに孕《はら》まれた狂気に関して、これ以上肯綮《こうけい》に中《あた》った説明はないように思われる。相手の言葉を鸚鵡《おうむ》返しに繰り返すとか挨拶文の定型を機械的に引き写すといった場合を除くなら、いかなるパロールもラングの規範力が及ばない空白地帯で起こるそのつど一度かぎりの例外的な出来事なのであり、にもかかわらず、逆説的ながらそれは同時に、ラングの制度を再確認し、のみならずそれをいよいよ強固なものたらしめさえする行為でもあるということだ。「普通」と「普通」でないとを問わず、あらゆる発話行為のうちに例外状態が現出しているのであり、システムの機能停止のさなかに下されるそこでの決定が、われわれをわれわれ自身の言語行為の、延《ひ》いてはわれわれ自身の生それ自体の、「主権者」たらしめる。そして、それは同時に、「意味する」という権能の絶対的保持者たるラングを、潜在的システムとして改めて定立し、また絶えず再定立しつづける決定でもあり、かくしてシステムはシステムで、自分自身を記号行為の「主権者」として主張する正当な権利を得ることになるのだ。[3]

つまり、どういうことか。誤ったもの、狂ったもの、無意味なもの、幼稚なもの、等々、理性の範疇に属さないものたちを列挙し、それらにおいて発話がシステムから逸脱するとした先ほどのわれわれの論述に修正を施し、事態をラディカルに一般化して、今やこう言うべきなのだ、正か誤かを問わず、条理か不条理かを問わず、意味か無意味かを問わず、幼稚であるか成熟しているかを問わず、いかなる発話も、それが現実的な行為としての発話であるかぎりにおいて、ことごとく国語システムの諸規範の停止を伴いつつ下される例外的な決定なのだと。そして、ただちにこう付け加えるべきなのだ、その例外的な決定とはまさに、国語システムの規範の適用が可能となるような状況を創り出すためにこそ下されるのだと。

このことを逆の側から言うこともできる。日本語というラングは、人が往々にしてそう考えがちであるような、日本人全体が無数の場面で行なっている無数の現実的発話の積分的な総体のことなのではない。パロールが自動的にラングから流れ出すわけではないように、現勢化したパロールを洩れなく収集し尽くせばその集積から自動的に潜在的なラングのシステムが成立するわけではない。アガンベンが言うように、具体的な実践をひとたび無効化したところにしかシステムは立ち上がらないからである。以下は、先ほど引用した補注部分の「……例外状態における適用の中断を通じてこそ、規範は正常な状況に対して参照されうるものとなるのだ」の直後に接続する一節である。

> 一般論としてこう言うことができる。言語や法ばかりでなく、ありとあらゆる社会的制度は、具体的実践の現実的なものへの直接的参照のただなかで、その実践が脱=意味論化され中断されるプロセスを通じて形成されてきた。文法が、デノテーションなしで語ることの導入によって、ラングのような何かをディスクールから隔離したのと同様に、また法が、諸個人の使用や具体的習慣の一時停止によって、規範のような何かを隔離し

えたのと同様に、いかなる領域においても、文明化の辛抱強い労働は、人間の実践をその具体的行使から分離することによって、またデノテーションを超えた意味作用の過剰――それを初めて認知したのはレヴィ゠ストロースだ――を創り出すことによって進行してゆく。この意味において、過剰なるシニフィアン――この二〇世紀の人文諸科学の主導概念――は、例外状態に対応しているのであり、この例外状態のただなかで、言ってみればその零度にまで還元されてしまった規範は、適用されないまま効力を発揮することになるのである。
（『例外状態』[4]）

ここで「文明化(la civilizzazione)」と言われているものを「開化」と呼び換えてみれば、明治日本の「言語や法ばかりでなく、ありとあらゆる社会的制度」の形成に関して或る重要な示唆が与えられるように思う。「日本普通語」総体の極めつきの表象としての「言海システム」が社会にもたらしたのは、日本語と呼ばれるべきラングが潜在的に実在するという確信である。理性的に基礎づけられたシステムとしての「日本語＝国語」がたしかに在り、それを用いて意見表明なり意思疎通なりを行なう個体一人一人が、その行為の十全な遂行を通じて「日本人」であるところの自己を確認し、その国籍の自己証明を誇りうるようになったとき、明治日本が諸国家に伍して立つ一ネーション・ステートとして存立することの基礎条件の一つが文化的に整ったと言える。漫然と生い茂っている「言の葉」のうち、表現したい内容に適合するものを然るべくちぎり取って、与えたり受け取ったりするという自然に任せたやり取りが言語活動なのではもはやない。今や人は、システムの内部に棲みついている。それは単に完備された語彙論的＝構文論的体系であるばかりか、今や「日本」のナショナリティを定義し確証し、さらには価値化し宣揚しさえする、高度に政治的な「装置」として機能するシステムなのである。

しかし、言表行為の現場において、人はシステムからの逃走線を絶えず引きつづける。実際、理性への信としての「啓蒙」には還元されえない欲動の過剰は、個人と社会の無意識の底に滞留しているのみならず、日々の言語使用の各瞬間ごとふんだんに湧出しつづけているのだ。アガンベンが「デノテーションなしで語ることの導入」によって可能になったとするシステム＝制度＝規範の創出は、明治日本の国家的要請であり、「言海システム」はそれに見事に応えてみせた画期的成果であったが、そこで成し遂げられた整序と合理化によって、日本語は以後今日まで続く或る抑圧の機制を抱えこんでしまったとも言える。システムとは、現実に対する働きかけとしての具体的実践の脱＝意味論化や中断のプロセスによって形成されるものだという初発の事実が忘却され、あるいは抑圧され、システムの規範に従いシステムからの演繹によって自動的に流れ出してくる実践こそ、「正しい」「正常な」「意味のある」「成熟した」「社会的に容認された」――ひとことで言うなら「理性的な」実践なのだという錯誤が瀰漫《びまん》してゆくことになるのである。

絶えざる例外状態のただなかでの日々の発話は、もとより正と不正、正常と異常、意味と無意味といった二元論をはるかに超えた宙空に、てんでに沸き立ち、蕪雑に溢れ、とめどなく漂流しており、そこではシステムの規範の適用は停止している。『明暗』の「お延」のように「うろ覚えの字さえそのままで少しも気に掛からな」いまま言葉を発することは、いつでもどこでも可能なのである。にもかかわらず、「日頃」「屹度言海を引いて見る」ことを習慣づけられていた「お延」にとって、『言海』の不使用がわざわざ言及されねばならない文字通りの「例外」事であったという事実それ自体のうちに、「啓蒙」イデオロギーの抑圧機制が鮮烈に露呈していることもまたたしかである。例外状態に関して下された決定を法のコンテクストの内部に再度引き戻そうとする試みこそ、『政治神学』におけるシュミットの野心であったという点はすでに触れた。だがわれわれはアガンベンの明察を手掛かりに、このシュミットの神学的弁証法それ自体の相対化を試みることができる。規範と実践、ラングとパロール、「啓蒙」イデオロギーと「剝き出しの生」との間に繰り広げられる終りのない抗争の賭け金となっているものは、いったい誰が「主権者」なのかという問いなのである。

22　革命——システム(四)

「別種の暴力」とその収拾

アガンベンは「或る空虚をめぐる巨人族の戦い」と題された『例外状態』第四章において、カール・シュミットが『政治神学』(一九二二年)において展開している主権論はその前年にベンヤミンが発表した「暴力批判論」(一九二一年)への「正確な応答[1]」であったという仮説を立てている。ただし、この仮説を実証する表立った(essoterico)レフェランスは実のところ無きに等しく、両テクスト間に想定されうる呼応関係の大部分が密教的(esoterico)水準にとどまっていることは、アガンベン自身も認めている。シュミットが『社会科学・社会政策論集』(「暴力批判論」はその第四十七号に掲載された)の定期的な読者であり寄稿者であったという傍証から、自分にとって本質的な諸問題に触れている「暴力批判論」のようなテクストにシュミットが「注目しなかったとは考えにくい」と推論するアガンベンの強弁は、事実問題としては根拠薄弱と言わざるをえない。

しかし、シュミットやベンヤミンの意識の中で現実に「応答」なり影響関係なりがあったか否かということは、実は大した問題ではないと思う。真に重要なのは、今日の読者の立場から作業仮説として理論的水準での「応答」を措定することが、『政治神学』と「暴力批判論」という二つのテクストともどもの意味作用に思いがけない深さと広がりを賦与せずにはいないという明らかな事実の方であろう。実際、アガンベンは時系列を逆転させ、「例外状態」をめぐるシュミットの思弁を「暴力批判論」の方へと翻って遡行的に挿入することで、ベンヤミンの「革命的」な思考によりくっきりした輪郭を与えることに成功している。その意味で、『例外状態』の第四章「或る空虚をめぐる巨人族の戦い」は、模範的な「インターテクスト(テクスト間相互交渉)」の実践と呼んでよい。

「暴力批判論」の前半部分については、中江兆民による「皇国之兵制」批判を論じた際にわれわれはすでに触れている(本書〈上巻〉「16 暴力──中江兆民(五)」)。法が暴力を独占しようとするのは、人民の安寧なり社会秩序の維持なりといった目的を達成する手段としてそれを用いようとするためではなく、端的に法それ自身を守るためなのだ、というベンヤミンの断定は、粗暴と言えば粗暴ながら、或る鋭利な仕方で法と国家の本質を剔抉《てっけつ》している。たとえば法は、いったい何のために死刑を執行するのか。生死に関わる究極の暴力を手中にすることで法が行なおうとするのは、罪人を制裁することでも将来の犯罪を予防することでもなく、単に法それ自身を強化し、より確固としたものたらしめることでしかない。

そうした法の自己目的化に忌わしい腐臭を嗅ぎつけるベンヤミンの思考は、「暴力批判論」の後半で、もう一つの暴力の可能性の夢想へと向かう。それは、正しい目的は適法の手段によって達成されうる、また適法の手段は正しい目的へ向けて適用されるといった「すべての法理論に共通する基本的ドグマ」それ自体を一挙に崩壊させてしまいかねないオルタナティヴとしての暴力、「すべての法理論が注目しているのとは別種の暴力」である。

たとえば、合法の手段を投入するあらゆる種類の運命的な暴力が、それ自体、正しい目的との和解しえない抗争の中にあるとしたら、どうだろう？　そして同時に、別種の暴力が——暴力とはいえ、あれらの目的のための合法の手段でも不法の手段でもありえず、そもそも手段としてではなく、むしろ何か別の仕方で目的に関わるような暴力が——見えてくるとしたら、どうだろう？（「暴力批判論」(2)）

法を基礎づけまた法が行使する「神話的暴力」と対比させて、この「別種の暴力」をベンヤミンは「神的暴力」「純粋暴力」「革命的暴力」などと呼ぶ。両者はあらゆる点で対立する。「神話的暴力が法を措定すれば、神的暴力は法を破壊する。前者が境界を設定すれば、後者は限界を認めない。前者が罪を作りそれを贖《あがな》わせるなら、後者は罪を取り去る。前者が脅迫的なら、後者は衝撃的で、前者が血のにおいがすれば、後者は血のにおいがなく、しかも致命的である(3)」。「……としたら、どうだろう？」の仮定法による自問の形式が示す通り、この「神的暴力」は鮮烈ではあるが不安定で輪郭の曖昧なイメージのままにとどまっており、ベンヤミンはそれを歴史的な実体として記述しているわけではない。それは、国家の暴力が廃棄され「新しい時代」が創出された後の未来社会へ向けて投射されたファンタスムでしかなく、従ってそこに具体的な意味内容が充塡《じゅうてん》されえないのも無理からぬことだろう。

神話の支配は、すでに現在、そこここで破れ目を見せているのだから、新しい時代は、想像もつかないほど遠く隔たっているわけではないし、法に対抗する言葉も、無効ではあるまい。しかも法の彼方に、純粋で直接的な暴力がたしかに存在するとすれば、革命的暴力が可能であることも、それがどうすれば可能になるかということも、また人間による純粋な暴力の最高の表示にどんな名が与えられるべきかということも、明瞭になってくる。だが、人々にとって、純粋な暴力がいつ、一つの特定の事例として、現実に存在したかを決定することは、すぐにできることでもないし、すぐにしなければならぬことでもない。なぜなら、それとしてはっきり認められる暴力は、比喩を絶する作用力として現われる場合を除けば、神的ならぬ神話的暴力だけなのだから。(同前)[4]

アガンベンによれば、翌二二年刊行の『政治神学』においてシュミットが「例外状態」という理論装置を作り上げたのは、ベンヤミンによって提起されたこの「純粋暴力」のアノミー状況を、法的コンテクストの内部に回収するためだったのだという。法学者シュミットは、法の「外部(außerhalb)」ないし「彼方(jenseits)」に暴力が存在しうるというベンヤミンの発想をとうてい容認できなかった。仮りに、「純粋暴力」の出現という出来事自体は認めるとしよう。それこそまさに「例外状態」であり、そこにおいて法は停止するが、しかし「主権者」の「決定」を通じてこの異形の力の激発は排除され、非常性は減圧されねばならぬ。かくして事態のいっさいは法的規範の埒内《らちない》に引き戻され、そこに革命は収拾を見るというわけだ。とはいえ、例外的暴力をいかに収拾し鎮静化するかという問いにプラグマティックな解決を与えた地点でシュミットの議論が収束するわけではない。さらに一歩進んで、「主権者」と「決定」という二概念と密接に連動するこの「例外状態」こそ、実は法的規範の普遍的妥当性を担保する最終的な根拠にほかならないのだとまで強弁したところに、シュミットの法治国家観のラディカリズムがあったのである。

ベンヤミン／シュミットの抗争

シュミットは、単に規範の万能性を信奉する保守的な法の番人であったわけではない。それだけのことであれば、彼にとってベンヤミンの暴力論から触発されるものは何一つなかったはずである。事実、シュミットの「決断主義」は、近代日本の法思想の文脈で言うなら東京帝大の憲法学者穂積八束《ほづみやつか》の君主絶対主義よりもむしろ、穂積を「古事記日本紀をバイブルとする神道の迷信者」「最も価値なき頭脳にして歯牙にだも掛くるの要なき者」(5)と罵倒した北一輝《いっき》の、戒厳令を通じて「日本改造」を計る独自の革命思想に近いものだろう。シュミットは言う――

例外は通常の事例より興味深い。常態は何一つ証明せず、例外がすべてを証明する。例外は通例を裏づけるばかりか、通例はそもそも例外によってのみ生きる。例外においてこそ、現実生活の力が、繰り返しとして硬直した習慣的なものの殼を突き破るのである。
（『政治神学』(6)）

この「突き破る」力のイメージにベンヤミンの「純粋暴力」を重ね合わせてみせたアガンベンの読みが、「奇蹟」という神学概念の世俗化された形態とシュミットの呼ぶ「例外状態」の出来を、ひときわ劇的なパトスとともに演出することに成功していることは疑いようがない。

アガンベンによるインターテクスト的な読みがもっとも現実味を帯びるのは、「暴力批判論」のクライマックスに現われる「決定」の一語に彼が注意を促す瞬間である。「別種の暴力」の所在が初めて示唆されるあの重要な箇所で、まさにベンヤミンは、「決定」というシュミット的な語彙を、その不可能性という否定的様態で用いているのだ。次に掲げる一文は、先に引いた「別種の暴力が[…]見えてくるとしたら、どうだろう?」の直後に接続するものだ。括弧内にベンヤミンが補っている「未完成の言語」云々というアナロジーについては後段で触れる。

そうだとしたら[もし「別種の暴力」が見えてくるとしたら――松浦註]、いっさいの法的問題の最終的な決定の不可能性という、異様な、さしあたっては人を意気阻喪させる経験へも、一条の光が落ちてくることになるかもしれない(この決定の不可能性と、見込みのなさにおいて比肩しうるものは、なお未完成の言語の中の「正」と「誤」を適切に決定することの、不可能性くらいしかあるまい)。

(「暴力批判論」[7])

「決定」の不可能性？　いや、「決定」はつねに可能だ、可能でなければならぬ、「主権者」こそがそれを行ないうるのだとシュミットは言う。が、それだけではない。ここでもまたシュミットはさらに一歩踏み込み、事態を一挙に一般化してみせる。「例外状態」に関して「決定」を下す者、それこそまさしく「主権者」の定義そのものなのだとまで彼は言い切るのである。

こうしたシュミットの主権論に対するベンヤミンの側からの再応答(ないし反批判)は、「密教的」ならざる「顕教的」水準においてわれわれが明瞭に読みうるもので、それはあの長大にして難解な『ドイツ悲劇の根源』(一九二八年)の一ページに見出される。そこでベンヤミンはシュミットの主権論をあからさまに参照しており、それが一種のスキャンダルとして語られることもあった。だが、シュミットの『政治神学』を参照せよという註が付されているベンヤミンの一文とは、実際には、「近代の君主権概念が、最終的には、王侯のもつ至上の執行権に行き着くのに対して、バロックの君主権概念は、非常事態(Ausnahmezustand〔例外的な状態、戒厳〕)をめぐる議論から発生してきており、非常事態を排除することが王侯のもっとも重要な機能である、とするものである」[8]〔傍点松浦〕——というものだ。バロック思想が君主にそのもっとも重要な機能として割り当てたものは、例外状態を排除することだとベンヤミンは明確に書いているのである。「そこにおいて決定する」が「それを排除する」に置き換わることでシュミットの主権論は実は、ここでは根本的に変質していることを見落としてはならない。さらにその十数ページ後で、ベンヤミンはまた、「例外状態」における専制君主の「決定」の不能について、はっきりした言葉遣いでこう語っている。

支配者に認められた権力と支配の座についた者の支配能力との相反的関係は、バロック悲劇にひとつの、一見日常風俗的ではあるものの、しかしその実《じつ》固有の特徴を与えることになったのだが、この特徴は、君主権理論という地のうえに照らし出されてこそ、はっきりと際立ってくる。その特徴とは、専制君主の決断力のなさ、ということである。非常事態[＝例外状態]についての決定権は王侯が握っているのであるが、当の王侯はといえば、どんな状況においても、彼には決断能力がほとんどない、ということをみずから証明してしまう。

(『ドイツ悲劇の根源』(9))

君主には「決定」する権利はある、しかしそれをする能力はない——ベンヤミンがこう定義するバロック的主権論は、シュミットの提唱する主権論への露骨な裏切り、ないしそれへの嘲笑ではなかろうか。かくしてアガンベンは、ベンヤミンがシュミット的主権論を批評的に空洞化しようと目論《もくろ》んでいると指摘し、この批評を通じて「例外状態の別の状況」が明らかになるのだと言う。「例外状態はもはや、その停止状態のただなかで効力を発揮する法の名の下に内部と外部、アノミーと法的コンテクストとの間の分節化を保証する閾《いき》としては立ち現われない。それはむしろ、被造物の天地と法秩序とが同じ一つの破滅の中に巻き込まれてゆくような、アノミーと法との間に広がる絶対的非決定の地帯なのである」(『例外状態』)(10)。

アガンベンの議論はここまではきわめて明快であるが、刺激的な小著『例外状態』の中心をなすことが明らかなこの第四章「或る空虚をめぐる巨人族の戦い」の、これ以降の残りの部分の論述はやや明瞭さを欠く。「例外状態」をめぐるシュミットとベンヤミンの対立を調停しかねたアガンベンは、結局は詩的な寓意に逃れ、「巨人族の戦い」の勝負の帰趨《きすう》を未決定状態に開いたまま放置しているように見える。一方で彼が、法の停止を通じてのみ法が顕現するというシュミットのドラマティックな論理構成に抗しがたく魅せられていることは明らかだ。「主権者」がそこでは法秩序の外にあると同時にそれに内属してもいるという「例外状態」のトポロジカルな構造は、理論モデルとしてアガンベンを誘惑してやまないかに見える。しかしまた他方、「革命的暴力」の発現を通じて法と国家が廃棄されたあかつきに訪れるはずの「新しい時代」へ向けて投射されたベンヤミンの希求に、彼の思考が共振していることもまた疑いようがない。

このアンビヴァレンツが還元不可能なまでに二律背反的であるのかどうか。この引き裂かれから脱しようとするとき、最終的にはどちらの側につくべきなのか。そうした問いに正面から向き合うことを回避することを選んだアガンベンは、実のところシュミットとベンヤミンのいずれもが同一のアノミー地帯における暴力と法との関係を問うているのだという漠とした一般論を述べた後、「純粋暴力」をゲームの賭け金として「同じ一つのチェス駒を動かしているように見える」二人のチェス・プレイヤーという比喩を導入する。だが、「賭け金」の比喩形象が肯綮《こうけい》に中《あた》ったものであるかどうかは判然としない。

最後に、「いつの日か人類は、法でもって遊び戯れるようになるだろう。あたかも子供たちが何の役にも立たないオブジェで遊ぶように。それも、それらにそれぞれの規範的な用途を復活させるためではなく、それらをそうした用途から決定的に解放するためにだ」[11]という結論が来る。不活性化され遊戯化された法による「正義」への接近――これは明らかにベンヤミンの論理に沿った議論の収束であり、印象的な比喩の提起のスタイル自体見るからにベンヤミン的で、そこに洒落たアフォリズムとしての一種の魅力が漂っていることは否定しないが、「法の遊戯的使用」という観念がレトリックを超えたところで実質的に何を意味しているかをいざ問うてみれば、事態はいっこうに明瞭ではない。また、この遊戯において「例外状態」をめぐるシュミットの議論がいかなる位置を占めるのかという問題にも納得の行く決着がつけられていない。

とはいえ、二人のプレイヤーによるチェス・ゲームの勝敗の帰趨を未決のまま放置するアガンベンの身振りの中途半端さを、軽々に批難することからは身を遠ざけ、それを主題の複雑さの当然の反映と受け取って、われわれもまたここではこの抗争の行方にこれ以上深入りすることはしまい。そして、前章で論じた国語と発話行為の弁証法的力学に関して、「暴力批判論」と『政治神学』との間のインターテクスト的相互作用という観点に立った場合にわれわれとして補いうるかぎりのことのみ、以下に記しておきたい。

国語《ラング》でもって戯れる

すでに引用したように、法的問題の決定不可能性という「異様な、さしあたっては人を意気阻喪させる経験」に言及した際、ベンヤミンはそれを「なお未完成の言語の中の「正」と「誤」を適切に決定することの、不可能性」に譬《たと》えている。アガンベンが「言語活動と法との間の構造的類似性」に注目したとき、その発想の淵源の一つとして、彼が明示的に引用してはいないこのベンヤミンの小さな脱線があったのかもしれない。では、「なお未完成の言語」という表現でベンヤミンが思い描いていたのはどのような言語のことなのか。そもそも言語にとって「完成」とはいったい何を意味するのか。

何よりもまず、未開の言語／文明化された言語だの、非合理的な言語／合理的な言語だのといった二分法が、美しい言語／醜い言語のそれに劣らぬ虚構にすぎないという点を確認しておこう。「野蛮」から「文明」へという直線的な進化過程を想定するのは進歩史観のイデオロギーでしかないし、アルファベットという二十六個の表音記号による書字体系が漢字仮名混用のそれに比べてより合理的であるなどといった主張の底に流れているのもまた、音声中心主義(あるいはもっと広く西欧至上主義)という名のやはりイデオロギーにすぎないからである。では、言語の歴史的変容に「完成」へと向かう時間軸を設定し、未完成な言語／完成した言語という二分法を提起することについてはどうなのか。

たとえば、徳川時代以前の日本語は「なお未完成」の状態にあったと言えるだろうか。すでに八世紀初頭には神話と渾然一体となった歴史記述を持ち、八世紀後半には文字として記録された雄弁な抒情詩を持ち、一一世紀初頭には恋愛心理の襞《ひだ》を微細に描き尽くした長篇小説を持っていた言語、それ以後も長い歴史の時間の流れの中で、社会の公的場面から日常生活の些事《さじ》に至るまで、音声的にも書字的にも豊饒《ほうじょう》きわまりない表現力を発揮し、とりたてて不自由も不便もなく機能しつづけてきた言語に関して、その「完成」形態のイデアを喋々《ちょうちょう》することは、一見したところほとんど無意味と思われもしよう。

ただし、たとえばフランス語の場合、一七世紀の絶対王政以後、言語を純化しその規範を確立しようとして国家的な努力が為されてきたわけだが、そうした本格的な規範化と洗練の試みが徳川時代までの日本語に一貫して不在であったという事実は残る。ルイ十三世・十四世治世のこの時期、多数の文法家の活動や宰相リシュリュー主導下でのアカデミー・フランセーズの設立(一六三五年)により、主として宮廷における言葉遣いに基づく「良き慣用」の確立が国家事業としてめざされた。前世紀のラブレーの小説に氾濫《はんらん》していた過剰な語彙は整理され、一語一語の意味が明確に定義される一方、文意を明晰《めいせき》にするための正確な語法(冠詞や主語人称代名詞使用の強制、「一致」の規則等)が厳密に規定され、発音や綴り字についても標準が定められる。そうした規範の集大成が、六十年に及ぶ歳月を費やして完成した『アカデミー辞典』(一六九四年初版)であり、これ以降一八―一九世紀を通じてこの辞書はたびたび改版されてゆく。完結しているその最後のものは一九三二―三五年刊行の第八版であり、一九七二年に編纂が開始された第九版は、九二年に第一巻が刊行され、“Maquereau”から“Quotité”までを収めた第三巻がようやく二〇一一年に出たばかりだ。空恐ろしいほどの手間ひまと忍耐でフランス人はみずからの国語を整備してきたし、現在なおしつづけているのである。

これに比した場合、「完成」のイデア、すなわちそうあるべき言語の姿をめざして日本語を意識的に改良しつづけるという、国家を挙げての公的な努力の傾注がなかったという意味でなら、徳川時代までの日本語を「なお未完成の言語」と呼ぶことは或る程度まで正当化されるだろう。「完成」云々という過剰に価値判断的な言葉を避けるなら、語彙論的にも統辞論的にも未だ十分に自覚的な対自化を経ておらず、近代的なネーション・ステートの国語としての自意識を備えるに至っていない言語と言い換えてもよい。要するにそれは、文法と表記のシステム全体に相渉る規範の確立をさほどの強度で志向せず、時代の移り変わりに応じた自然の変容に身を委ねる言語にとどまっていたのである。むろん歴史的に言えば、徳川時代以前すでに日本語をめぐる研究や省察の蓄積がそれなりの厚い層をなしていなかったわけではない。だがすでに触れたように、規範を定めると言っても国学者の言語論などは古語における「係り結び」をはじめとするきわめて限られた主題に集中しており、一七世紀以来のアカデミー・フランセーズの公的努力のような、現行の言語システム総体を視野に入れた純化と統一の試みが繰り広げられることはなかった。

そのような言語においてベンヤミンの言うように「「正」と「誤」を適切に決定すること」が不可能であるのは、定義上当然であろう。けだし規範の不在とは、「正」と「誤」を分かつために拠るべき明示的基準を人々が所有していないという事態の謂《い》いにほかならないからである。明治中期における「言海システム」の出現が言説空間にもたらしたものは、ひとことで言うなら、国民的規模における規範意識の導入である。うろ覚えの字を書きつける前には「屹度《きっと》言海を引いて見る」という行動様式が一般化するにつれて、人々の意識の中で正しい用法と誤った用法とが峻別され、前者がひたすら価値化されてゆく。良かれ悪しかれ、日本語は「完成」へ向けての決定的な前進を成し遂げたのである。

システムとしての明確な輪郭を備えるに至った国語《ラング》と、そのつど微小な出来事として生起する個人の発話行為《パロール》との間の、弁証法的なダイナミクスに関しては、そこにおいてシュミットの論理構成がきわめて有効に機能するという点まで含めて、われわれは本書前章においてすでに或る程度触れてある。発話という「例外状態」においてひとたび規範の効果は停止するが、主権者＝発話者の「決定」を通じて「例外」的なアノミーは法の内部に再回収され、それによってシステムが改めて制度的に強化される。これは一見、間然するところなく適合的な理論モデルと言うべきものだ。実際、明治日本はこうした「啓蒙」的機制によって西欧先進諸国に伍し、世界化された資本主義ゲームの一プレイヤーとして生き延びようと試み、それに或る程度成功してきたのである。

だが、ここで事態をもう一度一九二二年の『政治神学』から一九二一年の「暴力批判論」へと引き戻し、シュミットの「例外状態」よりもはるかに現実性に乏しいことの明らかなベンヤミンの「純粋暴力」ないし「神的暴力」のファンタスムを再導入し、「決定」は結局、不可能なのだと仮定してみたらどうか。シュミットの批判的「応答」にもかかわらずベンヤミンの思考は決して葬り去られはせず、法の外部に、あるいはその彼方に、「別種の暴力」がやはり在ると仮定してみたらどうか。それがいかに「異様」で「人を意気阻喪させる」経験であるにせよ、「純粋暴力」の一撃によって法の擬制が破砕され、正と不正を分かつ境界が攪乱《かくらん》され、法とのあらゆる関係を断ち切った人間の革命的行動が全面化する――そうしたベンヤミンのヴィジョンに、今ひとたび率直に身を委ねてみたらどうか。そのとき、「血のにおいがなく、しかも致命的」な暴力のみが跳梁する例外的な例外状態のただなかで、独裁者の「決定」の声は、シュミットの期待を裏切って無反響室に封印されてしまうだろう。彼から剝奪された「主権」は、内戦と革命の激発のさなか無方向的なアノミーの残酷と快楽を全身で生きる人民の手に戻るだろう。そこに開花する祝祭的な無政府状態のヴィジョンを、アガンベンは「ベンヤミンの白い終末論」と呼んだのだろうか[12]。

それは「言海システム」が内破し、言語が今ひとたび「なお未完成」のカオスの泡立ちの中に戻される瞬間の謂いでもあろう。何が「正」で何が「誤」か決定不可能だとして、それでいったいどんな不都合があるのかと、もはや固有の人格的形象には還元されえない新たな「主権者」たちの集合体が自問する。いかなる言葉も、単に「純粋暴力」の一撃として発せられ、みずからを「正」とも「誤」とも名指すことのないまま、その出来事としての強度の記憶のみを残し、後はただ、あたりを行き交う匿名の呟きの交響の中に溶けこんでゆく。それで良いではないか、いったい何が悪いのかと新たな「主権者」たちは昂然《こうぜん》と宣言する。

注意しておくが、これは近代以前へ、──未だ確固たる規範が定立されていなかったあのエデンの園的な原始状態へ回帰することではない。人々の発話が国語規範の枠に縛られず野放しの自由を謳歌していたかつての楽園への郷愁を、甘美に謳い上げようとしているわけではない。「人々にとって、純粋な暴力がいつ、一つの特定の事例として、現実に存在したかを決定することは、すぐにできることでもないし、すぐにしなければならぬことでもない」。為すべきは、まだシステムが「未完成」なままにとどまっていた過去に実際に何が起きていたかを参照することではなく、すでにそこかしこで綻びを見せはじめている神話の支配が決定的に終焉《しゅうえん》した後に訪れるはずの「新しい時代」をめぐって、また、そのとき初めて人々の前に全貌が開示されるはずの「正義」と「自由」をめぐって、たとえそれが無償のファンタスムでしかないにせよ、確固とした理念的可能性を定礎することだ。

かくして「言海システム」はわれわれの前に、シニカルな拘束装置として立ち現われてくることになる。すべてはシステムの再強化に還元されるというシュミット的シニシズムから逸脱する発話が、いかにして可能となるのか。それは、子供たちががらくたを使って遊ぶようにもはや規範力を失った国語《ラング》でもって戯れるとき、言説空間にいったい何が起きるかを問うことでもある。その問いとともに、問題はエクリチュールの領域へ移動する。予告しておくなら、本書後段の「第Ⅲ部　エクリチュールと近代」は、その総体がいわばこの問いをめぐる徹底的な考究と言うべきものとなろう。北村透谷、樋口一葉、幸田露伴は、システムから逸脱してゆく大胆な逃走線を引きながら、「明治の表象空間」に密かな、しかし過激な「白い終末論」を現出させえた三人の作家であった。

　ただし、「あたかも子供たちが何の役にも立たないオブジェで遊ぶように」国語《ラング》でもって遊び戯れるという行為を、余人の追随を許さぬ強靭な膂力《りょりょく》で長年月にわたって持続した驚くべき作家はと言えば、透谷や一葉もさりながら、この三人のうちではやはり露伴に指を屈することとなろう。若き日の露伴の綴った「風流悟」や「言語」のような奇態な文章群、また小説を放棄して以降の彼が多種多様な主題をめぐって繰り広げることになるあれら目も綾な「考証」群には、子供が玩具で遊ぶように日本語を自在に玩弄《がんろう》しつつ、システムに内属して「正」と「誤」を分かつ基準(criterion)それ自体を、一挙に溶解し去ってしまうような過激な力動感が漲《みなぎ》っている。露伴は何の役に立つとも思えない「国語《ラング》」の単語の数々で遊び戯れる、しかしそれは、それらの言葉に「それぞれの規範的な用途を復活させるためではなく、それらをそうした用途から決定的に解放するために」だとしか思えない。しかし、それについては「40　過剰――幸田露伴(一)」以降で詳述しよう。そこへ行く前に、明治期の日本に出現したシステム論的思考とその発現形態に関して、なおいささかの論述を費やさなければならない。

23 条理——進歩史観（一）

社会進化論というシステム

しかじかの主題、しかじかの領域を構成する諸要素を網羅的に集成したうえで、そこに一定の法則性が貫徹するシステムが機能していることを示すという知的パフォーマンスは、明治になって日本に初めて本格的に輸入された西欧起源の思考法がもたらしたものだ。それに熟達することが焦眉《しょうび》の急と見なされたこの方法の実行は、日本語における「言海システム」に限らず、他の領域や主題においても試みられなければならなかった。たとえば「此書《この》に於て講ずる所の学は英名を「ソシヲロジー」といひ、此《ここ》に訳して社会学といふ、或《あるい》は又世態学とも謂《い》へり」（『増補　社会進化論』明治二十年、「凡例」[1]）という新奇な学問分野を日本に紹介しようとした有賀《ありが》長雄《ながお》（一八六〇―一九二一）は、「社会学」に限定されるわけではないそのシステム化の方法論について、こう述べている。

総《す》べて理学といひ、或は科学といひ、英語にて「さいあんす」といふは、只《た》だ一事物、若《も》しくは三、四事物の原因結果を講ずるのみに非《あら》ずして、凡《およ》そ其《その》科其類に属する事物は悉《ことごと》く之《これ》を網羅し尽くして、其原因結果の次第を講ずる学をいふなり。譬《たと》へば動物学に於ては総べて動物界中の事物の原因結果を糾《ただ》して遺《のこ》さず、地質学に於ては総べて地質上の現象の原因結果を論じて漏らさゞるの類、是《こ》れなり。而《しか》して其遺し漏す所少なきに従ひ、其理学は益々完全の有様に近しと謂《いい》つべきものなり。社会学に至りても亦《また》然り、［…］
（『増補　社会進化論』「総論」(2)）

では、諸学において事象を網羅したうえで、そこに機能している「原因結果」の法則を見定めようとするとき、たとえばそこから何が取り出せるのか。明治前期の日本の知識人の前には、この問いへの特権的な返答と見える恰好の理論があった。有賀の著書の題名が示す通り、進化論がそれである。

本書「18　外圧——博物学(二)」ですでに触れたように、これもまた社会学者であった外山正一(一八四八–一九〇〇)は、『新体詩抄』(一八八二年)所収の「社会学の原理に題す」において、「アリストートル、ニウトンに　優すも劣らぬ脳力の　ダルウヰン氏の発明」にかかる「化醇《かじゅん》の法」——「化醇」は「開方」「開明」「淳化」「変遷」などと並んで、「進化」に安定する以前に用いられていたevolutionの訳語の一つ——の万能ぶりを、愚直な七・五の音律に乗せて謳い上げている。その眼目が、ダーウィンによる生物種の進化の理論それ自体であるよりはむしろ、「これに劣らぬスペンセル」がその「同じ道理を拡張し」たところの社会進化論の方であることは言うまでもない。外山がそこで言及しているスペンサーの『社会学原理』全三巻は、「既に出でたる一巻を　読たる者は誰ありて　此書を褒めぬ者ぞなき」とあるようにこの時点ではまだ第一巻(一八七四―七五年)しか刊行されていなかった。第二巻以降は七九年から部分ごとに徐々に刊行されていき、第三巻の掉尾《とうび》を飾る「第七部　職業制度」(九六年)と「第八部　産業制度」(同)でようやく全体が締め括られるのは『新体詩抄』刊行の十四年後のことである。スペンサーの思想は、外山や有賀をはじめ明治前期の「啓蒙思想家」たちにとって、今まさにこの瞬間、現在進行形で形をなしつつある最先端の西欧思潮だったのである。

『種の起原』(一八五九年)からインスパイアされ当時西欧で一世を風靡《ふうび》した社会進化論は、今日では顧みられることはほとんどないが、何も在野の思想家による孤立した妄説珍説の類であったわけではない。まず、人間精神は「神学的」段階から「形而上的」段階を経て「実証的」段階へと進化するという「社会学の父」コントの進歩史観がその前史として存在する(『実証哲学講義』一八三〇―四二年)。スペンサーと同時代の知の営みとしても、一方では、『一般形態学』(一八六六年)以来ダーウィニズムを一種形而上学的に拡張し、分析と総合、物質と精神などのあらゆる二元論に対抗する一元論的世界観(モニズム)を提唱したドイツの動物学者ヘッケルがいる。他方また、アメリカの人類学者ルイス・ヘンリー・モーガンは、みずから採集した民族誌のデータに基づいて、文明の進化の法則性を独自に提起した。

モーガンは、「人類の一部が野蛮状態(savagery)に、他の一部が未開状態(barbarism)に、さらにまた他の一部が文明状態(civilization)に在ったことは否定しえないが、それと同様にこれら三つの異なった状態は進歩の自然的かつ必然的な系列(a natural as well as necessary sequence of progress)において、相互に関連していることもまた同様に否定しえないことのように思われる」(3)と書いている(『古代社会』一八七七年)。世界各地の民族共同体は、緩急の差こそあれ必ず野蛮から未開へ、未開から文明へ「進化＝進歩」してゆくのであり、そこには単純なものから複雑なものへ、均質なものから異種混淆的なものへ、非合理的なものから合理的なものへという一般法則が貫徹しているのだとする思考は、一人スペンサーのみならず、西欧の歴史観そのものの基底すら構成するイデオロギー的潮流の大きなうねりをかたちづくっていたのである。

それが当時の日本の知識人にとって持っていた魅力は、ほぼ三点に集約されよう。まず、それが今現に生成途上にある最新理論で、従ってそれでみずからを知的に武装することは、同時代の欧米に伍して同じ土俵に立てることを意味したという点がある。著作の表題に「新」の文字が氾濫《はんらん》する当時の風土の中で、日本語に訳されていないどころか、全三巻のうちまだ第一巻しか出ていない外国語の著作を日本の読者に紹介することが外山のプライドをくすぐったのである。そして、爾来《じらい》、こうした光景――そこそこの語学力のある目はしの利いた紹介者＝翻訳者が売り出し中の同時代の外国の思想家の名前を水戸のご老公の印籠のように掲げ、インテリ予備軍に拝跪《はいき》させる――が日本の知的世界で、宿痾《しゅくあ》のように喜劇のように反復されてゆくことになるのは周知の通りだ。

第二に、それが当時の日本の最重要課題であった「開化」を学術的に正当化してくれる理論であったという点がある。言うまでもなくダーウィニズム自体は飽くまで「進化」の理論であって、価値化された「進歩」の概念とは無縁である。ただ、スペンサーによるその社会学ヴァージョンやモーガンによるその人類学ヴァージョンが、複雑化・非均質化・合理化の過程の必然的進行によって出現する「文明社会」の科学的基盤を定礎してくれるかに見えたとき、明治日本はそこにみずからの進むべき方向を指し示してくれる道標を認めて自信を深め、向上心を新たにかき立てることができたのである。

第三点として、社会進化論には、全事象を網羅し尽くしてそこに「システム」を透視するという綜合原理としての側面があった。外山正一の言葉で言うなら、「スペンセル」はありとあらゆる社会的事象、すなわち——

種族と親と其子等の　利害の異同如何《いか》なるや
男女の中の交際や　女子に子供の有様や
取扱の異同やら　種々な政府の違ひやら
違ひの起る源因《ママ》や　僧侶社会のある故《ゆゑ》や
其変遷の源因《ママ》や　儀式工業国言葉
智識美術や道徳の　時と場所との異同にて
遷《うつ》り変りて化醇する　其有様を詳細に

（ゝ山仙士「社会学の原理に題す[4]」）

――論述し尽くそうとしている。いや、それぱかりではない。そもそも社会進化論とは言い条、スペンサー理論の主題は実は「社会」のみにとどまるものではなかった。『社会学原理』全三巻とは実は『綜合哲学体系(A System of Synthetic Philosophy)』全十巻(一八六二―九六年)の一部分(第六―八巻)をなすにすぎず、この『体系』自体は全体として生物学、心理学、倫理学をも包括して進化のヴィジョンを展開する気宇壮大な企図(第一巻『第一原理』、第二―三巻『生物学原理』、第四―五巻『心理学原理』、第九―十巻『倫理学原理』)だったからである。スペンサーはほとんど「百科全書派」のように語っており、あたかも世界総体の説明原理を提出しているかのごときこのコスモロジックな綜合性が、日本の開明派知識人を魅了せずにはおかなかったのである。

全四十三号刊行された『明六雑誌』の目次を見渡してみれば一目瞭然だが、明治初期の「啓蒙思想」の言説の基本的な趨勢《すうせい》は、基本的には福沢流の状況対応型のプラグマティズムに存している。が、その一方、西周《あまね》「百学連環」に示されるように、諸学の全体化をめざす純粋に学術的な志向性も存在していたという点も、見落とすべきではなかろう。スペンサーの社会進化論は、すぐ後で触れる人種間の知能差の議論などに示されるように、前者のプラグマティズム志向と親和的な、腥《なまぐさ》い政治的含意を孕《はら》んでもいた。進化のコースの価値化された方向付けは、人種間・民族間の差別を創り出し、優生学や人種政策や植民地主義を正当化する論拠として機能することにもなるからである。しかし、それが表立って標榜《ひょうぼう》していた自己の本質は、一つの基本原理とその複数の系からなる網羅的システムとしての綜合性である。

プラグマティズムとアカデミズムと――その両面の併存が恐らく「啓蒙家」たちにとって抗いがたい魅力と映ったのだ。ただし、この後者の方、すなわちアカデミックなシステム論的志向が、明治日本の「啓蒙思想」の領域で、華々しい知的業績に結実したわけではない。今日なおわれわれの知的興味を刺激する水準でそれを体現しえた具体的な言説としては、実のところ、今しがた名前を挙げた西周「百学連環」がほとんどその唯一の成果でしかないことは認めなければならない。

因果関係と法則性

実際、西欧起源の多くの抽象概念の翻訳語を創出し「百学」の「連環」を構想した西周(一八二九―九七)は、単なるプラグマティックな「啓蒙」の身振りの水準を超え、「考える」という行為それ自体の普遍的価値を徹底的に追求した、例外的な「啓蒙思想家」であった。彼は、「余近日スペンセル氏ノ性理書ヲ読ミ感ズル所アリ」と始まる講演「学問ハ淵源ヲ深クスルニ在ルノ論」(明治十年)で、『心理学原理』の一節――そこで引用されているスペンサーの人種間の知能差をめぐる議論には大いに問題があるが、今それは措《お》く――から触発されつつ、学問は実利に奉仕するものであってはならず、事象の根源にまで遡って普遍的真理を考究しなければならないと論じている。

いわく、「固《もと》ヨリ時勢ノ要スル所ナレバ、急需ニ応ジ、捷径《しょうけい》ヲ取ル等ノ事モ、今日免ル可《べか》ラザル事ナリトハ雖《いえ》ドモ、総テ学問ニ従事スル以上ハ、ナルタケ直接ニ当世ノ事ニ拘《かか》ハラズトモ、各其科学ノ深遠ナル理ヲ極メ、無用ノ事ニ類スルモ、理ヲ講明スル為ニハ徹底ノ見解ヲ要シ、特別ノ衆理ヲ聚《あつ》メテ一貫ノ元理ニ帰スル如ク」(5)為さねばならぬ、云々と。この「一貫ノ元理」に関して西は必ずしも社会進化論を特権視しているわけではないが、ともあれ目先の実用性を度外視して「深遠ナル理」「一貫ノ元理」を考究する学問モデルとして、とりあえず西の前にスペンサー理論があったという事実、また、この「理」「元理」の追求における西欧文明の先進性を「大顱《たいろ》ノ欧洲種 the large-brained European」と「小顱ノ夷種 the small-brained savage」との間の生得的な知能差に還元しようとしているかのごときスペンサーの論述に、西が明らかに或る動揺を示しているという事実は、ここで格段の注目に値しよう。西周の仕事の意味は本章後段でもう少し詳しく触れてみたい。

ところで、「文明開化」を人類史の必然とする社会進化論が、明治前期の日本でもっとも大きな影響を持った学問領域として、社会学以外には、「進化」が時間軸に沿って起こる現象である以上当然と言えば当然ながら、歴史学がある。歴史の激動の真っ只中にいた明治の歴史家は、『神皇正統記《じんのうしょうとうき》』や『読史余論《とくしよろん》』や『日本外史』のようではない自国の歴史の記述法を模索しなければならなかった。そのとき彼らに或る手本を提供し、一般読者にも広く読まれた翻訳書としてギゾーの『欧羅巴《ヨーロッパ》文明史』(永峰秀樹訳、明治七―十年)やバックルの『英国開化史』(大島貞益訳、同八年)があるが、これらの史書がきわめて大きな影響力を持ったことの理由は、前者にしばしば「進歩」の語が用いられ、後者もまた一種の進歩史観に基づいて書かれていることと無縁ではない。原著の刊行年代から言っても、両者とも狭い意味での社会進化論の範疇《はんちゅう》には属していないが、この両者に多くを負っている福沢の『文明論之概略』(同八年)まで含め、文明の進歩に歴史の進行の必然を見るいわゆる「文明史観」がこれらの史書の叙述の基底をなしていることは否定しがたい。

だが、ここで注意を払うべきは、「進化＝進歩」のイデオロギーが盛りこまれているかどうかということ自体よりもむしろ、たとえば『英国開化史』第一篇(そこでは総論として歴史記述の方法論が論じられている)の冒頭に置かれたこの篇の要約に、のっけから「規則」「法」「物理」といった語彙が出現していることであろう。

修史ノ材料、及ビ人事ニ皆規則アルノ証。○凡ソ人事ニ、人心ノ法ト造化ノ法トノ二種アリテ、之《これ》ヲ主宰ス。故ニ此二法ヲ学ビ知ラザル可《べ》カラズ。又物理ノ学ヲ知ラザレバ史乗ヲ編修スルコト能《あた》ハザルヲ論ズ。(6)［「史乗」は歴史の意 ― 松浦註］

人間の行動には規則性があり、それは客観的に実証可能であること(原文では proofs of the regularity of human actions)。それらの行動は心的また物理的な法則(mental and physical laws)によって統御されていること。そして、歴史記述には自然科学(the natural sciences ― 大島は「物理ノ学」の訳語を当てている)が不可欠であること。こうした歴史哲学 ― あえてそう呼ぶなら ― を巻頭に掲げた史書など、かつて日本にはむろん存在しなかった。福沢は『文明論之概略』で、新井白石の史観を批判しつつ、「都《すべ》てこれまで日本に行はるゝ歴史は唯《ただ》王室の系図を詮索するもの歟《か》、或は君相有司の得失を論ずるもの歟、或は戦争勝敗の話を記して講釈師の軍談に類するもの歟、大抵是等の箇条より外ならず。稀に政府に関係せざるものあれば仏者の虚誕妄説のみ、亦見るに足らず。概して云へば日本国の歴史はなくして日本政府の歴史あるのみ」[7]と書いているが(第九章「日本文明の由来」)、そうした為政者の栄枯盛衰をめぐる物語風年代記に欠けていたものは、結局、regularity や laws の概念によってかたちづくられるシステム論的思考なのである。そして、この「規則性」「法則」が、外山の新体詩では「規律」「定まれる法」などと呼び直され、有賀の論文では「原因結果の次第」といった言葉遣いで変奏されることになってゆくのだ。

以後、こうした認識に発する歴史記述の「近代化」が図られてゆく。その流れの中で特筆すべき画期的業績はやはり、在野の史家田口卯吉《うきち》(一八五五—一九〇五)の手になる『日本開化小史』(明治十—十五年)であろう。これは福沢の『文明論之概略』第九章などと並び、単なる年表的羅列を脱して書かれた日本文化史の嚆矢《こうし》と言ってよい著述であるが、その方法の「近代性」をなすものは、ここでもやはり事象の継起に一種の法則性を措定しようとする方法論的態度である。その方法論自体は、彼が二十代半ばで書いた『日本開化小史』には顕示されてはいないものの、後年の『支那開化小史』(明治十六—二十一年)の「例言」や「歴史概論」(同二十一年)になると、自覚的なマニフェストとして明確に打ち出されることになる。

史を記するの体三種あり。曰く編年体、春秋の類是《これ》なり。曰く記事体、史記列伝の類是なり。曰く史論体、過秦論封建論の類是なり。此諸体各々《おのおの》適する所あり。封建潰乱の事実を表示するは編年体に如《し》かず。人の履歴を記するは記事体に如かず。社会の大勢事情変遷を記するは史論体に如かず。(『支那開化小史』「例言」)(8)

「編年体」とは時系列に従って出来事や事象を無差別に記載してゆくもので、従来歴史と称されてきたものはおおむねこれであるが、しかしそれは実は歴史の基礎資料をかたちづくるにすぎない。「記事体」は人間の行動の記録であり、傍系の資料ではあってもこれも歴史そのものとは見なしがたい。田口自身が採るのは最後の「史論体」で、これは一定の立場から社会全体にわたる時代の推移を論述してゆくものであるが、ただしこれにも、論述主体が拠りどころとする「立場」の如何《いかん》によって二種の形態があるのだという。その一は「正閏《せいじゅん》曲直」の標準を立てて史上の事件を議論するもの。その二は議論を交えず、単に史上の事件と事件の関係を因果の理法を辿って説明するもので、正偽曲直の判定を避け、単に「爾々《しかじか》の事件ありし故に、爾々の事件起れる」と述べるにとどまる。田口が自身の方法として最終的に採用するのはこの後者である。そして、この「因果の理法」に田口が与える別名こそ、まさしく「社会進化の理法」にほかならない。「凡そ開化の進歩するは社会の性なることを知るべし」(『日本開化小史』第十二章)(9)。「社会に大理あり」——進化という名のこの「大理」は、『平家物語』冒頭で語られる仏教説の「盛者必衰のことはり」のような、漠とした経験則ともたやすく狎《な》れ合う形而上的人生観とは明確な一線を画す、実証可能な客観的真理として提起されている。

アカデミズムの内にあるものと外にあるものとを問わず、明治十年代後半から二十年代前半にかけて発表された史論は、歴史の使命として必ずと言ってよいほど「因果関係」の解明と「法則性」の発見に言及しており、この二概念が急速にステレオタイプ化していったことがわかる。たとえば三宅米吉『日本史学提要』(明治十九年)の「緒言」には、「……種々の方法によりて、過去に属する事蹟全体を尽して、以て人類開進の大道、社会変遷の法則を稽査《けいさ》発見せんことを務むるに至れり。歴史哲学又は歴史理学といふは、歴史上の事蹟を論究して、其原因結果を指摘し、事蹟相互の関係を明かにするの学にして……[10]」云々とある。文部省の検定を経て尋常中学校や師範学校歴史科の教科書となり、それによって広く読まれた嵯峨正《さがしょう》作《さく》『日本史綱』(同二十一年)になると、「例言」の冒頭、のっけから「歴史ハ社会ニ関係アル人為ノ事迹《じせき》ヲ会蒐《かいしゅう》シテ其源《ママ》因結果ヲ明ニシ、以テ宇宙間ニ人事ニ関シテ一定動《うご》ス可ラザルノ法則アルヲ示スモノナリ[11]」と昂然《こうぜん》と宣言する。

アンシクロペディスト西周

事象の網羅的な集成と、そこに貫徹して因果関係を律する法則の解明とを説きながら、これらの史家は「システム(体系)」という概念を案外用いていない。今日われわれは、複数の要素が発動する諸機能が有機的に絡み合う組織体としての「システム」を、みずからを絶えず組み替えてゆく力動的な機能面で捉えることに慣れてしまっている。しかし、明治前期の知識人にとって「体系」という語が惹起《じゃっき》する意味像は、均整良く聳《そび》える樹状組織とでもいったもっとずっとスタティックなもので(「大系」との意義混淆《コンタミネーション》も当然あったろう)、それを時間の推移に従って流動しつづける歴史的な世界像に適用することに、彼らは何かそぐわしくないものを感じたのかもしれない。前述の通り、社会進化論の元締めであるスペンサー自身が、その畢生《ひっせい》の大著の表題に「システム」という言葉を用いていることを思えば、歴史を「体系」として捉えるといった発想がこれら啓蒙的な文明史家たちに稀薄であったのはやや意外である。ところがここに、歴史を「システム」として捉えるという発想をはっきりと書き記している知識人がいる。それが歴史家ではなく、哲学者西周であることは注目に値する。

西周が明治三年十一月以降自邸内に開いた私塾育英舎で行なった講義「百学連環」は、学問の方法論の基礎を述べた「総論」を冒頭に置き、それに続いて諸学の概略を知の「連環」として縷々《るる》描き出そうとした気宇壮大な未完の大作である。明治初期のいわゆる「啓蒙思想」はもとよりその後の近代日本の人文科学の展開を通じても、これに似た無謀な野心に衝き動かされて綴られた言説は存在しない。その壮大な展望のあまりにも大胆な抽象性のゆえか、この講義はまとまった著述としては完成を見ず、かつ彼の生前に刊行されることもなく、自筆による部分的な「覚書」を除けば、門人永見裕《ゆたか》の聴講筆記が残ったにすぎない。「百学連環」というタイトルはencyclopediaの西なりの訳語であり、パイデイア(教育、学問)が完全体のイデアとしての円環《サイクル》をなすという語源を汲みつつ漢語に置き換えようとしたものだ。すなわちそこには福沢諭吉にも中江兆民にもない「体系性(ないし大系性)」への志向があり、西欧思想史の文脈に照らすなら一八世紀の「百科全書派」の仕事の極東の地での狂い咲きとも言えるし、またわれわれが本書において「明治の表象空間」生成の基本軸の一つとしてその輪郭の素描を試みている「システム化」の運動を、もっとも早く、またもっとも直截に明徴し概念的に基礎づけようとした先駆的な仕事であったとも言える。では、西は歴史を、この諸学総覧の見取り図のうちにどのように位置づけ、どのように説明しているのか。

学問は「普通学 common science」と「殊別学 particular science」の二種に大別されると彼は言う。前者には㈠歴史、㈡地理学、㈢文章学(literature)、㈣数学の四学が含まれ、後者は「心理上学(Intellectual Science)」と「物理上学(Physical Science)」から成るのだと。ここで注目されるのは、基礎学である前者の筆頭に歴史が置かれていることであろう。では、その歴史を彼はどのように解説しているのか。歴史には三つの「体裁」があると彼は言う。まず「正史 History(史記漢書の如き是なり)」があり、次いで「編年史 Chronicle(左伝の如きもの是なり)」があり、最後に「年歴箋 Annals(和漢合運年契の如き是なり我年代記の如し)」があるのだと。(12) これは田口卯吉の三分類とはやや掛け違っているが、田口がみずからの方法として主張した「史論体」はここでの「正史」にほぼ重なり合うと言ってよい。その「正史」を、西は英語でこう説明している——"History is a methodical record of important events, which concern a community of men, usually so arranged as to show the connexion of causes and effects." 因果関係の解明というあの決まり文句がここにすでに先駆的に登場しているという点が、今さらながらわれわれの眼を引かずにはいない。西は causes には「源由」、

effects には「応効」という傍註を添えたうえで、「源由及び応効は歴史の眼目となす所にて、今是を国事に譬へば政事を施し行ふは源にして、其政事に依て国民悦び服するか、或は否ミ服せざるかの二ツは即ち応効なり。此二ツを目的として記載せる是を歴史と云ふ(13)」と説明している。そのうえで彼は、「正史」はさらに「万国史」と「各国史」に分かたれる云々と下位分類の説明に入ってゆくのだが、その論述をここでこれ以上追う必要はあるまい。では、この「源由＝応効」のメカニズムは「システム」の概念といかなる関係にあるのだろうか。

「百学連環」における西は、もとより一種徹底的なシステム論者として振る舞っている。従って、諸学の概要の具体的記述に先立つ「第一　総論」で、学術に不可欠の要素として「システム」と「方法」を挙げているのは当然である。

[…]其才識の二ツを学術に因て磨《み》がくに、二ツの目的たるものあり、system(規模) method(方法)是なり。凡そ学に於て規模たるものなかるべからず、術に方法なかるべからず。其規模とは A complete exhibition of essential facts arranged in rational dependence and related by some common law, principle or end と原語の通りにして何学にもあれ規模なるものなき能はざるものなり。其規模とは真理の目的を取り認めて、それより相通して条理立ち残る所なく明白に知り一ツに纏《まと》まりしを云ふなり(14)。

ここで興味深いのは、その十数行後で、この「システム性」の要請に西が付けている留保である。「凡そ学に於て規模たるものなき能はずといへども、強《しい》て之を求めむとなすときは却《かえっ》て信を失ふの害ありとす」。硬直した「システム」の内部に閉じ籠めることでむしろその信頼性が損なわれる場合があるというのである。そして、「規模《システム》」の必要性が微妙に揺らぐケースとして、ここに浮上してくるプロブレマティックな学問領域こそ、まさしく歴史にほかならない。その揺らぎの様態に触れている次の一節はきわめて興味深い。

[…]又学中、規模になしがたきものあり、history 及び natural history にして歴史及び造化史の学是なり。即ち是を descriptive science 記述体の学といふ。然れども近来に至りては、西洋一般に歴史を system に書き得るに至れり。古昔司馬遷《こせきしばせん》の史記を編せしは本紀より世家、列伝、誌、と条理立ちて略《ほ》ボ規模に近きものなり。当今西洋の歴史は civilization 即ち開化を目的とし、之に基きて書き記す、故に其条理立ちて自から規模を得たりとす。(15)

「条理」から「規模」へ

「百学連環」のこの一節は、明治三年という早い時点で歴史認識に「システム」概念を導入しようとした例外的な思考を示しているという点で、きわめて貴重だと思う。西は、まず「記述体の学」と「システム」との間に想定される本質的な不整合を指摘し、次いで、にもかかわらず「記述体の学」の代表と言うべき歴史に、「システム適合的」な種類のものが出てきていると話を進める。この議論運びのニュアンスには、福沢諭吉とはまったく違った意味での西周の「啓蒙的」知性の鋭さがまざまざと示されているように思う。当時のきわめて貧弱な情報環境の中、彼は超人的な知力と努力で世界的水準の教養を身に付けおおせており、そのこと自体驚くべきことであるが、「百学連環」において真に印象的なのは、諸学に相渉って開陳される彼の知識の量の大きさであるよりはむしろ、世界的な「知」の状況の中で「問題化」しているトポスの勘どころをぴたりと押さえてみせる、彼の勘の良さである。

西周は、「源由」と「応効」の連結に沿って史実を並べてゆくものが歴史だと言う。こうした定義が一種の陳腐化したトポスだという点についてはすでに触れたが、西欧における史学の展開の同時代性という観点から言えば、歴史の方法論において重要なのは、フランスのフランソワ・ピエール・ギヨーム・ギゾー(一七八七—一八七四)や英国のヘンリー・トマス・バックル(一八二一—六二)であるよりはむしろ、ドイツのレオポルト・フォン・ランケ(一七九五—一八八六)の仕事だろう。近代歴史学の創始者と言われるランケは、手堅い実証主義の立場から因果関係の糸によって整序された事実の継起の整然とした記述によって、『プロイセン史』(一八四七—四八年)や『イギリス史』(一八五九—六九年)などで近代国家の形成を跡づけ、さらには未完に終った壮大な『世界史』(一八八一—八八年)を試みた。ランケによって歴史は善悪のモラルからも目的論的な時間観からも解放され、「科学的」という形容を冠されるような種類の学問領域へと自己を成型し遂げてゆく。

西や福沢、また彼らに続く明治日本の歴史家にとって、科学的客観性というパラメーターはもちろん歴史の方法論の重要なポイントであったが、彼ら明治の知識人の喫緊の関心事は、「開化」概念の理論的基礎づけにあった。実を言えば、ランケの実証史学が批判の対象とした目的論的世界観には、善悪の道徳意識に統べられたキリスト教的史観とともに、ギゾーやバックルの史書が拠りどころとしていた進化論的な「文明史観」までもが含まれている。あらゆる目的論を脱色していこうとしたところに、「科学」としての近代歴史学が整備されてゆくのである。しかし、こうした価値中立的な「歴史科学」の確立への志向は、明治日本の歴史家たちの仕事にさして大きな痕跡を刻んでいない。福沢の『文明論之概略』の第九章「日本文明の由来」や田口の『日本開化小史』は、単なる日本史ではなく、あくまで日本における文明の歴史なのである。そこでは、一種の目的論的概念であることは間違いない「文明化」の力学は、単なる原因結果の坦々とした連鎖を超えた或るイデオロギー的な物語性を帯びざるをえない。ランケ以前と言って言えないこともないこの物語性はしかし、明治の知識人の歴史認識が否応なしに帯びざるをえなかった――と同時に、社会を先導する教育的先覚者としての彼らが自覚的に選び取ったものでもある――、時代によって要請された言説的使命の表現にほかならない。

「進歩」の同義語とされた「進化」をめぐるこの物語が、「明治の表象空間」において以後どのような転回を遂げるかは、本書の次章「24 優劣――進歩史観（二）」とさらにその次の章「25 不徹底――進歩史観（三）」でやや詳しく見ることにする。今ここで確認しておくべきは、この「進歩」の物語に「システム」の名を与え、その命名の身振りによって歴史を

「百学連環」の内部に然るべく位置づけようと試みている西の思考の、類型的な「啓蒙知識人」の水準を超えた、高度な普遍性である。「百学」のうち唯一「記述体の学」のみは「システム論」的体裁を整えるのに難があるという点をまず押さえたうえで、にもかかわらず「文明史観」の「進歩」の物語に寄り添うことによって歴史記述を「システム化」する可能性が開かれるのだと彼は語っているのである。

歴史は「規模になしがた」しという言葉で西がいわんとするところは、田口が「史論体」のうち正偽曲直の判断とともに事象を論じる類のものを斥《しりぞ》けたこととほぼ同義であろう。大きな括りで言えばこれは、坪内逍遥が『小説神髄』(明治十八―十九年)で、馬琴流の戯作に内在する勧善懲悪イデオロギーを攻撃し、人情及び世態・風俗の模写としての写実主義を主唱したことなどとも共通する認識論的布置に帰属する言説として読んでよいもののように思われる。既存の観念枠にほどよく収まりをつけようなどという配慮をいっさい介さず、史上の諸事件をひたすら客観的に叙述し、それらの間に原因結果の道筋をつけてゆくこと――「記述体の学」としての「正史」は何よりもまず、そうした要請に応えなければならないということだ。

「然れども」とここで西の論述は反転する。近来になって「歴史を system に書き得るに至れり」と彼が言うとき、その念頭にあった具体例が、たとえばバックルの『英国開化史』のような「文明史観」に基づく史書であったことは疑いを容れない。問題は、それに続く、それら「西洋の歴史は civilization 即ち開化を目的とし、之に基きて書き記」されたものであるがゆえに、「条理立ちて自から規模を得たりとす」という一文である。

もともと“evolution”という言葉自体は、何らかの因果律に従って必然的に進展してゆく漸次的変化を意味するにすぎず、それはより良いもの、より優れたものへの変化であるわけでは必ずしもない。前述の通り、『種の起原』においてダーウィンは、種の変化は「自然淘汰」の原理に従うと言っているだけで、変化の方向は価値中立的である。しかし、それが歴史の説明システムとしての社会進化論へと変奏されたとき、歴史記述は、「文明」へ向かっての線的進歩という目的論の深々とした浸潤を蒙ることになる。その目的論を、西はとりあえず肯定する。なぜならそこには「条理」が立っているからだ。「条理立つ」といった日本語に対応する英語は、さしあたり“reasonable”“logical”“consistent”といったところだろうか。だが、理性の原理の貫徹のさまが見てとれるという意味で、西の脳裡には“rational”といった英語も浮かんでいたかもしれない[16]。そして、その「合理性」それ自体がおのずから言説の「システム化」を招来するのだと西が締め括るとき、彼は、合理主義それ自体のうちに一種のイデオロギー性が孕まれていることを透視していた。

システム論を統べる「条理」はここで、透明で没価値的な科学概念であるよりはむしろ、人間の精神と生活の改善の運動としての「開化＝文明化」の過程を、「自から」正当化するイデオロギーとして提出されている。「開化」であれ何であれ、何らかの「目的」が先験的に設定され、歴史がそこへ向かって一直線に「進化」してゆくという発想は、繰り返すならダーウィン自身の進化論に対する裏切り以外のものではない。だが、「文明史観」がそうした目的論的記述をリファインさせ、史上に見出されるありとあらゆる事象間の因果関係を、一直線に「開化」をめざす過程として整序し尽くすならば、そこに間然するところなく「条理」の立った光景が現出することは事実である。そして、その理性的な整序のさまそれ自体が、「自から」規範的な「規模」として聳え立つことになる。

歴史がかくして「規模を得」るのに成功することの良し悪しを西自身がどう判断しているかは、判然としない。開化主義を代表する論客として、むろん社会進化論それ自体に彼が反対していたはずはない。スペンサーの『心理学原理』を肯定的に参照している西の言説を、われわれは本章の前段ですでに見たばかりだ。だが、合理性の徹底がおのずから「システム」として機能するというこの西の命題には、彼自身自覚的には捉えきれていなかったかもしれぬ思想史的射程が孕まれているように思う。スペンサーが科学的知見を僭称《せんしょう》しつつ書きつけた、人種間に生得的に存在する脳の大小の差(そしてそこから帰結する知能の高低の差)に関するあの無邪気なレイシスト的断定や、西周が後年「軍人勅諭」初稿の起草者になるという事実の歴史的意味を、この射程の中で改めて捉え返さなければならない。

24　優劣——進歩史観(二)

オポチュニズムと進化論

自由権ノ種類許多《きょた》ナリト雖《いえど》モ前段挙グル所ノ諸権ノ如キハ素《も》ト天賦ニシテ、此《この》権ナケレバ絶エテ安寧幸福ヲ求ムル能《あた》ハザル者ナレバ、此権ハ敢《あえ》テ他ヨリ奪フベキ筈《はず》ノ者ニアラズ。若《も》シ他ヨリ之《これ》ヲ奪フトキハ、即チ其《その》安寧幸福ヲモ併セテ之ヲ奪フ者ト云フベシ。是《これ》故《ゆえ》ニ人民アレバ必ズ此自由権アルハ固《もと》ヨリ当然ノコトナリ。

(『国体新論』第六章、明治七年)(1)

天賦人権トハ妄想論者ノ説ニ拠ルニ、即《すなわち》吾人々類ガ人々個々生レナガラニシテ固有スル所ノ自由自治ノ権利ト平等均一ノ権利ニシテ、実ニ造化ノ賦与スル所ニ係ルモノナレバ、此権利ハ他ヨリ敢テ犯スヲ得ズ、敢テ奪フヲ得ザルモノナリト云フ。而《しか》シテ妄想論者ハ此権利ヲ原権若《も》シクハ天賦人権或《あるい》ハ単ニ人権ト称ス。(『人権新説』第一章第二条、明治十五年)(2)

この二つの引用を隔てる溝は深い。虚心の読者は両者がともども同一人物の手になるものと知って驚かざるをえまい。前者が典型的な「天賦人権論」の主張であるのに対して、八年後に書かれた後者で著者は「天賦人権ト八妄想論者ノ説」だと断じている。加藤弘之(一八三六―一九一六)の「転向」と呼ばれる事件がこれであるが、加藤は『人権新説』刊行前年の明治十四年十一月、山田顕義《あきよし》内務卿に『真政大意』『国体新論』という旧著二点をみずから絶版にする旨を届け出て許可され、さらにこの自著絶版の広告を『郵便報知新聞』に出すという徹底ぶりを示している。「転向」は確信犯的に遂行されたのである。

「天皇モ人ナリ人民モ人ナリ」と主張する『国体新論』は、国学者流の国体論を攻撃する口吻《こうふん》の激越さが際立っている点を除けば、「天は人の上に……」の『学問のすゝめ』(明治五―九年)と同一の「啓蒙」的言説圏に収まっており、そのステレオタイプ性はこれを書いたのが〈明六社〉の同人の誰であっても構わないと思われるほどのものだ。その後加藤が、ここではこれほど熱く語っていた開明的な平等主義をいきなり全面撤回し、「古来未曽有ノ妄想論者」「即彼《かの》有名ナル蘆騒《ルウソウ》氏」の「天賦人権主義」(『人権新説』)を攻撃しはじめる唐突さは言うまでもなく異様である。だが、その「転向」の時期に注目するなら、この加藤の自説撤回と転身はわれわれがすでに本書(上巻)「12 演戯――中江兆民(一)」「13 地滑り――中江兆民(二)」において「「啓蒙」の自壊」として論じた主題と密接に連動する現象であることは明らかで、従って加藤個人の倫理の問題としてはともかく、歴史的文脈の観点から見るかぎり、それはさして突拍子もない異常事態だったわけではない。「啓蒙」的言説の無力化を徴《しるし》づける指標として、「13」でわれわれは明治十四年の政変の意義に注目したが、大隈重信一派の罷免によって「政変」が一応収束するのは十四年十月、加藤弘之の自著絶版広告はその翌月のことである。『国体新論』の論旨が当時の開明派洋学者の作文として平凡な常識論の域を出ていないように、官学の世界で出世の階段を駆け上がりはじめた加藤が、世間の風向きを敏感に察知して突如熱烈な天皇主義者に転身したのもまた、きわめて凡庸な処世の選択にほかならなかった。

逆に言えば、福沢でも兆民でも西周でもなく、加藤弘之こそその極めつきの凡庸さによって時代の運命をもっともよく体現しえた「啓蒙」的知識人であったとも言える。福沢諭吉でさえ或る意味で民権論から国権論へ転回したと言えなくもない明治十年代の言説空間の変容を、すべての意味でかつ戯画的なまでの直截性で表象しているものが加藤の「転向」なのである。西欧からの制度輸入において明治政府が範として仰ぐモデルがフランスからドイツへシフトしてゆくのもこの時期のことだが、ドイツ語専修の学者であった加藤がその趨勢《すうせい》に誰よりもうまく乗りおおせたという事情も看過しがたいだろう。ちなみに、加藤の「転向」の直接の原因は、幕末の尊王志士の生き残りの一人である海江田信義が『国体新論』に憤激し、加藤に刀を突きつけての膝詰《ひざづめ》談判で撤回を迫ったからだという風聞がある。事の真偽はともかく、そうした下世話なゴシップがまことしやかに流布したこと自体、加藤の凡庸にして臆面もないオポチュニズムが世間周知であったことの一例証であったと見ることができる。

ところで、オポチュニスト加藤の知識人としての倫理的責任を問うよりも前に(それは本章後段で行なう)、ここでわれわれがまず注目したいのは、明治初期の「啓蒙家が万世一系の皇室という国体の苛烈な批判者からその熱狂的な讃美者へと転身するに当たって、その「転向」を正当化する理論的基盤としたものが、ほかならぬ進化論であったという点である。実際、『国体新論』の明治七年と『人権新説』の明治十五年の間で日本の知的環境に起きたもっとも重要な出来事こそ、進化論の導入にほかならない。

一八七七年(明治十年)十月六日、土曜日。今夜私は大学の大広間で、進化論に関する三講の第一講をやった。[…]聴衆は極めて興味を持ったらしく思われ、そして、米国でよくあったような宗教的の偏見に衝突することなしに、ダーウィンの理論を説明するのは、誠に愉快だった。講演を終った瞬間に、素晴しい、神経質な拍手が起り、私は頰の熱するのを覚えた。日本人の教授の一人が私に、これが日本に於けるダーウィン説或いは進化論の、最初の講義だといった。

(エドワード・シルヴェスター・モース『日本その日その日』[3])

六百人を収容できるという東京大学の新築の大講堂で行なわれたこのモースの歴史的講義は、五百人を超える聴衆を集め、当時予備門学生であった坪内逍遥もその中にいた。加藤弘之はこの年の二月に東京開成学校綜理、四月には東京大学法理文三学部綜理に就任しており(なお彼は明治十四年七月に東京大学綜理、二十三年五月に帝国大学総長となる)、彼自身もまたこのとき聴衆の一人であった可能性が高い。もっとも、アメリカ人の動物学者から教えを受けるまでもなく、ドイツ語と英語に堪能な加藤はむろん書物を通じて進化論の知識を獲得することが可能だった。「進化」という訳語を造って evolution に当てたのは加藤であるという通説には異論もあるようだが、ともかく彼が進化論の日本でのもっとも早い紹介者の一人であり、かつそのもっとも重要な鼓吹者であったことは間違いない。少なくとも「進化」という言葉が日本で市民権を得て一般民衆に浸透するうえで、彼の『人権新説』が絶大な役割を果たしたことは事実である。では、その『人権新説』とはいったいどのような著作なのか。

「優勝劣敗是天理矣」

『人権新説』の第一章第一条は、「欧洲ニ於テ今ヲ距《へだ》ルコト凡《およ》ソ二三百年前ヨリ哥比尼加斯《コーペルニクス》氏独乙人科布列《ケプレル》氏独乙人加里労《ガリレオ》氏以太利人牛頓《ニウトン》氏英人等其他ノ碩学輩出シテ、専《もっぱ》ラ実物ノ研究ニ従事セシヨリ能《よ》ク天体地球ノ運転及ビ宇宙間諸現象ノ実理ヲ発見シテ始テ従来ノ謬妄《びゅうもう》ヲ排除スルヲ得タリシガ、……」(4)と始まる。これら固有名詞の羅列には一種の「恫喝」性が漲《みなぎ》っている。かつての『国体新論』でも、もちろん幾つかの固有名詞は引かれており、「希臘《ギリシャ》ノ碩学」アリストテレス、「瑞士《スイス》国ノ大学者」ブルンチュリ、「英国ノ碩学」ミル、「米国ノ大学者」フランシス・リーバーなどの諸説を自論の支えとして持ち出す手つきに、自論の箔付けを目的とした一種の権威主義が窺えたのは事実である。しかし、これらは哲学、法学、政治学、政治思想史等、加藤が『国体新論』の本文で展開している論の主題に直接の関係を持つ名前であり、引用の仕方はアカデミズムの常識におおむね相即したものだと言ってよい。また、その固有名詞の数もさして多くはない。他方、コペルニクス、ケプラー、ガリレオといった自然科学者の名前を立て続けに打ち出すところから始まる『人権新説』には、『国体新論』とはまったく別種の「知」の参照枠を提出しようという著者の意図が冒頭から露骨に透けて見える。

実際、おびただしい人名列挙はさらに続く。「地球上万物ノ進化ノ実理ヲ発見シテ始テ従来ノ妄想主義ヲ脱却」させてくれた、「拉摩克《ラマルク》氏仏人瓜得《ギエーテ》氏独乙人来埃耳《ライエル》氏英人達賓《ダルキン》氏英人」。そしてまた、こうした「物理ニ係レル学科」とは異なり、「心理ニ係レル諸学即哲学政学法学等」においては「実験ニ従事スルコト最モ難《かた》キガ為メニ、学者従来妄想主義ノ範囲ニ彷徨《ほうこう》」するという「最モ慨歎スベキ」状況が続いていたものの、そうした文科系の領域でも「近日ニ及デハ」「卓見高識ノ徒」が現われたと加藤は言う。すなわち「土礼巴《ドレーペル》氏米人伯克爾《バックル》氏英人伯印《ベイン》氏同上列刻《レッケイ》氏同上馬治疴《バヂオー》氏同上斯辺撒《スペンセル》氏同上士徳労《ストラウス》氏独乙人布弗尼《ブエフネル》氏同上加爾尼《カルネリ》氏同上拉甸法森《ラーデンハウセン》氏同上利、印威《リ、インフェルド》氏同上西弗列《シエフレ》氏同上伊埃林《イーエリング》氏同上等」が輩出し、彼らは「皆多少物理ノ主義殊ニ多クハ彼達賓《ダルキン》氏ガ発見セル進化主義ノ裨補《ひほ》ヲ得テ大ニ心理上ニ於テ発見セル所」があったのだと。さらに「碩学黒科耳《ヘッケル》氏独乙人」「碩学土礼巴《ドレーペル》氏米人」「碩学華列斯《ワーレス》氏米人」の諸説が略述されてこの第一条は締め括られる。

読者をやや唖然とさせずにおかない人名列挙を、煩を厭《いと》わずここに長々と転写してみた。政治学・法学の領域に通常属する「人権」の主題を論じるに当たって、コペルニクス、ケプラー、ガリレオ、ニュートンから説き起こすという姿勢自体は、明治初年の「啓蒙」的言説の特徴の一つである「自然科学重視」という方向づけを前景化させたもので、福沢諭吉における「実学」重視――「今の文明学を文明として之を和漢の古学に比較し、両者相互に異なる所の要点を求《もとむ》れば、単に物理学の根本に拠ると拠らざるとの差違あるのみ」(『福翁百余話』(5))──や、前章で引用したバックル『英国開化史』冒頭の"There can be no history without the natural sciences"という宣言なども呼応しており、そこに本質的な意味での「転向」があるわけではない。ただし、加藤は、西欧における物理学から地質学、生物学に至る諸領域での知見の革新を、「従来ノ謬妄」の排除、「従来ノ妄想主義」からの脱却という漠とした一般論としてしか理解しておらず、近代的な「知」の地殻変動の根本的な意義と射程にまで視線を届かせているわけではない。自然科学への参照という点は共通していても、西欧物理学を成り立たせている精神のありかたを見極めようとした福沢の問題意識はここにはない。『人権新説』冒頭の表層的な人名列挙から浮かび上がってくるのは、先進国の「碩学」の名前を夥《おびただ》しく、またものものしく──『国体新論』では片仮名表記であった西洋人名がここでは厳めしげな漢字の羅列に置換されているのは意図的な選択だろう──引用することで読者を圧倒し、自説に箔を付け、自分自身をも「碩学」として演出しようとする加藤の利に聡い客気ばかりである。西洋人名の羅列はここで、素朴にして通俗的ながらそれなりの有効性を持たないでもない言説戦略として機能しているのだ。

加藤は、「実験」による「実物」の研究から引き出された「実理」こそ「進化主義」であり、それに拠って「妄想主義」であるところの「天賦人権主義」を討つ、つまりは「実理ヲ以テ妄想ヲ駁撃《ばくげき》スル」(第六条)(6)のだという。ただし、進化論が「実理」であるゆえんは具体的には示されておらず、その科学的実証性を彼の言説の埒内《らちない》で担保するものは、第一条におけるコペルニクス以降の人名の列挙以外にはない。実際、彼は「進化主義」の具体的内実をほぼ「優勝劣敗」の一語のみに還元してしまっており、その還元の手続きにも、またこのモットーそれ自体にも、実のところ科学的なものは何もない。巻頭の扉ページに「優勝劣敗是天理矣」というエピグラフを大きく掲げた『人権新説』(7)は、この「優勝劣敗」という唯一のスローガンの単調・執拗・冗漫な反復によって成り立っており、その非科学的な無内容ぶりはダーウィンはもとよりスペンサーからもヘッケルからもはるかに遠い。進化論に拠るなら弱肉強食の原始時代に天賦の自由はなく、自由権は文明が或る段階に達して初めて強者から弱者に恩恵的に付与されるものだというのが加藤の主張だが、もしルソーの『社会契約論』が形而上学であるとすれば、この加藤のプロットそれ自体もまたそれに劣らぬ形而上学的一命題でしかないことは自明であろう。エピグラフが語る通り、加藤にとって「優勝劣敗」は「実理」というよりむしろ「天理」なのである。「天理として主張された言説」――それこそ「イデオロギー」のもっとも簡潔な定義にほかなるまい。

ダーウィン理論の社会現象への適用はいずれにせよアレゴリーの域を出るものではなく、種の進化をめぐってダーウィンが展開した実証的思弁が、そのまま、地球上の諸社会の栄枯盛衰に貫徹しているとされる「優勝劣敗」「適者生存」の法則性に科学的根拠を提供することはありえない。“survival of the fittest”はダーウィン自身の言葉ではなくスペンサーの造り出したスローガンであるが、スペンサーの理論構築が、科学的と言うよりはむしろイデオロギー的なこうした説明概念を基軸に据えながらも、なおかつ或る説得力を備えた学知として世界的影響力を持ちえたのは、社会進化論はその一部分をなすにすぎない諸学の綜合システムを聳立《しょうりつ》させた彼の構想力と、植民地獲得競争が熾烈化してゆく一九世紀後半の世界史的状況にそれがきわめて適合的に機能したという政治的事情とによるものである。論理的システム性という内的条件と帝国主義伸長の歴史状況という外的条件とに担保されて、スペンサーの『社会学原理』は辛うじて知的言説として機能しえたということだ。

「優勝劣敗」というその「優劣」の概念に関して、「今日英、仏、独、魯、米等ノ各国ガ全地球ニ横行シテ縦《ほしいまま》ニ万国ヲ圧倒スト雖《いえども》、是等各国ガ名分上全地球万邦ノ首領タル地位ヲ得タリトハ云フ可《べか》ラズ、又名分上万邦ヲ制馭《せいぎょ》スルノ権利ヲ得タリトハ云フ可ラズ、日本、支那、朝鮮、土耳其《トルコ》、伯耳西《ベルギー》等其他独立不羈ノ邦国少カラズシテ、名分上ニ於テハ全ク英、仏、独、魯、米等ト対等ノ地位ヲ保有ス」(第十六条)[8]と註釈する加藤が、この外的条件の方に十分以上に意識的であったことは明らかだ。『人権新説』は、明治日本の国民的関心の重心が「文明開化」から「富国強兵」へと位置移動していった過渡期に、このシフトのためのいわばきわめて優秀な転轍器として機能した言説なのである。だが他方、このシフトの歴史的必然性を説明する「実理」がいかなる内的条件によって支えられているかという点――前章に引いた有賀長雄の言葉を再度引用するなら、社会進化論が「凡そ其科其類に属する事物は悉《ことごと》く之を網羅し尽くして、其原因結果の次第を講ずる学」の成果として適合的か否かという点に関しては、加藤は何一つ具体的な検証を行なわず、ただ「碩学」たちの名前の連禱《れんとう》という権威づけによって信憑性の蜃気《しんき》楼《ろう》を作り出そうとするばかりだ。

空論、その実利と実効

加藤は政治学者と呼ばれることがあるが、「凡そ其科其類に属する事物は悉く之を網羅し尽くして、其原因結果の次第を講ずる」専門知識人という意味での「学者」であったわけではない。(9) 哲学者と呼んでよい西周を恐らく唯一の例外として、これは〈明六社〉に集った啓蒙思想家たちの誰についても言えることだろう。たとえいかに優れた思想家・評論家・翻訳家・教育者であったにせよ、西以外の彼らは誰一人、何らかのディシプリンに「専門化」しそれを徹底的に究めようとする「学者」ではなかった。それは彼ら個人の資質や能力の限界というよりはむしろ時代と制度に由来するもので、たとえば彼らの文筆活動の主要な舞台となった『明六雑誌』の刊行は明治七年三月から翌年十一月までであるが、その当時、東京大学は未だ存在していない。明治十年、文部省所管の官立東京大学が創設されるが、そのときその各学部の各講座に着任した教授たちは、爾来《じらい》、めいめい自己の専攻分野において「凡そ其科其類に属する事物は悉く之を網羅し尽くして、其原因結果の次第を講ずる」ことがいかに可能かという問いをわが身に引き受けなければならなかった。それは〈明六社〉の啓蒙思想家たちの課題ではなく、彼らに後続する次の世代の知識人の前に立ちはだかった問題だったのである。かなり時代を下ってからの話になるが、東京帝大英文科講師として「英文学概説」を講じなければならなくなったことが漱石をいかなる神経症に追い詰めたかを想起してもよい。

これに対して、その東大の初代「綜理」に就任し、また帝国大学と名称が変わった後その第二代「総長」にもなった加藤弘之は、個別の講座から超脱した行政職の頂点に座を占めていたがゆえに、かえってそうした学知の成立条件をめぐる根本問題に悩まなくて済んだとも言える。彼は、社会学なり政治学なりの専門家としての自負とも責任感とも苦悩とも無縁に、ただ「碩学」のポーズで大雑把な史論や国家論や道徳論を大風呂敷を広げるように開陳していればよかった。『人権新説』とは、内容を具体的に読むかぎり、厳密と公正を期した学術論文ではなく、大学総長が社会に向けてのパフォーマンスとして演じる「大演説」のようなジャンルに属する言説だったのである。

そうした「大演説」の語調に対する反感は、加藤の「変節」に対するそれとないまぜとなって、『人権新説』刊行当初から様々な形で表明された。たとえば、その専攻する社会学の立場から外山正一は、「人権新説の著者に質《ただ》し併せて新聞記者の無学を賀す[10]」と「再び人権新説著者に質し併せてスペンセル氏の為に冤《えん》を解く」という二つの文章を書き、いわば専門家が素人の勇み足や軽率な錯誤をたしなめるといった語調で加藤を批判している。外山の挙げている論点は多岐にわたるが、どうやら彼のいちばん言いたい趣旨は、「新説」などと言うが、この問題に詳しく博大な知識を持つ自分から見ればそこに「新」しいものは何もないということらしい(こうした軽蔑の表現法は、周知の通り、自身の「専門」を荒らされたと感じる「専門家」特有の保身と防衛意識の表現として典型的である)。これら二つの文章はともにやや戯文調で、またどちらもさして長いものではない。しかしその一方で、われわれは未見ながら、東京大学総合図書館には、この大学の文学部教授であった外山正一の旧蔵本の『人権新説』が保管されており、ページの余白の随所に反論執筆を目的とした外山のノートがあまた書きこまれているという。既述の通りやはり社会進化論に深く傾倒した外山であるが、加藤より十二歳年下で明治十年に東大社会学講座の初代担当者に就任していた彼にとって、スペンサー説は客観的妥当性を備えた社会科学の理論でなければならなかったのであり、そうした立場からは外山は、「優勝劣敗」のイデオロギーに還元された加藤の「大演説」にはとうてい首肯《しゅこう》も共感もしがたかったに違いない。

もとより「大演説」であることそれ自体が悪いわけではない。『学問のすゝめ』『文明論之概略』をはじめとする福沢諭吉の文業のほとんどもまた、加藤の文章とは比べものにならない明晰かつ論理的な名文で綴られているとはいえ、言説ジャンルとしては一種の「演説」――或る程度の教養を備えた一般社会の公衆へ向けての――と呼ぶべきものであろう。『文明論之概略』に認められず『人権新説』に露出している知的不誠実は、そこに展開されているものが「実理」ではなく「イデオロギー」にすぎないにもかかわらず、西欧の「碩学」たちの名前の羅列によって自説に学問のオーラをまとわせ、それが自然科学によって解明された普遍的真理であるかのような外観を取り繕っているという点にある。加藤は「演説」でしかないものに学術的な権威づけを施し、その幻惑を通じて一般読者に対する説得力を増そうとしたのであり、これは大学総長の振る舞いとしてなら大目に見てもよいかもしれないが、知識人としては決して赦《ゆる》されえない表現行為と言わねばなるまい。

他方、福沢の文章はと言えば「啓蒙」的ではあっても学問的ではなく、また彼はそれを学問的に見せかけようという努力などいっさいしていない。平明で条理立った論旨の運び、控え目だが的確な修辞、行間から滲み出す高潔な人品、知的度量の大きさから生じるユーモア等々が福沢の文章の説得力をかたちづくっており、それこそまさに、官立アカデミズムが未確立の時期に知識人として言説発信に挺身した啓蒙思想家の倫理そのものにほかならなかった。

加藤の『人権新説』にこうした啓蒙家の倫理はすでにない。あたかもみずから「碩学」の一人であるかのごとく、アカデミズムの秘教的権威を盾にとりつつ語っている加藤は、カント的に言うなら、「読者世界の全公衆を前にして」理性を公的に使用しているのではなく、「ある委託された市民としての地位もしくは官職において」許される理性の行使、すなわち「理性の私的使用」を行なっているにすぎない。ところが、それならば「啓蒙」の倫理ならざるアカデミズムの倫理がそこに貫徹しているかと言えば、加藤が自説にまぶしかける科学的実証性がすべてまやかしであり、学者としての矜持《きょうじ》も良心も誠実さもそこには認められないという点はすでに見た通りだ。加藤は、普遍性を標榜《ひょうぼう》する啓蒙家の教育倫理をも専門化した大学人の職業倫理をも回避しつつ、単に一般読者に「優勝劣敗」のキャッチコピーを浸透させるための「演説」をぶっているだけなのである。

では、大学総長にしかなれなかった似非《えせ》知識人と呼ぶべき加藤のこの「大演説」は、「空理空論」にすぎなかったのか。彼が「妄想」に対置しようとした「実」の概念（実験・実物・

実理)がそれ自体もう一つの「妄想主義」の産物で、中身が空洞であったという意味でなら、そうとも言える。しかし、『人権新説』が現実に働きかけることを企図して書かれた実用的かつ実利的なテクストであったという意味でなら、それを内容空疎な空論と呼ぶことは決してできないだろう。それが対外的な富国強兵策の正当化を目的とする文書であったという点についてはすでに触れたが、もう一つ、自由権は強者から弱者に恩賜されるものとするこの文書が、対内的(国内向け)には、自由民権運動の弾圧に理論的基盤を提供することを企図して発信された言説であることは明らかだ。文部大丞、左院議官、元老院議員など政府の要職を歴任し、現在は官立大学の責任者の地位にある者として、加藤は、一定の政治的効果を狙ってこの文書を書いたのである。『人権新説』が「ある委託された市民としての地位もしくは官職」の立場からの理性使用の成果であるとは、そうした意味にほかならない。そして、加藤によるこの「理性の私的使用」はまさしく彼の目論見《もくろみ》通りの実効と実益を上げた。「進化」の一語は科学的に実証された「優勝劣敗」原理の同義語として広く流布し、帝国日本の海外進出に歴史の必然といった幻影をまとわせることになったからである。

はるか後年のことになるが、明治三十七年三月に加藤は『進化学より観察したる日露の運命』と題する小冊子を刊行している。内容は題名から容易に想像がつく体のもので、そこでの彼の主張は要するに、「適者生存の学理」に照らすとき、「今日文明の時勢に於て日露の中孰《いず》れが適者で孰れが不適者である乎《か》と云ふことに就《つい》て研究して見るに申す迄もなく吾が日本が適者で露国が不適者であるに相違ないのである」[11]という断定に尽きている。日露戦争の戦端が開かれたのがこの年の二月八日、日本のロシアへの宣戦布告が二月十日であるから、三月二十四日発行の奥付を持つこの九十ページほどの冊子は、当代最高の知識人の一人から開戦早々の興奮に沸き立つ民衆へ向けて発せられた教育的メッセージと言うべきものだったはずである。しかし、そこでの加藤の「大演説」の身振りには今日これを読むわれわれを意気阻喪させるものがある。「露国が数年来南進策のために支那の侵奪に就ての策略と云ふものには殆ど一点の道徳法律もなく全く強盗的詐欺的で決して条約国に対する処置とは云はれぬことである」(12)という判断から、彼はロシアを精神面での劣者と決めつける。他方、これに比べて日本の優越性は歴然としていると彼は言う。

一旦事あるに際し挙国士民の敵愾心《てきがいしん》の盛なことといふものは実に世界に無比で、君国の為めに尽さんとする心は先年日清戦争の時にも十分あらはれたことであるが、又今日にあつても同様である。余は吾が邦人の此《かく》の如くなるは重もに如何《いか》なる原因に出るのであると考へて見るに、固より日本民族の固有の天性に出るのであらうけれども、殊には万世一系の皇室を奉戴《ほうたい》して君民が全く同心一体となつて居る故であらうと思ふ。(13)

愛国心と忠君心のこの麗しい「融和合一」に思いを致すとき、「之を地雷火抔《など》で皇帝を弑《しい》害《がい》しやうと企てる虚無党や又隙さへあらば叛乱を企てんとするポーランド人を含んで居る露国に比して其感は如何にある乎(14)」。そして巻末に至って、日本は「今後の文明時代に適者として永く隆盛なるを得べし」、ロシアは「今後の文明時代に不適者として遂に断滅せざるを得ざるべし」(15)という科学的結論が下される。

この臆面のなさはどうだろう。古希を迎えようとしていた加藤の精神の頽廃《たいはい》の度合いは、疑いもなく、『人権新説』の頃よりさらにいっそう進化している。『進化学より観察したる日露の運命』は近代日本のすべての出版物を通じてもっとも醜悪なものの一つであろう。多くの人々の営々と積み重ねた膨大な労苦、膨大な試行錯誤によって創出され整備されていった日本の近代的な官学アカデミズムの頂点を極めた人物の文章に、曲学阿世という言葉を思い出さなければならないのは辛い。

25　不徹底——進歩史観（三）

「左」旋回と「右」旋回

一九世紀後半における社会進化論の影響は、日本においても世界的にも両価的で錯綜を極めている。まず、歴史をめぐる「システム論」的思考の導入が、国家の自己認識の「知」の系譜に或る切断をもたらし、「啓蒙」的理性の行使へ道を開いたという点がある。これは、福沢・田口の「文明史観」に内在する「進歩」への楽天的な信仰が、「因果関係」と「法則性」の究明という科学的な歴史学へと受け継がれ、時代を下るとそれがさらに唯物史観へ流れこんでゆくという道筋に示されるものだ。

社会進化論がマルクス主義的唯物史観を準備するというストーリー自体は、もとより本家本元の西欧において大規模かつ本格的に展開されており、それはエンゲルスの『家族・私有財産・国家の起源』(一八八四年)が、野蛮から未開へ、さらに文明へという「自然にして必然的な進歩の連鎖」を想定したモーガンの『古代社会』(一八七七年)に依拠して書かれたという事実に端的に示されている通りである。エンゲルスはマルクスの死後、いわばその遺言の執行代理人として、マルクスによる『古代社会』の読書ノートを用いてこの著作を書いたのだが、そもそもマルクス自身、これに先立って、唯物史観の着想に進化論が寄与したとしてダーウィンその人に『資本論』第一巻(一八六七年)を献呈してもいる。社会と歴史に適用されたダーウィニズムという発想には、そこに内在する論理それ自体において、やがて科学的な唯物史観として開花するものの萌芽《ほうが》が孕《はら》まれていたということだ。これは社会進化論のいわば「左」への展開である。

これに対して、その「右」への展開もあり、そのほとんど戯画的な一症例としての加藤弘之の言説は本書前章ですでに詳細に見た通りである。ここで問題となるのは社会進化論の合理主義的システム論の側面ではなく、「優勝劣敗」「適者生存」「生存競争」といった煽情的なモットーに還元されたパワー・ポリティクスの正当化と、「万人に生来等しく頒《わか》ち持たれた自由と権利」という観念の否定である。従って、この「右」旋回における社会進化論は、当然、外向的にも内向的にも国家の強権化に奉仕する。対外的には大日本帝国のあられもなくエゴイスティックな国益追求を正当化し、また国内的には、淘汰の思想が優者と劣者の闘争というホッブズ的自然状態を肯定するところから、万人の平等を掲げる自由民権運動の弾圧の理論化に寄与することになるわけだ。

とはいえその一方で、自由民権運動の側もまたその理論的支柱の一つとしてスペンサーの自由放任主義を歓迎し、彼の著作の翻訳が民権家の間で広く読まれていたという事実もあり、それが事態を微妙なものとしている。日本におけるスペンサー受容のこの両価性は、今しがたわれわれが「左」「右」への両転回と呼んだものにそのまま対応していよう。要するに、明治十年代の日本には、弾圧する側もされる側もスペンサー理論を錦の御旗に掲げるという捩《ねじ》れた事態が生じていたのであり、その捩れは、帝国主義的資本主義のグローバル化を正当化したのと同じ理論が、同時にそのグローバル化を批判し革命と国家止揚をめざす言説への道も開いたという捩れに照応しているということだ。

一八世紀を「啓蒙」の世紀と呼ぶなら、一九世紀は「歴史」の世紀と呼んでいいだろう。一九世紀後半のネーション・ステートは、軍隊や警察といった諸機構を通じて暴力を独占し、その暴力によって担保された権力を梃《てこ》に、内には国民を支配し外には富の収奪のための遠征に乗り出した。しかし、暴力の独占は権力の実効性の基盤をなすことはできても、権力の根拠それ自体をイデオロギー的に正統化することはできない。ネーションという集団単位の統一性を表象し、内部を外部から切り分けてその輪郭をくっきりと明示し、そのアイデンティティの持続を保証するものは、その起源からその現在までの時間軸を首尾一貫して跡づける歴史の物語以外にない。西欧各国で一九世紀初頭以降、また西欧をモデルとして近代化を成し遂げようとした日本で一九世紀半ば以降、自国の歴史が数多く書かれたことの背景には、史家自身がそのことに自覚的かどうかはともかく、こうした現実政治からの要請というモチーフがつねに潜んでいた。日本の場合、明治二年の「修史の詔《みことのり》」に発する政府主導下での正史編纂事業こそ、そのもっとも露骨な試みであったことは言うまでもない。

歴史の物語が『古事記』や『日本書紀』のような神話的伝承の受け売りにとどまっているかぎり、近代的なネーション・ステートの存立をイデオロギー的に基礎づけるには不十分である。起源の記述にしても、「昔々……」で始まる漠とした建国神話への信を強要するだけでは真の有効性はなく、たとえ正確な西暦年号までは提示できないにせよ、ともかく普遍的な時間軸の上に或る程度明確に位置づけうる出来事として語られていなければならない。また、そこから始まって現在に至るまでの記述に断絶や空白があってはならず、その間の出来事の連鎖が一貫した連続継起の流れとして展開されていなければならない。さらに、歴史記述がそのネーションの「今・ここ」の正当化というモチーフによって動機づけられている以上、当然と言えば当然のことながら、時間的に現在に近くなればなるほどそのネーションの姿は「より良く」「より優れたものに」整えられていったという「進歩＝進化」の図式が説得力をもって浮かび上がってくることが要求される。最後に、そうした「進歩」の過程は偶然に左右されてたまたまそうなったというのではなく、そこには自然科学の真理にも似た客観的な法則性が貫徹していたことが示されうるならそれに越したことはあるまい。以上に縷々《るる》挙げたこれらの要請のすべてを満たすものが、「因果関係」と「法則性」という二概念の誇示によって特徴づけられる「文明史観」であり、また、この史観の整合性と科学的客観性を強化する理論ツールとしてその内部にただちに組み込まれた社会進化論だったのである。

そうした意味で、「文明史観」は明らかにナショナリズムの一構成要素である。ただし、「国民の物語」として十分な説得力を持たせるためにそこに導入された科学的普遍性のパラメーターが増大すれば、「文明史観」はやがてナショナリズム批判まで行き着いて、国家の存立自体を危うくしかねないダイナミズムを秘めている。これは、普遍的な「知」によって個物の固有なるゆえんを根拠づけようとする身振りそのものが、その本質において論理的に抱えこまざるをえないパラドックスと言うべきものである。ネーション・ステートはみずからに固有の内在的価値を歴史の中に発見し、そこに国家としての成立条件を認めようとするのだが、それを世界性（普遍性）の場で主張しようとするとき、「因果関係」と「法則性」の実証によってそれに信憑性を賦与しなければならない。しかし、その実証の科学的な客観性と普遍性が徹底すれば自国史は必然的に世界史のグローバルな交通空間へと開かれてゆき、秘教的に価値化された固有なるものへの信憑は蒸発していかざるをえない。

固有性と普遍性のこの逆理は、ネーション・ステートの割拠した一九世紀が「歴史」の世紀とならざるをえなかった必然性の一部をなしており、そこでの「歴史」は、この逆理の孕むいつなんどき崩れ落ちかねない危うい均衡状態のただなかで、絶えざる緊張を強いられる営みたらざるをえなかった。事実、理性の「公的使用」の自由は限界を知らない以上、史家が一人の知識人として、「読者世界の全公衆を前にして」思弁を深めてゆくかぎり、「啓蒙」的理性の働きは歴史記述における科学的普遍性のパラメーターを否応なしに増大させてゆくこととなろう。そのとき、「因果関係」と「法則性」の究明が徹底化してゆく過程で、「日本」という名の統合性それ自体の虚構性が暴き出され、捏造《ねつぞう》された起源以外の起源はないことが明らかになってしまうかもしれない。

近代日本においてそうした方向に思弁を深めようとした「知」の系譜とは、いかなるものであったか。端的に言ってしまえばそれは日本における左翼思想の歴史という問題であり、これに関しては政治思想史や社会思想史の領域ですでに多くの叙述や分析が為されているので、本書でそれを事改めて展開することはしない。幾つかのメルクマールのみ簡単に挙げておくなら、たとえば中江兆民の『続一年有半』と兆民の弟子であった幸徳秋水の『廿世紀之怪物帝国主義』は、ともに明治三十四年の刊行である。また、エンゲルスの『家族・私有財産・国家の起源』を、弾圧を避けるため国家論の部分などを省略しつつ、『男女関係の進化』の題名で堺利彦が翻訳し刊行したのは明治四十一年である。大逆事件が起こるのはその二年後の明治四十三年である。しかし、今われわれは、「啓蒙」的言説が急速に弱体化し、加藤弘之が「進化」の含意を社会進化論の「右」旋回の側に強引に引き寄せることでそれを流行語に仕立て上げた、明治十年代中葉になおしばしとどまってみたい。そして、この「右」旋回を押しとどめることになぜ「啓蒙」的言説が無力であったかをやや微細に考えてみたい。

軍歌と鹿鳴館

〈明六社〉の啓蒙思想家に後続する世代として本書ですでに名前を挙げたのは、社会学の外山正一(一八四八―一九〇〇)、同じく有賀長雄(一八六〇―一九二一)、植物学の矢田部良吉(一八五一―一八九九)、国語学の大槻文彦(一八四七―一九二八)などである。大学外にとどまった大槻は別として、外山、有賀、矢田部ら――創立されたばかりの官学アカデミズムの担い手となり、社会学なら社会学、植物学なら植物学といった個々の学問分野《ディシプリン》の専門家としての自己証明を求められたこの世代が、加藤弘之流のイデオロギー的な「大演説」に自足しえず、みずからの学問をいかなる方法論によって定礎するかという課題に直面したという点についてはすでに触れた。また、その課題に対する返答として、社会学や歴史学においては社会進化論という好個のツールに依拠しつつ科学的方法論の整備が行なわれたという点も詳述した。ちなみに、「因果関係」と「法則性」の二概念への焦点化が歴史学と社会学の二領域に共通して行なわれたのは、偶然ではない。どちらの学問においても当面、もっとも緊要な研究対象は自国すなわち日本のありようそのものであり、それを「さいあんす」にふさわしく考察しようとしたとき、社会の生成を時間軸に沿って説明しようとする社会進化論が、決定的な影響力を及ぼしつつ両領域を有機的に関連づけたのである。あるいはもっと単純に、歴史学の側に、自身よりいっそう科学的な学問であるはずの社会学の方法論を導入したいというモチーフがあったからだとも言える[1]。

「スペンサー輪読の番人」と呼ばれた外山正一の場合、加藤弘之のあられもない国権主義と明確に対立する『民権弁惑』(明治十三年)があり、スペンサー思想に依拠しつつ人権擁護の論陣を張っている。社会進化論の「左」への展開を担おうとする意志が彼には明らかにあり、また加藤的「大演説」の言語態には欠落している或る水準の学問的な精度を必須と考える姿勢もあった。ただ、生前にはほんの一部分しか発表されなかった『丶山《ちゅざん》存稿』全二巻(明治四十二年)に含まれる「日本知識道徳史」などを見るかぎり、彼は、まともな史料批判もなしに記紀を安易な典拠として古代の神々の「性質行動」をめぐる考察を繰り広げており、そこでの思弁に社会科学者の名にふさわしい方法論はとうてい認められない。

われわれは外山正一が『新体詩抄』(明治十五年)に「社会学の原理に題す」と「抜刀隊」というきわめて異質な二詩篇を同居させていることの異様さに注目したが(本書「18 外圧 — 博物学(二)」)、今やこの二詩篇間の論理的連関はかなり明瞭になったと言えるだろう。外山は二つのものを称揚している — 前者では社会と歴史の総体を整序する普遍的な説明原理としての社会進化論を、後者では西南戦争での官軍の斬りこみ部隊による朝敵征伐の武勲を。一見、両者は甚だしく懸隔《けんかく》しているが、社会進化論のうちにナショナリズムを正当化する論拠として利用されるものの芽が胚胎《はいたい》されていることを前提とするかぎり、両者に共通する潜在的な主題があるのであり、それは結局、明治国家のイデオロギー的定礎にほかならない。もっとも彼は、加藤ほどあからさまに「右」寄りに特化しようとはしていない。

西洋にては戦《いくさ》の時慷慨《こうがい》激烈なる歌を謡ひて士気を励ますことあり。即ち仏人の革命の時「マルセイエーズ」と云《い》へる最と激烈なる歌を謡ひて進撃し、普仏戦争の時普人の「ウオツチメン、オン、ゼ、ライン」と云へる歌を謡ひて愛国心を励ませし如き皆此《この》類なり。左の抜刀隊の詩は即ち此例に傚ひたるものなり。(2)

「抜刀隊」に添えられたこの前書は、外山の文学的身振りが結局、洋学派知識人にふさわしく西欧モデルの追求であることを示している。愛国心昂揚の歌謡装置を作ろうとする彼の意図は、日本の固有性の表出に閉じ籠もるものではなく、「啓蒙」的認識によってそれを世界性(普遍性)の場で相対化しようとするものだ。精神としては、これよりほどなく伊藤博文首相、井上馨《かおる》外相の主導下で花開く鹿鳴館の貴族的欧化主義に通じるものと言ってもよい。現に、やがてフランス人作曲家に曲を付けられて外山の希望通り軍歌に仕立て上げられた「抜刀隊」は、明治十八年、他ならぬその鹿鳴館で初演されることになる。

ところで、西南戦争時の西郷隆盛を主題とした江藤淳『南洲残影』(一九九八年)には、「抜刀隊」と題する一章が設けられており(第六章)、そこで江藤氏は、戦中期に過ごした子供時代にラジオから流れてきた帝国陸軍の「分列行進曲」の旋律の記憶への郷愁を熱っぽく語りつつ、それが短調主体の「哀しい」歌であることの意味を長々と論じている。江藤氏によれば、外山の歌詞の主眼はむしろ敗将たる西郷と敗軍たる薩軍を讃えるもので、負けいくさと知りつつそれでもなお戦闘に赴き玉砕してゆく悲劇的なロマンティシズム――それは太平洋戦争末期の特攻隊の精神にも通じるものだと江藤氏は註記する――を、外山も共有していたはずだという。「この稀代の秀才[外山]が、その心の奥底に西郷、桐野や貴島[ともに薩軍の将――松浦註]の、そして特攻隊の諸士のエトスに通じるものを共有していたとしても、少しも不思議ではない。外山もまた二十一歳のとき、幕府留学生として滞在していた英京ロンドンで、幕府の瓦解、つまりは滅亡を遠望した一人だったからである(3)」。

『南洲残影』は、江藤淳自身の個人神話とも言うべき「敗北をめぐる甘美な感傷」に全篇が染め上げられ、西郷隆盛を主題としながら西郷自身の政治的意志にも心理の推移にも、それをめぐる四囲の状況にも客観的な記述はほとんど割かれていない、一種奇妙な著作である。

初めから終りまで人間西郷の存在感はほとんどなく、そこでは実際、西郷南洲はただ「残影」となってうっすらとたなびいているだけでしかない。『西南記伝』(全六巻、黒龍会編、一九〇八―一一年)の引き写しの上に、情調たっぷりの小説的粉飾が施され、その合い間合い間に挿入された、擬似薩摩弁の会話の拙劣と不自然が痛々しく浮き上がっている。江藤淳の「私小説」として読むかぎりでは多少の興趣もないではないこの著作の、史書としての問題点は——問題は数多《あまた》あるのだが、本書のこの箇所との関係で一つだけ指摘するなら——、外山正一の詩のタイトルになっている官軍の「抜刀隊」を、江藤氏が、たぶんこの名称のまとう英雄的な悲愴感に引きずられたのだろう、薩軍側の部隊のことだと勘違いしているという点である。(4)

一見些細な、しかし実は重大きわまりない錯誤と言うべきだろう。というのも、その早とちりが引き金となって、まず外山のテクストに大袈裟な敗北ロマン主義が強引に投影され、次いで江藤氏の記憶の中に響くその歌の旋律が醸し出す「哀しい」情調が過剰に増幅され、結果的にその情調が翻ってまた、西郷の運命と彼の起こしたいくさの帰趨《きすう》という史実自体を、江藤氏の主観的な想像空間のうちに矮小化《わいしょうか》しつつ回収してしまうことに貢献する——そうした一連の過程が自動的に進行してしまったとしか思えないからである。もちろん外山は、敗者への同情や尊敬を滲ませながらではあるにはせよ、まず第一に、そして本質的に、薩摩の賊軍を見事に殲滅《せんめつ》させた勝者(＝抜刀隊)の視点に立って言葉を発しているのだ。

江藤氏は外山の詩句に関して、「「西洋」化しているはずの官軍が、却《かえ》って薩軍の「抜刀隊」に歩兵の理想を見出そうとするという倒錯が生じ[5]」ていると言うが、そんな「倒錯」などもちろん存在しない。外山は単に官軍の武勇と偉功を讃えているだけだからである。江藤氏はまた、「いうまでもなく、〔太平洋戦争時の──松浦註〕特攻隊とは、いわば立体化した「抜刀隊」にほかならない[6]」とも言うのだが、もともと兵力的にも物量的にも薩軍をはるかに凌《りょう》駕《が》していた官軍の、警視隊の中から臨時に編成された白兵戦部隊である「抜刀隊」とは、あくまで「勝つ」ことを目的とした──そして現に勝った──専門職能集団であり、後年の日本陸海軍の「特攻隊」の絶望的な玉砕精神とは無縁である。さらに江藤氏は、シャルル・ルルーの作曲した軍歌「抜刀隊」の初演が明治十八年七月、鹿鳴館においてのことだったという事実に触れ、そこに「少々グロテスクな様相」があると言う。「フランス人の軍楽隊教師が作曲したのが、取りようによっては西郷隆盛と薩軍を讃えている哀しい歌で、その歌が陸軍軍楽隊によって初演された場所が、よりによって欧化政策のシンボル鹿鳴館だったというのは、いったいどういうことなのだろうか[7]」と彼は何かを歎じるように首をかしげてみせている。しかし、「抜刀隊」が薩軍側の部隊だという彼の当初の勘違いさえ解消されれば、そこには「グロテスク」なことも訝《いぶか》しむべきことも何一つない。「取りようによっては」云々という色眼鏡を外し、メロディの「哀しさ」への過剰な思い入れをいったん括弧にくくってしまえば、残るのはただ、このやや拙劣な詩における外山の主張は単に、明治政府の軍事力の威光を宣揚するところにあったという事実だけだ。その威光は当然、西洋人の手になる作曲によっていっそうの箔を付けられねばならず、また完成した軍歌の初演場所として、鹿鳴館以上に似つかわしい場所もなかったことは言うまでもない。

とはいえ、江藤淳の感傷的な思い入れが、まったくの頓珍漢《とんちんかん》な見当外れだったわけでもない。実際、

皇国《みくに》の風《ふう》と武士《もののふ》の　其《その》身を護る霊《たましい》の
維新このかた廃れたる　日本刀《やまとがたな》の今更に
又世に出づる身の誉《ほまれ》　敵も身方も諸共に
刃《やいば》の下に死ぬべきぞ　大和魂ある者の
死ぬべき時は今なるぞ　人に後れて恥かくな
（「抜刀隊」(8)）

といった詩句には、西欧への留学体験を持つ社会学者の筆になる言葉として、何かしら異様な不調和が漲《みなぎ》っていることは否定しえず、それはわれわれが彼のもう一つの詩篇「社会学の原理に題す」との対比ですでに指摘した通りである。

及び腰の知識人たち

では、「近代知識人」の教養の外被を破ってこの詩の字面に噴出しているものは、かつて日本人はそれ以上に強力な思想を一度も持ったことがなかったと江藤氏の言う「「西郷南洲」という思想(9)」とやらなのだろうか。そんなご大層なものではなく、ただ単に、当時の世の中

の空気の中に滞留していた郷愁――急速に時代遅れと化しつつある封建的ヒロイズムの雄壮の美学に対する、漠とした郷愁といったものにすぎなかったのではないか。そのノスタルジックな「気分」に、西郷隆盛という「悲劇の英雄」への同情と憧憬が加味されただけのものだったのではないか。「「西郷南洲」という思想」などという江藤淳の大風呂敷には、もとより何の信憑性もない。それは江藤個人の「私情」でしかなく、「私情」は「思想」の初発のモチーフたりえても「思想」そのものではありえない。「思想」の名に値する「思想」とは、「私情」が普遍性の場で昇華され尽くしたところにしか成立しえないからである。なるほどたしかに、敗者西郷への同情が、維新の元勲たちの敷いた専制への敵意の裏面として、明治時代を通じて底流しつづけたこと自体は、紛れもない事実であろう。それは西南戦争の直後に書かれ、明治三十四年まで公表されなかった福沢諭吉の西郷擁護論「丁丑《ていちゆう》公論」にも示されている通りである。しかし、そこで福沢は、西郷にも義はあったということを明瞭かつ論理的に述べているだけで、みずから進んで滅びの途《みち》につくことの美学だの敗北のもたらす甘美な陶酔だのといったたぐいの感傷的な言辞など、ひとことも洩らしていない。

外山正一の内面に、江藤氏の憶測するように西郷の心情に共振するものが何がしかあったのかどうか、それは判然としない。ただ、新体詩「抜刀隊」それ自体をかたちづくる言語表現を具体的に読んでみるとき、一つ確実にわかるのは、右に引いた数行の引用からも明らかな通り、そこには外山の切々たる私情吐露といった印象はむしろ稀薄で、陳腐な文言の羅列といった凡庸さばかりが際立っているという点である。この作品に感知されるのは、世間にそこはかとなく瀰漫《びまん》している──と彼が感じている──西郷への同情の空気に、そしてまた、急速に進展しつつある「開化」や「近代的」政府の「有司専制」に対する厭悪《えんお》と反撥の空気に、あられもなく媚びて俗受けを狙おうとする、目端の利いた優等生の要領の良さばかりである。そんなふうに要領良く、たちどころに七・五の音調で紋切り型を継《つ》ぎ接《は》ぎしおおせてしまえる小悧巧《こりこう》な才気それ自体のうちに、知識人としての彼の「不徹底」ぶりが露呈していると言わねばなるまい。

西南戦争という恰好の題材を用いて明治国家のイデオロギー的定礎を詩に謳おうとしたとき、外山はそれを、世界性(普遍性)の場で相対化したうえで外に出さなければならないという程度の認識と配慮はあった。その「国際的」な認識と配慮によって、日本流の〈ラ・マルセイエーズ〉を──という抱負から、彼がこの新体詩を一種の「近代的」な実作として執筆したという点は、既述の通りである。ただし、その一方で、外山の思考と言説には、そうした相対化＝国際化の意志によって中和されたかたちにおいてではあれ、ともかくひとたび文学表現の機会を得るや大っぴらに噴出してしまう英雄主義的なパトリオティズムのヴェクトルもあり、それが彼の「社会学の原理」をも「右」方向に引き寄せざるをえなかった点が重要なのである。「日本知識道徳史」における史料批判の甘さも、神々の「性質行動」を史実であるかのように論じてしまう非科学的姿勢も、そこから導き出されるものだろう。要するに、外山は臆面のない国家主義のイデオローグにも合理主義の徹底を図る社会科学者にもなりきれず、その中間で、及び腰に事態を切り抜けようとしているのである。

同じような及び腰は、外山からスペンサーを学んだ有賀長雄にも見出される。われわれは、明治十年代の日本の知識人の「システム論」的志向の表現として、「総《す》べて理学といひ、或《あるい》は科学といひ、英語にて「さいあんす」といふは、只《た》だ一事物、若《も》しくは三、四事物の原因結果を講ずるのみに非《あら》ずして、凡《およ》そ其科其類に属する事物は悉《ことごと》く之《これ》を網羅し尽くして、其原因結果の次第を講ずる学をいふなり」(『増補　社会進化論』明治二十年)という有賀の言葉を再三引用してきた。これはこの著作の「総論」の「第一節　社会学ノ定義」中に見出される言葉だが、これに続く「第二節　社会学ノ理論上ノ要用、歴史トノ関係」において、有賀は、「今理論の上より見て、世に社会学の一日も無かるべからざる所以《ゆえん》の者は、此《この》学に依らざれば真正の歴史といふ者存し難きに在り」という立場から、歴史に社会学を導入することの必要を説いてゆく。従来の日本史記述の「通弊」として、「(一)書契以前ノ形勢ニ精ナラザル事」「(二)事実ノ種類ヲ誤ルコト」「(三)事実ノ軽重ヲ誤ルコト」「(四)事実ノ原因ヲ誤ルコト」を挙げ、それぞれ詳論してゆくあたり、彼の記述がそれなりに学問的な体裁をまとっているのは事実である。

だが、「第三節　社会学ノ実際上ノ要用」に至って不意に、「愛国心振起ノ方策」としての社会学という主題が登場する。「列国と交際して国体を保維せむとする今日に在《あり》ては、愛国心を振起するの緊要なること弁を竢《ま》たず」。しかし、愛国心とはそもそも何か。「国を愛するにも二種あり。即ち美術上より愛すると、人倫上より愛すると、是れなり」。真の愛国心とは後者でなければならない。「愛する我れと愛せらるゝ国との間に、他に求めて得難き関係在て存すること、猶ほ父と我れとの間に於けるが如くなるを感知せしむるの効ある原因に依て生すべきものなり」[傍点原文]。そして、父子間の愛にも似た愛国心を涵養《かんよう》する「原因」となるものこそ、歴史にほかならない。

斯《か》くの如き原因となる者は何ぞや。曰く、真正の歴史これなり。真正の歴史は、善く原因結果の次第を追て、神武建国の首《はじめ》より二千五百年の星霜を追て、今日の日本あり、日本に我れ在るに至《おい》りし所以の次第を詳《つまびらか》にする者なり。(10)[傍点松浦]

そして、歴史は社会学に基づいて書かれなければならないのである以上、結局社会学こそ愛国心振興のために日本が緊急に必要とする方策なのだというのが有賀の結論である。強引すぎる論理のアクロバットがやや滑稽だが、内容こそ異なれ今日の大学研究者も予算の獲得のためにこの程度の我田引水はしばしばやっているはずだから、目端の利く近代的大学人としての有賀の功利主義を一概には嗤《わら》えまい。それにしても、見られる通り、「社会学ノ理論上ノ要用」において示された「システム論」的思考が、その「実際上ノ要用」の議論に至るや不意に掻き消え、情緒的な家族愛の比喩が導入され、学問はナショナリズムを涵養し奨励する実用的な教育装置へと卑小化されてしまうという、この身も蓋もない論旨の展開には、何か人を意気阻喪させずにおかないものがあることは事実である。結局、価値中立的な「システム論」の徹底へ赴こうとは決してしない有賀の姿勢もまた、外山同様、折衷的なものにとどまるほかはないということだ。

ところで、ここで注目すべきは、この問題含みの「第三節　社会学ノ実際上ノ要用」がこの著作の明治十七年刊行の初版(11)にはなく、三年後の増補版で新たに書き加えられたものであるという点である。加藤の『人権新説』(明治十五年)以来「進化」の一語が世に流行していった状況を見据えつつ、有賀は自著の「緒言」に「愛国心」の主題を追加したうえでその新版を出す必要を感じたということだろう。加藤の「転向」ほどの過激さはないとはいえ、有賀長雄著『社会進化論』の初版から増補版にかけての変移、すなわち後者での「愛国心」の問題系の不意の湧出には、規模としてはささやかながら加藤と同型の「左」から「右」へという転回の力学が透視される。

「かはればかはる時勢かな」

最後にもう一人、矢田部良吉の場合を見てみよう。東大の植物学担当の初代教授に就任した矢田部については、「員外教授」伊藤圭介との対立において、大学アカデミズムでの近代的な植物学研究の起点に位置する人物としてすでに取り上げている(本書「17　科学——博物学(二)」)。本草学という一八世紀的な博物知の極めつきの体現者であった伊藤が目録作りを行なった小石川植物園が、東大理学部の管轄下、遺伝と進化を視野に収めた近代的生物学のための資料庫へと脱皮してゆくところに、われわれは明治初期の「知」のステイタスの変容を見たのであった。徳川時代までの本草学が、水平に広がり出した資料体に静的な分類秩序を賦与することで事足れりとするのに対して、進化論以後の生物学はそこに垂直の時間軸を導入し、歴史的時間の経過の中での種の進化のダイナミクスを考察しようとする。

東大理学部の生物学講座の初代教授は植物学担当が矢田部、動物学担当がモースである。既述の通りモースは進化論の日本への最初の紹介者であり、そこから判断するかぎり、同僚の矢田部もまたこれと同水準の認識を共有する科学的知性と見なされて然るべきだろう。もっとも、東大時代の矢田部自身は研究者としては専《もっぱ》ら植物標本の収集と新種の発見に挺身《ていしん》しており、その業績が近代的植物学の進歩にどれほど貢献しえたかは疑問だが、少なくとも大学アカデミズムにおいて彼は権利上は、そうした「進化論以後の生物学」の科学主義を代表＝表象する位置を占めていたということだ。実際、彼が外山及び井上哲次郎とともに編者を務めた『新体詩抄』に付された矢田部自身の「序」にも、「方今世ニ行ハル、光線波動ノ説万物化醇《かじゅん》ノ論ノ如キハ昔人ノ非ト為シ、所ナリ[12]」の一文が見出される(「化醇」は evolution の訳語の一つ)。かつては非とされたものも今は広く受容される、そのように時代の常識は移り変わってゆくものであるから、今ここに提出される「新体ノ詩」もその新奇のゆえに今の世には受け入れられなくても後世に影響を残し、いずれこの「新流義」を駆使する大詩人が出現することもあろう、というわけだ。

ところで、この『新体詩抄』の本文で、矢田部はみずからの「新体詩」実作として「鎌倉の大仏に詣でゝ感あり」を披露している[13]。全六連(連と連との間は一行アキで示されている)からなるこの詩篇はこう始まる――

今をさることかぞふれば　六百年の其むかし
建長のころ鎌倉に　稲多野局《いたのつぼね》が建られし
総青銅《からかね》の大仏は　御身のたけは五丈にて
（第一連）

大仏殿が明応四年の津波で押し流されて以後、大仏様は露座となって雨風にさらされるようになり、それからさらに四百年が経過した、等々、大仏像の来歴を物語るこの第一連はいわば歴史的な記述であり、その客観性は「六百年」「四百年」といった具体的な数値によって徴《しるし》づけられている。だが、第二連で「余」が登場し、鎌倉の古跡を訪ねて散策しがてら、大仏に詣でてその「尊顔」を見上げると気持が晴れ晴れとするといった心境を吐露するところから、記述は歴史を逸脱しはじめる。第三連以降の主題は歳月の流れをめぐる感慨である。往時の人々はこの大仏の前で手を合わせ、「天下太平安穏と　わが後生とを祈」ったものだ、しかし「今の明治の聖代に　生れし人は然《しか》はせず」、ただ――

昔の事を思ひやり　其鋳工《いものし》の巧みなる
業をほむるの外はなし　かはればかはる時勢かな
秋の空にも劣るまじ
（第四連）

「かはればかはる時勢かな」というこの一句ほど、近代的な歴史認識から懸け離れたものもない。これは『平家物語』の「諸行無常」とほぼ同質の感慨であり、「因果関係」と「法則性」の剔抉《てっけつ》によって歴史を整序しようとする「システム論」的思考と真っ向から対立するものだ。しかしそれにしても、文学的な感興の赴くままそうした心情をふと洩らす矢田部と、東大で科学的な「知」の代弁者として振る舞わなければならなかった知識人矢田部とは、いったいどういう関係にあるのか。実のところ「文学」と「科学」のこの不整合には矢田部自身十分以上に自覚的で、むしろその乖離《かいり》のさまをアイロニカルに面白がっている気配がある。というのも、これに続く第五連で彼は ――

昔の人の是《ぜ》といひし　事も今では非とぞなる
今日の真《まこと》はあすの偽《うそ》　あすの教はあさつての
非理邪道とやなるならん　天地万物一定の
規律に由りて進化すと　学者は謂《い》へど是《これ》を之《こ》れ
寔《しか》と心に認めたる　人は果してなかるらん
（第五連）

と、のどかな声調に乗せて謳い上げているからだ。「かはればかはる時勢かな」というしみじみとした自然な人情の湧出が「因果関係」も「法則性」も一挙に押し流してしまう、そのことの呆気なさそれ自体に彼はただのんびりと感心している。そして、これに続く最終連を彼は、そうした長い歳月にわたって世の中が変転しつづける中、大仏様だけは「如何《いか》に時勢の変るとも　年々人の尋ね来て　歎賞せざることなけん」と締め括っている。大地にどっしりと腰を据え、無常の世を睥睨《へいげい》しついつまでも変わらぬ不動の姿を見せてくれる大仏像の有難い「尊顔」が、浮世のはかなさに打ちのめされそうになるわれわれを暖かく慰《い》藉《しゃ》してくれるというわけだ。物理的時間から超脱した鎌倉の大仏はここで、「歴史」への反措定を意味する特権的な記号として提出されているのである。

有賀長雄のアリバイ作りがどこか必死で貧乏臭い印象を残すのと比べると、このかなり馬鹿馬鹿しい詩(?)で「かはればかはる時勢かな」とのどかに謳い上げる矢田部良吉の図々しさと臆面のなさに、われわれは、あたかもこの不動の大仏それ自体のように、どこか強靭で打ち壊しがたいものを感じる。それは、鎌倉の古《こ》刹《さつ》を経《へ》巡《めぐ》って大仏の前に立ったとき日本人なら誰でもふと流露する心情の自然を、のっけから自明のものとして決して疑おうとしない矢田部の信憑の、梃《てこ》でも動かない強さに由来するのだろうか。それとも、文学という名のあの陰険きわまりない装置が、書く主体の統御を超えたところでまたしても禍々《まがまが》しく作動して、自然という名の虚構を捏造してしまったのか。いずれにせよ、矢田部のこの「鎌倉の大仏に詣でゝ感あり」にもまた、どこか腰砕けの気配を漂わせた明治十年代の日本の知識人の不安定な位置を表象する、恰好の症例の一つが見出されることは間違いない。

外山も有賀も矢田部も、制度の内部に心地良く身を落ち着けた凡庸な知識階級のメンバーでしかない。彼らの誰にも、もはや西周が備えていたような世界的水準の教養はなく、また

「凡そ学に於て規模たるものなかるべからず、術に方法なかるべからず」という厳密な学問倫理への尖鋭な自覚もない。かと言って、「啓蒙」の理想を高く掲げたうえで、それに漸進《ぜんしん》的に接近するために選び取られた暫定的な方法論としての福沢諭吉流のプラグマティズムがあるわけでももちろんない。及び腰というのか腰砕けというのか、彼らは「知」に対しても「学」に対しても「啓蒙」に対しても不徹底であり、またその不徹底によってこそ自分が時代の主潮と調和しうるということだけは、そのクレバーな才覚によって十分に認識している。

かくして、外山、有賀、矢田部という三人の言説を横並びで通覧することを通して浮かび上がってくるのは、「文明史観」に端を発する歴史記述の近代化が、一種のシステム論的思考を日本の史学アカデミズムにもたらし、しかしそれがなお唯物史観への「左」旋回を完遂しきっていない過渡的な時点で、「日本」の自己表象にいったい何が起きていたのかという問題である。この問題を次章で引き続き、もう少し追求してみたい。

26　大勢――進歩史観(四)

徳富蘇峰と二つの仕掛け

加藤弘之『人権新説』(明治十五年)の四年後、社会進化論の「左右」の両価性を丸ごと取り込んで、一見矛盾するところのない口当たりの良いプロットへと器用に仕立て上げ、しかも折衷的な及び腰の姿勢の弱気な消極性や確信を欠いた不徹底性など毫《ごう》も示さず、むしろその「左右」の強引きわまる綜合の姿を自信満々のアジテーションとして朗々と謳い上げた画期的テクストが出現する。徳富蘇峰『将来之日本』(明治十九年)がそれである。

蘇峰が商業出版界における彼の実質上の処女作で発明した論理構成は、きわめて単純なものだ。そして、タネが単純な手品ほど劇的な効果をあげ観客受けするという法則がここでも機能して、『将来之日本』は言論ジャーナリズムで大成功を収め、弱冠二十三歳の蘇峰の文名を一躍高めるとともに、彼の提唱する「平民主義」を一挙に人口に膾炙《かいしゃ》させた。この著作で行なわれているのは畢竟《ひっきょう》、「将来之日本」の採択すべき選択肢を「武備主義」と「生産主義」という対極的な二項で提示し、前者に対する後者の優位を顕彰するというだけのことに尽きている。むろんこの二元論は「富国強兵」を二要素に分割し、そこに優先順位をつけて

「強兵」よりはまず「富国」だと言ってみただけのことにすぎない。軍事費の急激な増大による国家財政の逼迫《ひっぱく》を危惧する声はリアリスティックな保守派からも当時すでにあったわけだから、それだけのことなら何の新味もなく、人々を惹きつける言論たりえたはずもない。コロンブスの卵のような蘇峰の独創は、そこにさらに二段階の理論的──むしろ擬似理論的、と言うべきであろうが──な仕掛けを施してみせたという点にある。

まず彼は、「武備主義」を貶毀《へんき》化し「生産主義」を称揚するに当たって、その判断の根拠となるものを、状況的にはすでに敗勢の色濃い「自由民権」のモラルに求めた。加藤があっさり打ち棄ててしまった「啓蒙」的な人権主義を、彼はもう一度、性懲りもなく持ち出してきたうえで、それを物差しに「富国」は善、「強兵」は悪と振り分けてみせたのだ。切迫したレアルポリティークを前にすれば民主も平等も絵空事ではないかというのが加藤をはじめとする国権主義者の恫喝だったわけだが、それに対して蘇峰は、国家の行く末をめぐる政治経済論に人権主義的理想論を強引に接ぎ木し、モラリスティックであるものこそリアリスティックでもあるという楽天的なヴィジョンを打ち出したのである。

武備機関ノ発達シタルノ邦国ニ於テハ政権ハ唯少数人ノ手ニ専有シ、生産機関ノ発達シタルノ邦国ニ於テハ政権ハ多数人民ノ手ニ分配シ。一方ニ於テハ人民ハ国家ノ為ニ生ジタルモノトナシ、一方ニ於テハ国家ハ人民ノ為ニ生ジタル者トナシ。彼ハ一国ニ於テハ唯一国アルノミ、国家ヲ外ニシテハ人民アラザルナリ。此《これ》ハ一国ノ中唯人民アル而已《のみ》、人民ヲ外ニシテハ国家ハアラザルナリ。（『将来之日本』「第二回　一国ノ生活（総論）⑴」）

軍事偏重の「腕力世界」では、権力は特権階級に占有され、富の分配は不平等で、人民と国家との間には軍隊的な「強迫ノ結合」がある。他方、産業重視の「平和世界」では、民主制が敷かれ、富の分配は平等で、人民と国家は契約による「自由ノ結合」をなす。つまり、一方で「武備主義＝貴族主義＝腕力主義」、他方で「生産主義＝平民主義＝平和主義」というセリー化がそれぞれ行なわれ、二つのセリーは両立不可能で、また両セリー間の混雑もありえないとされる。蘇峰はいわばホッブズとルソーをいきなり等号で結び、まぜこぜにしてしまうといった野蛮な操作を行なっているわけだが、根拠が示されないまま野放図に投げ出された図式的な断言命題特有の、一種の俗受けする説得力がそこに漲《みなぎ》っていることは否定しがたい。政治経済的な現実に唐突に「啓蒙」的理想主義の尺度をあてがって、軍事型社会に道徳的な善はなく、産業型社会にはそれはあるといきなり断定してしまうこと――これが蘇峰のしつらえた仕掛けの第一である。

第二は、この二つのセリーの間の競合関係の帰趨《きすう》、すなわち「武備主義」はいずれ衰微しそれに「生産主義」が取って代わるという成り行きは、歴史的にすでに決定されているとする宿命論の導入である。『将来之日本』にスペンサーへの引照はないわけではないがむしろ稀薄で、「進化」という語彙も恐らく一箇所も用いられていない。ただし、「優勝劣敗」の「大法則」「大法」の権威は繰り返し巻き返し称えられ、またその一方、「昔時」から「今日」

へ、さらに「将来」へという単線の時間軸上に展開される発展段階論が論述の枠組みを決定している。そうしたさまを見るかぎり、『将来之日本』再版に寄せた「序」で中江兆民が「蓋《けだ》し近時英国の碩学斯弁施爾氏の万物世を追ひて化成するの説を祖述し[2]」云々と見抜いたように、蘇峰の思考の基盤をなしているものが社会進化論であることは明らかだ。蘇峰は、スペンサーの『社会学原理』における軍事型社会から生産型社会への転換という命題を前提としつつ、過去においては「武備主義」が優越していたが、「第十九世紀ノ時代」たる現在では「武備主義」と「生産主義」とが熾烈な葛藤を演じており、そして将来遅かれ早かれその葛藤に勝利するのは「生産主義」だろう、それが歴史の「大勢」──蘇峰の好む言葉だ──なのだと語っているのである。

「将来之日本」は「将来之世界」と足並みを揃え、「生産主義＝平民主義＝平和主義」へ必然的に赴くのだとする単純な目的論の楽観性が蘇峰の──この当時の蘇峰の──史観を支配しており、そうした歴史的な見通しによって静的な二元論の図式性にダイナミックな運動感が導き入れられる。単に「富国」か「強兵」かの二者択一を問うだけに終っていたら、『将来之日本』はあれほどの成功を収めなかったに違いない。「強兵」よりむしろ「富国」をではなく、「強兵」から「富国」へなのであり、その「進化」の必然性は夙《つと》に歴史の「大法則」によって裏打ちされている。蘇峰は、「昔時」から「今日」へ、そして「将来」へという歴史の進行を、あくまで楽天的な「進歩」のダイナミズムとともに演出してみせることで、新時代を迎え期待と不安のないまぜになった気持で奮い立っていた当時の一般民衆の心を摑んだのだ。むろんそこに、「明治ノ青年ハ天保ノ老人ヨリ導カル、モノニアラズシテ、天保ノ老人ヲ導クモノナリ」(『新日本之青年』(3) 明治二十年)という宣言に示される著者の若々しい熱と気負いが大きく裨益《ひえき》していることは言うまでもない。徳富蘇峰(一八六三—一九五七)は外山正一や矢田部良吉よりさらに半世代ほど年下で、森鷗外(一八六二—一九二二)や夏目漱石(一八六七—一九一六)とほぼ同世代である。

ともあれ、第一にリアリズムの道徳化というか、現実的な政治経済論とルソー的人権主義との不意の野合、第二に社会進化論に範をとったオプティミスティックな目的論的進歩史観の導入——この二つが『将来之日本』の手品のタネである。そこに「学」の体系性や「知」の普遍性へのこだわりは皆無で、論理も論証も穴だらけであることは言うまでもない。だが他方、加藤の「大演説」のような衒学的《げんがく》な瞞着《まんちゃく》もまたそこにはなく、西欧人名の列挙による箔付けによってではなく、通俗性を恐れない生彩ある筆遣いや、対句の多用が醸成する身体的律動感の漲る雄弁体によって勝負に出ているところは、蘇峰の論のむしろ取り柄であるかもしれない。

「勢ニ従フモノハ栄へ勢ニ逆フモノハ亡矣」

同時代の国際的な政治経済状況に対する危機意識を最重要のモチーフとして書かれた『将来之日本』は、その危機的な世界情勢の実態を人種間の「優勝劣敗」の闘争として捉えているかぎりにおいて、明らかに社会進化論の「右」旋回の軌跡をなぞった言説である。

蓋シ世界ハ人種ガ優勝劣敗ヲ争フノ修羅場ナリ。所謂《いわゆる》羅馬《ローマ》覆滅ノ歴史モ人種ガ生存競争ノ歴史ナリ。第十九世紀文明ノ歴史モ亦《また》人種ガ生存競争ノ歴史ナリ。其《その》異ナル所ハ其攻守ノ関係ヲ一変シ其運動ノ方向ヲ一転シタル迄ナリ。

（『将来之日本』「第四回　腕力世界　二」）[4]

「嗟呼《ああ》印度既ニ亡ビ、安南又亡ビ、緬甸又続テ亡ブ。剰《あま》ス所ノ国モ唯名義上ニ於テ独立国タルヲ得ル而已」（同前）[5]。では、日本がインドやヴェトナムやビルマのように西欧に植民地化されず、国家としての独立を保つにはいったいどうすればいいのか。『文明論之概略』の福沢ならば、その問いへの答えとして「独立自尊」のエートスを語るだろう。だが、「啓蒙」的言説はすでに往時の力を失っており、また他方、国際情勢は『文明論之概略』が刊行された明治八年以降、緊迫の度合いを加速度的に高めていた。蘇峰がその「亡国」に言及しているこれら三国について見てみるなら、実際、英国女王がインド皇帝を兼任する英領インド帝国が成立するのは同十年、フエ（順化）の阮朝政府がフランスの軍事的圧力の下で癸未《きび》条約（アルマン条約）を締結し、安南がフランスの保護国であることを承認させられるのは同十六年、第三次英緬《えいめん》戦争でビルマ王朝が滅亡し、ビルマが英領インドに併合されその一州となるのは同十九年である。今や自由民権などという悠長な閑話にかまけている余裕はない、「優勝劣敗」の「修羅場」をどう生き延びるかが問題なのだというわけだ。かくして蘇峰は、「転向」

後の加藤弘之と同じ問題圏に属する言論人としての自己を公然と露わにする。その問題圏を端的に表象するものこそ、「右」方向に特化した社会進化論にほかならない。『将来之日本』の直前に蘇峰が執筆した手稿「明治十八年十二月二十二日内閣変動ノ過去及其将来」には、加藤の著書から引き写したとおぼしい「優勝劣敗是れ天理。天理豈《あ》に不公平をなさんや(6)」という言葉も登場しているという。

ところが、「天保ノ老人」加藤から自己を差異化しようとする「明治ノ青年」蘇峰は、日本の将来像を国権主義のリアリズムに収斂《しゅうれん》させて事足れりとはしない。国際情勢の現実を「弱肉強食」と認識し、そこで日本が強者＝優者＝勝者とならなければならないという立場を旗幟《きし》鮮明にしたうえで、その「強」「優」「勝」を保証する担保としてバックル＝福沢流の「文明史観」の精神的諸価値を唐突に蘇らせ、それを現実政治の「修羅場」に強引に接ぎ木するのである。

ソレ如何《いか》ニ国権ヲ拡張シ、外国ヲ侵掠シタリトテ一己人民ノ権利ヲバ蹂躙《じゅうりん》シ去ラバ国家ノ目的焉《いず》クニアル。古来ヨリ世ノ圧政君主ニシテ民権ヲ圧倒センガ為ニ国権拡張ニ従事シタルモノソレ幾人カアル。
(同書「第十五回　現今ノ日本　二(7)」)

民権擁護の「平民主義」を自由民権運動の退潮期にあえて提起した蘇峰の身振りは、単なるアナクロニズムであったわけではない。単純から複雑へ、均質から異種混淆へ、非合理から合理へ、人間精神は必然的に進歩し、社会は必然的に文明化するという文明史観の基盤をなすものもまた一種の社会進化論的思考だったのであり、そこに孕《はら》まれていた「左」向きのヴェクトルがマルクス主義的唯物史観を芽吹かせることになるという点は前章ですでに触れた。蘇峰のデビュー作の独創は、社会進化論の「左」旋回と「右」旋回の、論証抜きでのほとんど暴力的な重ね合わせにあった。綜合と呼ぶにはあまりにも表層的で知的な深みに乏しいこの重ね合わせを、彼は、「左」があればこそ「右」には幸福な解決が訪れるし、「右」があればこそ「左」の基盤はますます確固たるものとなるといった相互依存の図式によって、力ずくで強行している。論理も実証も欠いたこの論述が劇的な手品のように人々を魅了してしまったのは、ひとえに、天才的な香具師《やし》の口上にも似た蘇峰の雄弁によるものだったと言ってよい。その際、彼がその香具師的パフォーマンスの全体を通じて、読者の批判意識を鈍磨させる催眠的な符牒《ふちょう》として飽きることなく反復した決定的なキー・ワードは、「大勢」である。

今ヤ平民主義ノ運動ハ火ノ如ク、電ノ如ク、地球ノ表面ヲ快奔雄走シ、而《しか》シテ彼ノ生産的境遇ノ必要ハ人民ヲ駆リ、社会ヲ駆リ、如何ナル人類ヲモ如何ナル国体ヲモ悉《ことごと》ク之ヲ平民的ノ世界ニ擠《おしお》トサントス。是レ則チ第十九世紀ノ大勢ナリ。故ニ勢ニ従フモノハ栄ヘ勢ニ逆《さから》フモノハ亡《ほろぶ》矣。

(同書「第十回　平民主義ノ運動　三」)[8]

周知のように、日清戦争をきっかけに蘇峰は思想的な大転回を遂げ、『大日本膨脹論』(明治二十七年)を発表する。そこにおいて彼の「平民主義」は、「天皇の心、国民の心と一致し、尊王心、愛国心と一致し、帝室国民と一致し。茲《ここ》に始めて三千年来、世界無比の大日本国体を発揮するを得る也。而して今日則ち此事を見るとせば、今日は尊王主義大勝利の日と云ふ、固《もと》より可なり。平民主義大勝利の日と云ふ、亦《ま》た不可なし。何となれば二者その名を殊にして、其の実を一にし、其の実を一にして、其の用を同《おなじ》ふすれば也」(「第三　帝室と国民」[9])という無慙《むざん》な変質を示すことになる。以後、長い生涯にわたって継続された蘇峰の膨大な言論活動——第二次世界大戦中の日本文学報国会会長・大日本言論報国会会長としての活躍はその一挿話にすぎない——の全体に言及する紙幅はないし、またそれはわれわれの当面の課題とは無関係である。だが、少なくとも今ここで言いうるのは、何と七十年余にわたって展開された蘇峰の言論すべてにおいて絶えず最重要のキー・ワードでありつづけたものこそ「大勢」にほかならず、その点においては日清戦争以前であろうと以後であろうと彼の姿勢は一貫しており、何の変節も遂げていないという一点である。徳富蘇峰とは畢竟、「勢ニ従フモノハ栄へ勢ニ逆フモノハ亡矣」という一事を、それのみを、それぞれの時代、それぞれの状況に即しつつ繰り返し巻き返し説きつづけた超優秀な煽動ジャーナリストであった。

しかし、個人の力では変えようのない歴史の「勢い」があるとして、「必ずそうなるはずだ」「そうなるほかはない」という必然性と、「絶対にそうすべきだ」「そうする以外にない」という当為は、本来異質な二概念のはずである。『将来之日本』は、「将来」という名のファンタスム──それは文学的には『坂の上の雲』にも譬《たと》えられよう──へ向けて国民的欲望をそそり立てようとした言説装置であったが、そこに内在する最大の詐術は、必然性と当為という二概念のカテゴリー的な混淆である。その混淆は、心情的には著者の若さと生命力にも由来するであろう熱っぽいオプティミズムによって、理論的には「勢ニ従フモノハ栄へ勢ニ逆フモノハ亡矣」という一見リアリスティックな機会主義によって、交々《こもごも》正当化される。変節前の「平民主義」と変節後の「尊王愛国主義」とによって善玉蘇峰と悪玉蘇峰を振り分けることには大した意味はなく、より本質的な問題は、蘇峰の言論生活に終始一貫している、「大勢」への盲従をそのまま当為と言い換えるイデオロギー的詐術なのである。

「天理」が「大勢」を正当化(かつ正統化)する──この神学的命題こそ、武備主義／生産主義の幼稚な二元論図式よりもさらに深いところに潜む『将来之日本』の真の主題にほかならない。社会進化論の「左右」の両ヴェクトルをともども取り込むことで、蘇峰は自身の言説に幻惑的な口当たりの良さと比類ない説得力を賦与することに成功したが、それによってますます露わになったものは、社会進化論という理論ツールのきわめて利便な汎用性である以上に、その神学的なイデオロギー性である。

では、社会進化論が「正」だとか「誤」だとかを情勢論的に判断しようとするのでも、またそれが「真」だとか「偽」だとかを学問的に議論しようとするのでもなく、それが結局イデオロギーにすぎないという点こそを剔抉《てっけつ》しようとした言説は、この時期の日本に存在しなかったのか。イデオロギーがイデオロギーであることを暴露する──裸の王様を指さすこの幼児の身振りを敢行する責務を負っているのは、ジャーナリストでも学者でもない。みずからの最重要の使命としてイデオロギー批判を引き受けるべき存在、それこそが「知識人」にほかならない。『時事新報』紙上で世論の先導に挺身するようになっていた福沢諭吉がこの時期発信していた言説は、ステイタスとしては蘇峰のそれと基本的に同質のものであり、「脱亜論」(明治十八年)の作者にそうした「知識人」の使命に対する深い自覚があったとは思えない。では、社会進化論のイデオロギー性を衝こうとした「知識人」はどこにいたのか。

「進化神」の蟠踞する場所

「猗与《ああ》、進化の理乎《か》、進化の理乎。前往して倦《うま》ざるは、汝の常性なり」と嘆声を上げる「三酔人」の一人、洋学紳士の人物像に、徳富蘇峰の姿を透視することがどこまで正当化されうるかについては何とも言えない。ただ、紳士君のモデルは蘇峰であるとする山室信一氏の仮説を「慧眼《けいがん》」としつつ、モデル云々はさておき、ともかく中江兆民は『将来之日本』によって触発されて三人の人物を造形し、パロディとすることによって『経綸問答』を書いた(10)のだとする米原謙氏の見解には、基本的に肯《うべな》うべきものがあるように思う。先に言及した『将来之日本』再版への「序」で、兆民は、「今、徳富君の業を誦するに及び、感嘆して措《お》く能《あた》はず、破格の一言を為さざるを得ず(11)」と一応褒めちぎっていることはいる。しかし、蘇峰の論の立てかたに対して、実は兆民には様々な批判的感想があったに相違なく、彼はそれを『三酔人経綸問答』の屈折した言説戦略に託して諷刺的に表出したのだろうと、かなり高い蓋然《がいぜん》性において推定されうるのである。

蘇峰によって価値化された「平民」の概念を、「新民」という奇怪な新概念によって批判＝脱構築しようとした兆民の試みについてわれわれはすでに詳述しているが（本書〈上巻〉「15　新旧 ── 中江兆民(四)」）、それと似たような思想の葛藤の劇が、すでに蘇峰の『将来之日本』と兆民の『三酔人経綸問答』の間に演じられていたことになる。米原謙氏は両テクストの表層と深層の運動を微細に追い、多岐にわたる論点を横断しながら、『三酔人経綸問答』の修辞と構造を蘇峰の主張に対する兆民の揶揄《やゆ》混じりの応答として読み解いており、その論旨には説得力がある。だがここでわれわれは、社会進化論の帰趨というわれわれの当面の問題に限って、そこにこの応答関係がいかなる影を落としているかを簡単に見ておくにとどめることにしよう。

『三酔人経綸問答』冒頭近く、洋学紳士はラマルク、ジョフロワ、ダーウィンの名前を挙げつつ、まず「動物的進化の理」を語り、次いで「人事的進化の理」、さらに「政事的進化の理」へと話を進める。これは模範的な社会進化論の開陳であるが、注目すべきはその「至理」を彼が、単に信じる、讃嘆するというにとどまらず、文字通り神格化しつつ鑽仰《さんぎょう》しているという点だろう。進化論はそれ自体「進化神」に祀り上げられており、政治家は皆それを「崇奉」する僧侶たるべきだと彼は言うのである。紳士君のこの主張に対して後段で南海先生が差し向けるのが、脱＝神聖化の偶像批判であることは言うまでもないが、ただし、「民権是れ至理也、自由平等是れ大義也」(『一年有半』)と信じ、大きく言えば終始「文明史観」の内部にとどまって思考を展開した兆民が、「進化＝進歩」の必然性それ自体に対しては『将来之日本』の著者にいささかも引けを取らない信を置いていたことは、ここで想起しておかなければなるまい。南海先生の批判は、社会進化論そのものに対してというよりはむしろ、それを「神」と盲目的に崇め奉りその全能の威信をひたすら称えてやまない「進化＝進歩」教徒の楽天性に対して向けられているのである。

南海先生はまず、「所謂進化の理とは、天下の事物が経過せし所の跡に就ひて、名を命ずる所」であるからして、「凡《およ》そ世界人類の経過せし所の迹《あと》は、皆学士が所謂進化神の行路なり」、つまり遡行的に見るなら、事の是非善悪を問わず歴史上の事象はことごとくこの神の意志に適ったこと、この神の望んだことだったという結論になってしまうではないかと指摘する。「紳士君、紳士君。君若《も》し進化神は立憲若《も》しくは民主の制を愛して、専擅《せんせん》の制を愛せずと曰ふときは、是れ土耳古《トルコ》、白爾失亜《ペルシア》には、進化神は有らざる乎《か》。若し進化神は生育の仁を嗜《たしな》みて、殺戮の暴を嗜まずと曰ふときは、是れ項羽が趙の降卒四十万人を坑《あな》にせし時は、進化神は在らざりし乎[12]」。

現実的なるものはことごとく合理的であるとするヘーゲル流の「理性の狡知」あたりと手を携え、社会進化論はいつでも現状肯定の保守イデオロギーに転じ、現実に対する批判もそれへの主体的働きかけも封じてしまう。「紳士君は平等の制度を主張し、五等公爵の設《もうけ》を以て進化神の悪《にく》む所と為し」たが、「是れ尤《もっとも》非なり。若し進化神にして五等公爵の設を悪むに於ては、何故《なにゆえ》に旧来有る所の五等公爵の外、更に又新《あらた》に貴族を打出する乎。亜細亜《アジア》の進化神は、固より五等公爵の設を好む者なり。[…]亜細亜の進化神は、殆ど貴族を好みて平民を悪む者の如し、殆ど紳士君の言ふ所に反する者の如し」[13]。

続いて、「恢復《かいふく》的の民権」と「恩賜的の民権」をめぐるあの有名な区別に言及した後、南海先生の話は「思想は種子なり、脳髄は田地なり」で始まる私見によれば一書の全体を通じてもっとも感動的な箇所に差しかかる。

君真に民主思想を喜ぶときは、之を口に挙げ、之を書に筆して、其種子を人々の脳髄中に蒔《う》ゆるに於ては、幾百年の後芃々《ほうほう》然として国中に茂生するも、或《あるい》は知る可《べか》らざるなり。今、人々の脳髄中、帝王貴族の艸花《くさばな》方《まさ》に根を蔓《まん》するに方《あた》り、君の脳髄中、独り一粒の民主種子を萌芽して、此に由り遽《にわか》に豊穣《ほうじょう》なる民主の収穫を得んと欲するが如きは、豈《あに》謬《あやま》らず乎[14]。

ここに語られているのは、「大勢」に従え、従わない者は亡ぶだろうという宿命論のシニシズムに抗する、能動的な主体性の倫理である。社会の新事業は、すでに人々の脳に注入されてある過去思想の発出によってしか起こらない。成り行きを傍観していれば全能の神が何もかもうまく按配し、結果として歴史は最善の方向に自動的に「進歩」してゆくといったものではないのだ。

万国の事迹《じせき》は、万国の思想の効果なり。思想と事業と迭《たがい》に累《かさ》なり、互に聯《つら》なりて、以て迂曲の線を画すること、是れ即ち万国の歴史なり。思想、事業を生じ、事業、又思想を生じ、是の如くにして変転已《や》まざること、是れ即ち進化神の行路なり。是故に進化神は、社会の頭上に儼臨《げんりん》するに非《あら》ず、又社会の脚下に潜伏するに非ずして、人々の脳髄中に蟠踞《ばんきょ》する者なり。是故に進化神は、人々思想の相合《あいがっ》して、一円体を成す者なり。(15)

「将来之日本」の進路に関して、必然性をそのまま当為と読み替える蘇峰の処方箋からは、思想と事業のこの動的な弁証法は出てこない。話の冒頭で南海先生は、進化神を崇敬する紳士君の説を自分も「亦《また》進化の理に拠りて」批判するつもりだと言ったが、その真意がここで明瞭になる。南海先生は、超越性の座に「天理」として祀り上げられていた進化神をそこから引きずり下ろし、主体的な人間精神の内部に蘇生させなければならないと言っているのだ。思想と事業のダイナミックな相互交渉からなる人間行為の連鎖と集積によって展開してゆくものこそ、歴史の「進化」にほかなるまい。そこで知識人が引き受けるべきは、人々の精神に思想の種子を蒔くという一見迂遠と見える営み以外にない。知識人が歴史と社会の「進化」に実践的に参与し主体的に働きかけうる、ただ一つの可能性がそこにある。

これは「右」旋回でもなく、「左」旋回でもなく、また「左」による「右」批判でもない。『三酔人経綸問答』の演戯的エクリチュールは、社会進化論の「左右」の力線をともども丸々包摂したうえで、そのイデオロギー性自体が課してくる抑圧を無力化しようとしているのである。明治初期・中期に猖獗《しょうけつ》を極めたこの流行思想をめぐって、こうした形でイデオロギー批判を遂行しえた知識人は、いかなる「大勢」にも背を向けた中江兆民ただ一人である。

27　天——天皇（一）

「傍観者」とは誰か

「洋学紳士＝徳富蘇峰」説を補強する一例証がある。兆民の『三酔人経綸問答』刊行の翌年に当たる明治二十一年二月、蘇峰は、みずからの主宰する雑誌『国民之友』の第十五号（二月三日発行）に、「隠密なる政治上の変遷——（第一）士族の最後」と題する論説を発表し、あたかも紳士君その人のような口吻《こうふん》で、士族という政治要素は保守的・反動的・破壊的であり、その勢力の衰退は必然的だと論じているのだ。(1) これが出るや兆民は「国民之友第十五号」と題する匿名記事でただちに応じ、蘇峰は「有名無形の進化神に一任して己は唯静恬《ただせいてん》なる傍観者の地に立つ」者でしかないと批判したが（『東雲《しののめ》新聞』明治二十一年二月八日付）(2)、見られる通り、これは南海先生が洋学紳士に差し向けた批判と同型の論旨にほかならない。歴史の「勢ニ従フ」ことしか頭にない宿命論者を、兆民は「傍観者」の一語で切って棄てたのである。

一方は、時代の好尚に投じて多くの読者に読まれる新雑誌の主宰者にして主筆、「将来之日本」の行く末を熱く語って民衆を煽動する「明治ノ青年」であり、他方は、「天保ノ老人」

ではないものの明らかに旧世代に属し(兆民は天保に続く年号である弘化四年の生まれで、蘇峰との年齢差は十六歳)、本心の在り処を容易には明かさず、韜晦《とうかい》とアイロニーの煙幕を幾重にも張りめぐらせた晦渋《かいじゅう》な文体を駆使する孤高の思想家である。両者ともに「漢文崩し体」を採用するが、佶屈聱牙《きっくつごうが》の極みと言うべき兆民の文章と比べれば、蘇峰の文章は格段に平易で読み易く、従ってはるかに多くの一般読者の心を捉えることができた。一見、斜に構えて世の中を冷笑的に「傍観」しているのは兆民の方であり、時代の潮流のうねりに果敢に飛びこみ、身をもって国民を先導しようとしている主体的なアクティヴィストこそ蘇峰であるかに見える。実際、そこに作者兆民の自画像そのものをぴたりと重ね合わせてしまうことは慎むべきであるとはいえ「三酔人」のうち兆民自身の立ち位置にもっとも近いことは間違いない南海先生は、「南海仙漁」というその名にふさわしく、「身は斯《し》世界に在るも、心は常に藐姑《はこ》射《や》の山に登り、無何有の郷に游《あそ》」んでいたではないか。「静恬なる傍観者の地に立」っているのはむしろ兆民で、現実に働きかけようとする知識人こそ蘇峰と見るのが自然ではないか。

だが、実はその逆なのだと兆民は主張する。そして、その主張の正しさは、両者の言説の時間的射程の差として露呈している。事実、『三酔人経綸問答』は二一世紀に至ってなお読み継がれ、政治哲学としての実践的な意味をそこから人々が汲み取りつづけているのに、蘇峰の書きまくった数多《あまた》の論説文は決定的に古びてしまっており、そこから取り出せるアクチュアルな問題はもはや一つもない。たとえば、これもまたよく知られた一節であるが、兆民はあの戯画的な洋学紳士に留保なき絶対的平和主義を主張させ、もし仮りにどこかの「兇暴国」が自国に攻めこんできたとしても、「一兵を持せず一弾を帯びずして、敵寇の手に斃《たお》れんことを望む」、それは「全国民を化して一種生きたる道徳と為して、後来社会の模範を垂れしむるが為めなり」という極論を吐かせており、そのブラック・ユーモアすれすれの過激な思考実験は、今日、わが国の現行憲法第九条をめぐって交わされる議論を陰に陽に刺激しつづけている。これに対して、蘇峰の「武備主義」から「生産主義」へという提言、そしてそれによる「平和主義」の実現という処方箋に籠められた穏当なリアリズムに、われわれの思考を実践的にも実験的にも挑発するものはもはや何一つない。

なるほど洋学紳士の人物像は、そもそものきっかけから言えば、『将来之日本』からインスパイアされて創り出されたのかもしれないが、兆民は、蘇峰の「平和主義」に遊戯的とも喜劇的とも言うべき誇張と拡張を施し、それを理念上の限界値にまで突き詰め、そこで結晶させて、道義に殉じ従容として殲滅《せんめつ》されてゆく国民像を描き出してみせたのであり、その衝撃的なイメージは今なおわれわれを魅了する力を失っていない。そして彼は、そうした表象行為の実践によってこそ知識人は「静恬なる傍観者」から脱皮しうるのだと言いたげである。彼が「之《これ》を口に挙げ、之を書に筆」することによって「人々の脳髄中に蒔《う》」えた思想の種子が、一世紀以上の歳月を経て発芽し開花し、「生きたる」言説として「後来社会」のわれわれの前にあるということだ。その「時間」の経過を耐える気概と胆力のない似非《えせ》知識人は、結局は時代の「傍観者」たるのほかはない。

ここで兆民が南海先生の口を借りて語っているのは、直接には社会進化論に内在する現状追認の保守性への批判であるが、彼が企てているのはより本質的には、知識人の歴史認識への「時間」の導入であるように思われる。『三酔人経綸問答』には二種類の異質な時間が流れており、その重層性が正論という断言《アサーション》形式を宙に吊る批評的役割を果たしているという点についてはすでに触れてあるが(本書〈上巻〉「13 地滑り――中江兆民(二)」)、兆民のこの著作の要をなすもっとも深い主題とは、実は「時間」なのではないか。

南海先生は、二人の客の話を聞いた後、おもむろに口を開き、「各々積消両極の論を固執し、一は未だ生ぜざる新思想を望みて妄《みだり》に進まんと欲し、一は既に去りたる旧観戯を顧みて妄に退かんと欲し」ていると評する。(3) 一方は「未来」に、他方は「過去」に執着し拘泥《こうでい》しているというのである。ただし、「其主趣《その》たる氷炭《ひょうたん》相容れざるが如きも、僕の察する所に由れば、其病源は実は一なり。一とは何ぞや。過慮なり」。「紳士君の民主制度」にしても「豪傑君の侵略旨義」にしても、西欧諸国の強大な軍事力とその帝国主義的な世界進出の勢いへの憂慮から提起された対応策だが、そもそもその現実認識自体が「過慮」すなわち思い過ごしというものではないのか。「諸国均勢の義」や「万国公法の約」に縛られて、国家というものはそうそう簡単に侵略戦争に乗り出せるものではない。また一国内の組織も「其機関極《きわめ》て錯雑なるが故に、其趣向を決し、其運動を起すこと、復《ま》た一個人の軽便なるが如くならず」。(4)だから、外国の脅威に過敏に反応せず、「虚声(デマゴギー)」に踊らされて右往左往することなく、ゆったり構えていればいいのだ――南海先生はそうしたことを諄々《じゅんじゅん》と説いてゆく。その説得とは、バランスのとれた良識の立場から両者の極論をたしなめている身振りのことだと一応は言える。

しかし、歴史認識の問題として見るかぎり、彼が批判しているのは結局、「現在」の現実という静止画像のみを根拠として判断を下すことの軽率さにほかならない。一見、紳士君は「未来」に、豪傑君は「過去」にひたすら目を向けているかのようだが、実は両者ともにただ「現在」のみを「過慮」しているにすぎないのだと彼は言っているのだ。「未来」の展望も「過去」の想起も、「現在」をめぐる「過慮」という限定された心的モチーフによって駆動しているだけのことなのだと。紳士君も豪傑君も、「過去」から「現在」を経て「未来」へと進む歴史的時間の厚みを取り逃がしており、現在至上主義というこの「病源」において両者の思考は共通しているというのが南海先生の批判の眼目なのである。

「時間」の消去

社会進化論を援用して何らかの事象の進化＝発展＝進歩のさまを叙述しようと試みている明治中期の数多の言説を通覧して受ける印象は、そこで主題となっているものが他でもない歴史的時間の推移であるにもかかわらず、そこには時間的持続の認識が奇妙に稀薄で、記述がむしろ紙芝居の絵の連続継起のような様相を呈していることである。「進化」があからさまな発展段階論として語られる場合にそれはとりわけ顕著だが、そこでの記述には各段階ごとの「現在」の非連続な重ね合わせがあるだけで、稠密《ちゅうみつ》な持続としての時間が十全に表象されることはない。ベルクソンにならって、そこには時間それ自体ではなく、空間化された時間、すなわち時間の空間的表象があるだけだとでも言おうか(5)。

たしかに、因果関係の確定と法則性の発見をめざすことで、歴史学も社会学も一種の「近代化」による自己革新を試み、その結果、時間軸に沿った事象の変容と生成を記述しうるようになったかに見える。だが、時間軸上の先後関係が因果律によって整序されたにせよ、そこにもまた相も変わらぬ、紙芝居でなければ絵巻物のように平板に繰り延べられてゆく記述がただあるばかりで、歴史のナラティヴは空間的な静態性を免れていない。それが学術的な客観性を標榜《ひょうぼう》する気のまったくない『将来之日本』のようなテクストになると、これはもはや完全に静止画像の交替でしかなく、章立てそれ自体が示す通り、「腕力世界」から「平和世界」へ、「過去ノ日本」から「現今ノ日本」へ、さらに「将来ノ日本」へといった具合に、二つないし三つの空間表象が継起的に提示されるだけのことになってしまう。そこでは、民衆の身体によって具体的に生きられた時間の持続もその厚みも取り逃されてしまっている。そうした静態性に兆民が対置するものは、生きられた持続としての歴史感覚である。

> 時世は絹紙なり、思想は丹青なり、事業は絵画なり。故に一代の社会は一幅の画幀《がとう》なり。紳士君、君若《も》し未だ調製せざるの丹青を以て、将来の画を現在の紙に描かんと欲するが如きは、直ちに狂顚《きょうてん》に類するに非《あら》ず乎《や》。君今に於て、務《つとめ》て思想の丹青を調製して怠らざるときは、百歳の後、其汁液洶々然《じゅうえききょうきょうぜん》として社会の碟中《ちょうちゅう》に溢るゝに至らん(6)。

「一幅の画幀」それ自体は空間表象であるが、それを描く材料としての絵具には「調製」が必要で、それをするには時間と努力のコストがかかる。それを怠ったまま、「未調製」の絵具で「将来の画を現在の紙に描かんと欲する」とき、真の「事業」を人は達成できず、結局時代の「傍観者」以上の存在にはなりえない。『将来之日本』以後の蘇峰が現役の論客として明治・大正・昭和の論壇ジャーナリズムで過ごすことになる七十余年は、一個人の活動として物理的には非常に長い「時間」であったが、兆民が聡明に予見した通り、それは絶えず「現在」とそれへの「過慮」しか存在しない歳月の、ほとんど空間的な——絵巻物のような——広がりでしかなかった。蘇峰がそこで、「思想」という絵具を「調製」するための濃密で有機的な「時間」の深度を生きるということは絶えてないまま終ったのだ。もとよりそこには、徳富蘇峰という一個人の処世の問題を超え、前へ前へとつんのめりながらの全力疾走を強いられつづけるような忙《せわ》しなさの支配する近代日本のジャーナリズムの言説空間それ自体、そんな「時間」を容れる余地もなくそれへの需要もないという構造的な問題もあった。

既述の通り、社会科学が自然科学の後を追い、因果関係の解明と法則性の貫徹によって「学」としてのシステム性を獲得しようとしたとき、好個の理論ツールとして採用されたものが社会進化論である。しかし、たとえば軍事中心型の組織から生産中心型の組織へ社会が「進化」するという命題に即して歴史が記述され、かくしてその言説が擬似科学的体裁をまとうことに成功するとしても、本来、「学」が闡明《せんめい》すべきは、そこからさらに進んで、その「進化」が進展し実現してゆくに当たって、その進展と実現の現場にいかなる因果律と法則が作用しているのかという問いでなければなるまい。ところが、明治中期の歴史家や社会学者がその問いを引き受けようとした気配はない。彼らは単に、社会が規定の諸段階を経て進化することとそれ自体を歴史の「大法」と見なすだけに終り、それ以上に思考を深めるということをしなかった。

もちろん「社会の進化」という観念それ自体がイデオロギーである以上、そこから出発して科学的探究を深化させることなど最初から不可能であったとも言える。西欧においてさえ、社会進化論の理論的枠組みがよりいっそう「科学」の名にふさわしい形で再編されるためには、英国資本主義史の分析に弁証法的唯物論の哲学を接ぎ木するというマルクスの力業を待たなければならなかったからである(とはいえ、『資本論』における貨幣の分析の中にすら一種の神学的思考の枠組みの形而上学が忍びこんでおり、それが彼の思想の説得力の基盤そのものをなしているのだが、その問題はここでは措《お》く)。だとすれば、社会進化論の「左」旋回がそこまで至り着いていない時期の日本の言説に、原始的な発展段階論を超える方法論的整備を求めても無いもののねだりにすぎないと言えないわけでもない。

しかし、「進化」の一語を提示するだけで学知が近代化され、科学的客観性が担保しえたかのように錯覚した草創期の官学の専門家たちの自己満足は、「啓蒙」的言説の無力化や天皇制国家へ向けてのイデオロギー的編成と、やはり表裏一体の現象として捉えるべきなのではないだろうか。彼らは単に進化という法則の旗印を掲げ、それを「優勝劣敗」「適者生存」と言い換えて、その単調な標語を声高に唱えるだけで自足してしまい、その進化自体がいかなる法則群に律せられ統御されて現勢化してゆくのかを問うところまで行かなかった。そして、「進化」の一語の前で停止したまま凝固している彼らの思考の隙間から、ふとした拍子に「かはればかはる時勢かな」といった文学的感慨が漏出し、その自然さがまた彼らの身体と魂を抒情的に快く安らわせてしまうことにもなったのである。

そもそも「優勝劣敗」「適者生存」という歯切れ良い決まり文句の、キャッチコピーとしての優秀性もまた、彼らのこの不徹底と思考停止に与《あずか》って大いに力があっただろう。メディア空間におけるその流行語としての成功は、学知の世界と一般大衆の心性とを媒介する理想的な通路であるかに思われた。蘇峰のいわゆる「優勝劣敗」の「修羅場」としての「第十九世紀ノ時代」というイメージは、今まさにネーション・ステートを立ち上げようとしていたこの時期の日本人の不安な立ち竦みと熱っぽい野心の昂揚《こうよう》の両者を同時に受けとめる、恰好の受け皿となったのである。

だが、歴史の或るステージから別のステージへの「進化」はいかなる法則によって統御されているのかが具体的に問われない場合、言説から「時間」の契機は必然的に欠落し、そこでの基本的な身振りは超＝歴史的な空間表象の継起的提示でしかなくなってしまうわけで、それこそまさしく蘇峰の『将来之日本』がほとんど戯画的なまでの誇張とともに示している事態である。「時間」が消えるとは畢竟《ひっきょう》、「歴史」が消えることにほかならない。『将来之日本』は史論であるかに見えて厳密な意味での史論では実はなく、「優勝劣敗」のイデオロギーを超＝歴史的な真理として正当化しようとする神学的護教論の試みなのである。兆民がそれを「進化神」崇拝として揶揄《やゆ》したゆえんであり、そこではすでに「進化の理」は単なる歴史の一法則ではなく、歴史を超えた大法則となり大法となっている。歴史的時間の外部に君臨するそうした超越的な法のためにもっともふさわしい呼称と言えば、加藤弘之の用いた「天理」以外にはあるまい。「天理」とは畢竟、「時間」の契機を欠落させた擬似真理のことにほかならない。

「天」という記号

では、「天理」とは、とりわけそこに含まれる「天」の観念とは、いったい何なのか、という問いがここで改めて提起されなければなるまい。「天」とはもちろん第一義的には儒教(とくに朱子学)起源の観念である。ただし、われわれはその一事をもってただちに加藤に封建的反動のレッテルを貼り付けようとするものではない。明治期における「天」観念の帰趨《きすう》という大きな問題を論じる準備は今われわれにはないが、とりあえずごく簡単なメルクマールのみ、以下に二、三挙げてみよう。

たとえば、ただちに想到される福沢諭吉の「天は人の上に人を造らず……」の場合、これは周知の通りアメリカ独立宣言の“All men are created equal.”から来ているわけで、従って「天」は直接には「神」の訳語ということになる。また明治初期に『学問のすゝめ』と並ぶベストセラーになった中村正直の『西国立志編』(サミュエル・スマイルズの著書“*Self-Help*”の翻訳)の冒頭にも「天はみづから助くるものを助く」という言葉が掲げられており、英語の原文"Heaven helps those who help themselves."が添えられている。明治初期の啓蒙家たちは西欧思想を日本に導入するに当たって、キリスト教の超越性に中国的な「天」概念を重ね合わせて翻訳したということだ。

もっとも、福沢の場合も中村の場合も、そこに儒教思想の「天」のコノテーションが混入することは、彼らの半ば意図した結果だったと言ってよい。封建時代の身分制をあれほど厭《えん》悪《お》した福沢の思想に儒教倫理の骨格が残っていることはよく知られている通りだし、後年熱心なクリスチャンになる中村正直も元来は漢学育ちで、明治元年に漢文で書いた「敬天愛人説」は「仲虺之誥曰。欽崇二天道一。永保《クツ》二天命一」と始まっている。洋学者たちは「天理」「天道」「天命」といった言葉を固有に封建的な語彙として頭から忌避することはせず、ニュートラルな一般名詞として活用し、それどころか『学問のすゝめ』冒頭の一句に典型的なように、むしろ「お天道さま」が見ているとかそれが赦《ゆる》さないといった形で庶民の道徳観のうちに生き延びている「天」の概念の親しみ易さを、むしろ積極的に活用しようとしたのだろう。

たとえば、ヘンリー・ホイートンの『万国公法』はまず丁韙良《ウイリアム・マーティン》の漢訳（慶応元〈一八六五〉年）によって紹介されたが、吉野作造の先駆的な考究によれば、その「万国公法」の概念は、明治初期には「天地の公道」「天地の大道」のそれと等置され、そこには「天」の原理によって統べられる「先験的な形而上的規範の実在」への信が投影されていたという。(8) international law の訳語である「万国公法」は、「先王の道」に代わるべき新時代の政治原理としてのこの時期、民衆レヴェルでも一種の流行を見せた。しかしそれは、政治・経済・領土・交戦等に関して主権国家間で取り決められる人為的ルールとして理解されるよりはむしろ、形而上的な「宇内《うだい》の公義」「天道」として受けとめられていた。要するに、近代的な国際法秩序の観念は、徳川時代以前の日本の朱子学的世界観と融合しつつ理解された——その媒介に助けられることでより深く、またより広く理解された——のであり、そのこと自体には開明派の啓蒙家たちも決して異議を唱えたわけではなかったのである。

しかし、因果関係と法則性の追究を標榜する言説が、学知の自律性と客観性の体裁を誇示するために導入した社会進化論に関わって、明治十五年の時点で、加藤弘之が(そしてそれにただちに追従して徳富蘇峰が)、メディア的影響力を意識しつつ、俗耳に入り易い「天理」の一語をキャッチコピー的に持ち出したとき、その身振りの倫理性は、これら明治初期の混沌としたアマルガム的言語状況に対するよりももっと厳密に、また厳格に問われる必要があるだろう。というのも、社会進化論の導入によって学知がめざそうとしたのは、本来、吉野のいわゆる「形而上的規範」としての無時間的＝超歴史的真理を提示することではなく、むしろそれとはまったく逆に、歴史的時間を内在的に分節化する合理的諸法則を解明することだったはずだからである。社会科学の諸領域は、むしろみずからをいったん形而上学から切断し、超越性から身を遠ざけ、民衆によって具体的に生きられた此岸《しがん》の現実を対象として合理的思考を深化させることこそを要請されていた。社会学に補佐された歴史学が「進化」の概念によって理論武装しようとしたとき、そこで歴史学がみずからに突きつけなければならなかった第一の課題は、道徳的超越論を排し、現世の諸事件の錯綜の中に具体的に分け入って、そこに重要度のヒエラルキーを確立し、因果の連関を見定め、混沌を整序し、かくして民族の記憶を首尾一貫した視点から記述し尽くすことだったはずなのだ。

儒教思想の残滓《ざんし》としての「天」概念は、明治初期の啓蒙家が「天賦人権」を語ったり国際間の自然法を「天地の公道」「宇内の公義」として定義したりするうえではきわめて有用で、開化思想の伝播と浸透に生産的に貢献したと言ってよい。しかし、明治十年代に至って、歴史記述の近代化を目的として導入された社会進化論に「天理」の一語を貼り付けてしまう「啓蒙」思想家の身振りには、或る重篤《じゅうとく》な背信が胚胎《はいたい》されていると見なければならない。その身振りは、「歴史」を露呈させなければならない場で、逆に「歴史」を消去してしまうからである。「時間」を対象化しなければならない言説の内部で、逆に「時間」を虚構化してしまうからである。つまり「天」とはここで、裏切りの語彙なのだ。だがその「天」が、同時に、近代日本の現実的な政治権力の最高位を指す名辞にもまた含まれる一字であるという点は、注目に値しよう。ここでわれわれはようやく「天皇」の問題に逢着することになる。

「天皇」という呼称自体は、もとより古い。養老律令(七一八年)のうち「令　巻第七」の「儀制令」の冒頭には、日本の国王をどう呼ぶかに関して、祭祀においては「天子《てんじ》」、詔書においては「天皇《てんおう》」、華夷《かい》においては(対外的には)「皇帝《おうだい》」、上表(臣下が天皇に文書を奉ること)においては「陛下《へいげ》」と称する等の規定が読まれる。[9] 日本の最高権力者は古代以来、「天命」を受け、あるいは「天」を表象＝代行し、その権威によって支配する「天子」「天皇」を自称していたのである。これに比して、中国の国王の呼称は「皇帝」が一般的で、「天」をあえて名乗るという畏れ多い所業からは身を遠ざけていた(例外は唐の高宗のみ)。六〇七―六〇八年の第二回の遣隋使派遣で、小野妹子が携えていった隋皇帝煬帝《ようだい》宛の国書中に、倭王が「日出処天子」と名乗り、「日没処天子に書を致す」云々と書いて煬帝を立腹させたという記述が『隋書』に見えるが、その立腹の原因は、倭国のごとき小さな島国の王がタブーを侵して「天子」を自称しているという点にあった(「日出処」「日没処」は単に東西の方角を示す仏教用語にすぎない)。倭国の側にしてみれば、中国の宮廷の持つそうしたタブー意識は重々承知のうえで、政治的なプライドと対抗意識からあえて「天子」「天皇」という大胆な呼称を採用したのだろう。

とはいえ、漢字でどのように表記されようと、日本の国王は古代においてはあくまで「オオキミ」や「スメラミコト」と呼ばれていたことを忘れてはなるまい。「天」という中国起源の超越性の観念が人格に溶けこまされ、「天皇」という名辞のかたちで安定的に一般化するのは、はるか後代の明治の、それも中期になってからのことなのである。幕末に来日したヨーロッパ諸国の外交官は、徳川将軍が「タイクーン(大君)」と言われたのに対し、天皇は「ミカド(御門)」「ダイリ(内裏)」と呼ばれていたと記録している。(10) 他方、天皇への敬愛の表現として民衆の間には「キンリサマ(禁裡様)」や「テンシサマ(天子様)」という名称があり、また幕末の尊王の志士たちが天皇のことを密かに「玉(ギョク、タマ)」という隠語で呼んでいたことも知られている。これら一般的な呼称の中に「天皇」は登場しないし、時代が明治に入って以降でさえ、その初期においてはまだ「天皇」という呼称は広く用いられてはいない。明治初期の公文書においては、「皇上」「聖上」「聖主」「聖躬」「至尊」「主上」「天子」「皇帝」「国帝」等、漢語による様々な称号が並立しており、その中で「天皇」は決して特権的に突出したものだったわけではない。

では、「天皇」はいつの時点を契機として、公的な呼称として固定され、現在に至るのか。日本の君主の公式称号が「天皇」に統一されるのは、宮内省一等出仕伊地知《いじち》正治が「天皇又ハ天子ト尊称シ奉リ、又ハ各国対等ノ公文式ハ皇帝ト称謂《しょうい》ヲ定メ候得《そうらえ》バ、其他ハ不用ナリ」(11)と明治十五年に説いているように、明治十四年の政変の後、プロイセン型の立憲君主政体の国家像が明確になった時点以降のことである。ちなみに元老院における憲法草案では、第二次案まで「皇帝」とされており、第三次案で「天皇」に改められている。「天皇」の登場は、「啓蒙」の自壊の後、時代を先導すべき知識人が「天理」に従うべしなどと公然と説きはじめる時期と連動しているのだ。

繰り返すなら、伊地知による「天皇」名称確定の提議は明治十五年に行なわれており、これは『人権新説』刊行と同じ年である。加藤弘之が、歴史的時間の具体的現前を虚構化し、それを超越論的規範へと還元してしまうべく、あたかも黄門様の印籠のように、それの前にひれ伏せとばかりに「天理」という言葉を持ち出したとき、彼の言説の「理」をイデオロギー的に聖化する権威としてそこに刻印されていた「天」の一字は、加藤がそれに意識的だったかどうかはともかくとして、「天皇」という記号に含まれる「天」の一字と共鳴していたと言ってよい。恣意《しい》的にすぎる議論と映るかもしれないが、しかし「天」の一字の出現は、本書がその探査を試みている「表象空間」における歴史的現実そのものである。同時代性の絆で結ばれた二つの語彙としての「天理」と「天皇」の唐突な共鳴は、そこに出来した現実的な出来事にほかならず、われわれはその共鳴現象の反響を聴き届け、その音域と可聴距離を注意深く測定しなければならない。要するに、「啓蒙」の無力化が決定的にあからさまになった時点以降、合理主義の光の届かない晦暗《かいあん》な超越性のトポス――それが「天」と呼ばれる――に、理性的な「論議 räsonieren」(カントのいわゆる)を超えた「理」があると見なされるようになり、同時にまたその同じ場所に、「民権」論とはいかなる接点も持たない「皇」が棲まっていると想定されるようにもなるということなのだ。

実際、「天理」と「天皇」の両者には、共通するものがある。「時間」の無化である。天皇家の御稜威《みいつ》とは、いったい何か。因果関係と法則性の支配する歴史的時間から超脱した神のごとき存在の威光のことにほかなるまい。「天皇」の体現する「天命」が、無時間的＝超歴史的な原理と化して民族の記憶に隠微に浸み渡っているというフィクションに、その正統性の基盤を置く霊威のことにほかなるまい。神武以来、連綿と続く万世一系の皇統とは、いったい何か。物理的にはそこに長大な歳月の総体が内包されているという事実とは無関係に、いわば「歴史」の外、「時間」の外に位置する形而上的持続のことにほかなるまい。「時間」を消去し「歴史」を紙芝居のような、絵巻物のような空間化された表象に還元してしまう加藤や蘇峰の身振りを、単に天皇制国家の編成の進行と同時代の現象であったと見るだけではまだ足りない。それらは、少なくとも結果的には、天皇制国家のイデオロギー基盤の強化と安定に貢献した言説として読まれるべきなのである。

兆民の「天の説」

では、「天」の概念は、加藤・蘇峰・伊地知とともに超越的な霊威の象徴と化し、そのまま静的に凝固してしまったのか。「天」という言葉をもっと無造作に、もっと平俗に用いつつ、その意味の層にキリスト教と儒教をあっけらかんと混雑させて平然としていたかつての福沢や中村の言説にあったような、散文的な運動感や自由自在なプラグマティズムを、それは喪失してしまうことになったのか。「天」の概念を、無時間的に君臨する至上権として聖化する代わりに、むしろそこに歴史的時間と主体的作為の契機を改めて充塡《じゅうてん》し直し、それを「啓蒙」的な批評概念として編成し直そうとした言説は、この時期の日本には見出されえないのか。その問いに対する答えとしてここで召喚されるべき名前は、またしても中江兆民である。

兆民の「天ノ説」は、彼が主筆を務める『東洋自由新聞』の社長であった西園寺《さいおんじ》公望《きんもち》の退任の直後、明治十四年四月十日付の同新聞に掲載された論説である(12)。フランス留学時代西園寺と親しく交際していた兆民は、公家出身でありながら自由民権論系の新聞社の社長を引き受けた西園寺の意気に感じ、主筆として『東洋自由新聞』に参加したのだが、三月十八日の発刊以来ほんの三週間ほどしか経たないというのに、その西園寺が突然身を退いてしまう。体制護持派たるべき公家出身者が自由民権運動の一翼を担うことの悪影響を危惧した右大臣岩倉具視《ともみ》や太政大臣三条実美《さねとみ》らの画策で、明治天皇から辞任せよとの「内勅」が下り、辞めざるをえなくなったのである。

深い失望を味わった兆民は、まず四月九日付の『東洋自由新聞』に「西園寺君公望東洋自由新聞社ヲ去ル」という無署名の文章を載せる。(13)西園寺の退任が勅命によるものであることは公表できないので、兆民は「所謂《いわゆる》青天ノ霹靂《へきれき》」が起きたと言い、西園寺の唐突な辞任の理由はわからないとのみ繰り返す。末尾で、「西園寺君ノ社ヲ去リシハ豈《あに》天命耶《か》、若シ天命ナラバ西園寺君何ヲ以テ已ムコトヲ得ン、何ヲ以テ言フコトヲ得ン」と言い、さらに「曰、上天之載無声無臭至矣(上天の載は無声無臭の至《きわみ》なり、天が行なうことは人に気づかれず計り知れないの意)」という『詩経』からの引用で文章を締め括っている。「天命」「上天」といった言葉遣いによって、婉曲《えんきょく》な仄めかしを試みているわけだ。しかし、これでも気持が収まらなかったらしい兆民は、その「天」という記号による仄めかしを再度取り上げ、それを今度は正面から展開し、凝りに凝ったオブスキュランティズムの修辞を駆使しつつ、さらにもう一篇の奇怪な戯文を書き上げる。それが翌日の紙面にやはり無署名で掲載された「天ノ説」なのである。

この文章はまず、「天ハ大公ニシテ無私ナル者ナリ。人ヲ愛シテ自ラ其仁ヲ知ラズ、人ヲ威シテ自ラ其厳ヲ知ラズ」と書き出される。「天」は、もしそうせよと祈る者があれば、地に旱魃《かんばつ》や長雨や嵐や雷をもたらす。「是《これ》ヲ以テ旱澇《かんろう》ニ苦ミ、風雨ニ困ミ、雷霆《らいてい》ニ窘《くるし》ム者疾痛惨怛ノミ甚《はなはだ》シト雖《いえど》モ、初ヨリ天ヲ怨《うら》ムルコト無シ」。怨むべきはむしろ「天」に祈ってそれを為さしめる輩《やから》の方であろう。しかし、「刻暴ニシテ兇戻ナル」彼らは、いったいなぜそんなことをするのか。「顧《おも》フニ彼《か》ノ刻暴兇戻人ハ草木禾穀《かこく》ノ蕃茂《はんも》スルヲ喜バザルニ非《あら》ズト雖モ、特ニ其或《あるいは》甚ダ蕃茂シテ森々然天ヲ刺シ雲ヲ穿《うが》ツニ至ルコトヲ畏《おそ》ル」。だから「天」に祈って災害をもたらし、「以テ其尤《ゆう》ナル者ヲ芟除《さんじょ》」しようとするのだ。――この文章の主旨はおよそ以上のようなものである。

「天」は天皇、「刻暴兇戻人」は天皇を輔弼《ほひつ》する岩倉や三条、「草木禾穀の蕃茂」は自由民権運動の高揚、「旱澇」「風雨」「雷霆」は新聞紙条例や讒謗律《ざんぼうりつ》による言論弾圧――と解読してしまえば文意はむしろあまりに単純すぎるほどだが、兆民としては、この程度にあからさまに書かないかぎり諷喩文の機能は果たしえないという認識があったろう。事件に関してはすでに、『東洋自由新聞』創刊の発起人の一人であった松沢求策《きゅうさく》が、西園寺退任の顚末《てんまつ》を暴露した「檄」を書き、号外として配布している。真面目な民権家であった松沢は書きたいことをただ率直に書き、その結果として文書はたちまち当局に差し押さえられ、松沢は雑犯律で告発され、懲役七十日の刑に処せられてしまう。こう書けばああなるというそんな成り行きをあらかじめ見通している兆民は、すべてを比喩に置き換え、彼の感じた幻滅と憤懣《ふんまん》を韜晦の靄《もや》で包みこみながら、「天」と、それに災厄の到来を祈願する「刻暴兇戻人」の寓話を書き上げたのである。

唯物論者兆民は、天皇家の御稜威などもちろんはなからひとかけらも信じていない。もともと睦仁《むつひと》親王（後に即位して明治天皇となる）の幼馴染みで、幼年時代には一緒に砂遊びや毬《まり》投げに興じた仲である西園寺公望には、勅旨の権威を尊重するという臣民の義務は義務としてわきまえつつも、それとは別に、この睦仁なる人物が、我知らず歴史の転変の舞台にのせられて或る大役を演じざるをえなくなった単なる一個人にすぎないことは、十分すぎるほどにわかっていた。その西園寺の友人である兆民もまた、むろんそのことは完全に理解している。兆民がここで描き出した「天」は、霊威を備えた宗教的超越者ではなく、単に強大な物理力を行使して世界に影響を与えることのできる行為主体である。しかもそれは、自分の力の行使が招いた結果に対して、責任をとることを免れた権力者なのだと彼は言う。

「天ノ説」は一種の――非常に屈折した――天皇論であるが、それは裸の一個人としての睦仁のポートレートではないのはもちろんとして、他方また、崇め奉られるべき御稜威をまとった霊的超越者の描写でもない。兆民は、天皇を超越的な霊威の座から引き下ろし、人格的な作為主体として捉えたうえで、それが為した具体的な一行為(西園寺退社の勅命)への憤りをアイロニカルに語っているのだ。「天ハ大公ニシテ無私ナル者ナリ」というフレーズのことさらに執拗な反復が、そのアイロニーないし当てこすりの表現であるが、しかしこのフレーズは、ここでは同時に、明治政府の権力的な政治過程への透徹した洞察としても読めるものであることもまた看過してはなるまい。伊藤博文をはじめとする当時の政府の要人たちが、天皇という名の制度をどのように利用しようとしていたかが、いわばこの一句に凝縮されている。要するに、「輔弼」役の取り巻きが、しかじかのことをやるようにと天皇に助言する(ないしそうしてほしいと彼に祈る)、天皇は強権の発動によってそれをやる、しかし天皇自身は「無私ヲ以テ体ト為シテ、無意ヲ以テ用ヲ為ス」(「天ノ説」)存在でしかないがゆえに、自分が為したことの結果に対しては何の責任も課されない。他方、彼ら輔弼者たちの方はと言えば、行為の主体自身ではなく単に主体を補佐し助言しているだけの彼らに、わが身に負うべき何らかの責が生じるはずもない。

小さな戯文でありながら、この「天ノ説」で兆民は、天皇の機能を権力システムの内部に位置づけたうえで、そこから民衆への弾圧や迫害といった物理力の行使がいかにして生じるかという政治過程のメカニズムを冷静に捉え、それをレトリカルな比喩によって的確に描き出している。「天」の発する「声」に導かれて動いてゆく政治機構とは、行為主体であるはずの者が、行為の結果に決して責を負うことのないという一種異様な、しかしきわめて巧緻に仕組まれたシステムなのである。兆民が「天皇」という言葉を避け通し、一貫してそれを「天」というメトニミー(換喩)に置き換えていることの理由は、むろんまず何よりも、検閲をすり抜け言論弾圧を免れようとする戦略性によるものである。だが、自然界の気象を司る「天」のイメージをひとたび提起するや、兆民の筆はするすると、また生き生きと動き出し、そこに内包される意味作用の倍音に乗じ、単に戦略的な口実として使うという以上の積極的な創造性で、この「メトニミーの論理」の射程を追求してゆく。

すべては、日照りや長雨や嵐や雷のように、つまりは自然現象のように出来するのだとでも兆民は言いたげである。時としてその中には、「青天ノ霹靂」のように突然降りかかってくる意想外の災禍も混ざってくる。しかし、いったい誰がそれを惹起《じゃっき》するのか、誰がそれを行なうのか。「天」が行なうのだというのが、もっとも簡単で説得力のある答えではあろう。ただし、「天」がそれを行なうと言うことは結局は、それはおのずから、ひとりでに、つまりは「自然」に、行なわれるのだと言うのと同じことに帰着するのほかはない。兆民がこの戯文で「天」という記号に充塡してみせたのは、この「自然」の観念に内属する高度な政治性にほかならない。理性の光の届かない晦暗な超越性のトポスとしての「天」とは、まったく異なった種類の「天」の観念がここにはある。それを洞察し直截に指し示しえたこの時代の言論人は、私見によれば、中江兆民ただ一人であった。

28　転移――天皇(二)

「天」の削除

では、天皇の、天皇による、天皇のための言説として特権的なものと言うべき一テクストにおいて、「天」という記号はいったいどのように用いられていたのだろうか。

教育勅語(明治二十三年十月三十日発布)の三百十五字の本文中、「天」の字が現われるのはただ一箇所、「天壌無窮」という熟語においてのみである。しかしこの道徳教書の、「忠孝ハ人倫ノ大本ニシテ其《その》原ハ実ニ天ニ出ヅ」と始まる最初期の草案(作者は中村正直)が残されており、そこでは、「天」「天意」「天道」等が最重要の操作概念として千五百字ほどの短い本文を、ほぼ全体にわたって統御している。大日本帝国憲法発布の翌年、しかも第一回帝国議会召集(同二十三年十一月二十五日)の直前という微妙にして決定的な時点で発布され、以後半世紀以上にわたって日本の精神風土の「皇道化」に猛威を揮うことになったこの怪物的なテクストの、初案から決定稿までの生成過程で、「天」の概念が稀釈化していったことの意味を考えてみたい。

教育勅語成立の経緯を詳述すべき場所ではここはない(1)。さしあたり、明治二十三年二月に開かれた地方長官会議で多くの県知事から徳育の充実と普及が政府に要請されたこと、それを受け、首相山県有朋が「余ハ軍人勅諭ノコトガ頭ニアル故ニ、教育ニモ同様ノモノヲ得ンコトヲ望メリ」(「山県有朋教育勅語渙発に関する談話筆記」[2])という積極的姿勢を示し、徳育に無関心な榎本武揚《たけあき》に替えて内務次官芳川顕正《あきまさ》を文部大臣に据え、芳川の主導下、徳教に関する箴言《しんげん》の編纂が開始されたこと、まず中村正直の手になる草案が出され、何回も修正が施されたが廃棄され、続いて井上毅《こわし》の草案が出され、井上と枢密顧問官元田永孚《ながざね》の合議で綿密な手直しを重ねたうえで最終文案が固まったこと、等を押さえておけばそれで十分だろう。だが、中村草案はなぜ不採択となったのか。

前述の通り、中村草案の最初期形では「天」が主導概念として全篇にわたって執拗に反復されている。本書前章で触れたように、明治元年執筆の「敬天愛人説」ですでに「敬天」をみずからの思想の根幹として主張している中村であってみれば、当然と言うべきだろう。ただ、そこでまず注目すべきは、この「天」の意味するところがやや曖昧で、用いられかたに不分明な揺らぎがあるという点である。そこにはまず、忠孝を尽くすことが「天意ニ叶フ」道であるといったごく平凡にして明快な儒教的「天」概念があり、それが草案全体の道徳的トーンを決定してもいる。とはいえ、「父ハ子ノ天ナリ、君ハ臣ノ天ナリ。君ニ対シテ敬愛ノ誠ヲ致ス、之《これ》ヲ忠ト云ヒ、父ニ対シテ敬愛ノ誠ヲ致ス、之ヲ孝ト云ヒ、対スル所ニ別アレドモ、誠ヲ致スニ別アル事ナシ」といった一節に至るや、「天」の意味作用に微妙なずれが生じていることが見てとれよう。ここでは「天」は、そこからあらゆる価値が湧出する唯一無二の超越的トポスではなく、子にとっての父、臣にとっての君、すなわち個々の概念にとっての上位概念それ自体を指すものとなっているからである。忠孝の人倫を臣民に命じそれを価値と認定する大文字の超越的規範ではなく、忠を尽くすべき対象、孝を尽くすべき対象が、それ自体、いわば比喩的に小文字の「天」と命名されているのだ。

そればかりではない。「忠孝ノ心ハ天ヲ畏《おそ》ル、ノ心ニ出デ、天ヲ畏ル、ノ心ハ人々固有ノ性ニ生ズ。サレバ天ヲ畏ル、ノ心ハ即チ神ヲ敬フノ心ニシテ……」に至って、「神」概念が導入され、「天」はこれとほとんど等置されることになる。中村がクリスチャンであるという先入見を抜きにしても、

深夜暗室ノ中ニ在テ発生スル所ノ一念ハ、善ニモアレ悪ニモアレ、自己一人ノ外ハ誰アリテ是《これ》ヲ知ラズト思ヘドモ、天ノ昭臨スル所ナレバ自《おのずか》ラ青天白日、公衆ノ面前ニ発覚シ、掩《おお》ヘドモ掩ハレズ、隠セドモ隠サレズ、其感応ノ捷ナルハ声ノ響ニ応ジ影ノ形ニ従フガ如シ。天人一致、内外洞徹、顕微間ナシトハ、即《すなわち》是ナリ。之ヲ知ラバ、人々争《いか》デカ其独ヲ慎ミ天ヲ畏レ神ヲ敬ハデハアルベキ(3)。

といった一文を見れば、この「天＝神」にキリスト教的含意があることは明らかだ。ここで語られているのは儒教的な「天人合一」の理というよりはむしろ、個人の内面の良心にまで「昭臨」する人格神の全知全能とそれへの畏怖だからである。それはいわば超越的審級の

内面化であるが、中村はこれを「吾心ハ神ノ舎《やどり》スル所ニシテ天ト通ズル者ナリ」と言い換えてもいる。しかしこの定式においても「天＝神」の概念分節はいずれにせよ模糊《もこ》としており、結局はここでもまた前章で触れた『西国立志編』冒頭の「天はみづから助くるものを助く」におけるのと同じ諸教混淆《シンクレティズム》が起こっていると考えるほかはない。英国留学から帰国した翌年、明治二年に中村が書いたと推定される未刊の草稿「請質所聞」において、すでに彼は、「曰ク天、曰ク上帝、曰ク神〈真一ノ神ヲ謂フ、鬼神ノ神ト混ズ可ラズ〉、曰ク造化ノ主宰ト、名ハ異ニシテ義ハ一ナリ」[4]と述べていた。キリスト教と儒教の本質を同一のものと見るこうした融通無碍《むげ》な超越論は、彼において終生一貫していた。

この中村正直案に加えられた修正のうちもっとも大きなものは、「天」「天意」の語のほぼ網羅的な削除である。このテクストをして天皇絶対主義のイデオロギー的擁護たらしめようとする要請に照らしてみるかぎり、この「天」概念削除の理由は明らかだろう。中村草案に従うかぎり、国民が帝室に対して忠誠を誓わなければならないのは、それが「天意ニ叶フ」からであって、その対象が帝室だからではない。中村草案を貫く思想は、天皇という歴史的実体よりも上位に「天」という超越的原理があり、それこそがあらゆる倫理的価値の源泉であって、天皇への忠誠というモラルもまた畢竟《ひっきょう》、その「天意」から発する副次的帰結の一つにすぎないというものだ。

中村が「君ハ臣ノ天ナリ」という形で天皇それ自体を「天」と命名し直してみせているのは、こうした副次性への頽落《たいらく》を補修し、改めて天皇それ自体を超越者たらしめようとする試みとも見える。だが、前述の通り、子にとっての父も天、臣にとっての君も天というパラレリズムの論理――それは「家族主義的国家観」を類比的ヒエラルキーによって基礎づける形而上的言説たりえているとしても――において、比喩化された「天」概念はすでにその絶対的超越性を失い、価値階梯《かいてい》の中での相対的な優位を示す小文字の操作概念でしかないものと化している。たとえ「天ナリ」と断定されようと、それによって「君」の超越性が絶対化されるというわけにはいかないのだ。のみならず、この「天」にキリスト教の「神」の影が落ちている疑いさえ兆すに至って、これはもう天皇制国家の道徳教書として受け容れがたいと言うほかない。

「啓蒙」対「天皇」

「天」観念の削除をはじめ種々の改稿が施されたが、結果として中村草案は廃案となり、この時期法制局長官を務めていた井上毅が改めて執筆に当たることになる。ところで、その井上が教育勅語の基本方針を語っている山県有朋宛の書簡二通が残されている。この時点で井上はすでに彼自身の試案を書き上げていることが文面からわかるが、その最初の一通（六月二十日付）で、彼はこの勅語の起草に「非常の困難」を覚える理由として、七つの項目を立て続けに挙げている。

第一、此《この》勅語は他之《の》普通之政事上の勅語と同様一例なるべからず。天生《ジ》二聡明《ヲ》一為二之君一為二之師一とは支那之旧説なれども、今日之立憲政体之主義に従へば、君主は臣民之良心之自由に干渉せず［…］。今勅諭を発して教育之方嚮《ほうこう》を示さるゝは、政事上之命令と区別して社会上之君主の著作公告として看《み》ざるべからず。［…］

第二、此勅語には、敬レ天尊レ神等之語を避けざるべからず。何となれば此等の語は忽《たちま》ち宗旨上之争端を引起すの種子となるべし。

第三、此勅語には幽遠深微なる哲学上の理論を避けざるべからず。何となれば哲学上の理論は必《かならず》反対之思想を引起すべし。道之本源論は唯々専門の哲学者の穿鑿《せんさく》に任すべし、決して君主の命令に依りて定まるべき者に非《あら》ず。

第四、此勅語には政事上之臭味を避けざるべからず。何となれば、時の政事家之勧告に出て至尊之本意に出《いで》ずとの嫌疑を来すべし。

第五、漢学の口吻《こうふん》と洋風の気習とを吐露すべからず。

第六、消極的の砭レ愚戒レ悪之語を用うべからず。君主の訓戒は汪々として大海の水の如くなるべく、浅薄曲悉《きょくしつ》なるべからず。

第七、世にあらゆる各派の宗旨の一を喜ばしめて他を怒らしむるの語気あるべからず。[5]

そして井上は、「此の数多《あまた》の困難を避けて真成なる王言の体を全くするは、実に十二楼台を架するより難事に可レ有レ之候歟《か》」と歎じている。「十二楼台」は当時浅草に建設中で、この年の十一月十三日に開業した十二階建ての遊覧施設〈凌雲閣〉を指す。

七項目のうち、中村草案への直接の批判となっているのは言うまでもなく「第二」である。「天」「神」概念の使用は宗教色が強く不可ということの論点は「第七」とも関係するが、ただし「第七」に関するかぎり、中村の形而上学が、必ずしも意図的な戦略というわけでもなかろうが和洋中のすべてを曖昧に包摂する一種の折衷主義を採ることで、期せずしてこの難点をそれなりにクリアするための解を提示しているという点は、すでに見た通りだ。

井上の挙げた七項目が、ことごとく「……すべからず」「……を避けざるべからず」といった否定命題の形をとっていることは示唆的である。何らかの積極的価値を提示することそこのテクスト作成の主眼であるにもかかわらず、あたかも、何であれポジティヴな規範を定立しようとするやそれはその積極性・肯定性それ自体のゆえにただちに、また自動的にこのテクストにふさわしからざるものとなってしまうとでもいった、一種不条理な不可能事に直面していると彼は感じていた。すべては「天」の定めるところであり、そこに儒教もキリスト教も国学神道も何もかも合流するといった中村流の言説は、楽天的な啓蒙主義のパラダイムに属するものと言ってよい。立憲主義的天皇制国家を創出するという事業が憲法発布とともに本格的に始動した今、明治初期のそうした「啓蒙」のターミノロジーはもはや時代遅れになっているというのが、井上の認識だったのであろう。政治も宗教も哲学も避けねばならず、またそこに「漢学の口吻」も「洋風の気習」も持ち込んではならない(明治初期の「啓蒙思想」とはまさしく政治・宗教・哲学・「漢学の口吻」・「洋風の気習」のごった煮にほかならず、その思想の持ちえた力のゆえんはまさにこの雑駁《ざっぱく》な混淆ぶりそれ自体にあった)。かと言ってまた、

「愚」や「悪」を提示してそれを戒めるといった搦め手からの便法に逃げるというやりくちも、君主の訓告としていじましい印象を与えるから採るわけにいかない。では、いったいどうするか。

井上の苦悩は、「啓蒙」と「天皇」との葛藤という明治日本の立国論理の根幹に位置する二律背反が、どうにも解消しようのないところまで尖鋭化し、それに言説の水準で何らかの解決を与えないかぎり立国の条件それ自体が危うくなるといったこの時期の言説状況の歴史性に、深く根ざしたものである。この時期とここで呼ぶものはさしあたり、藤田省三がその驚くべき鋭利な論文「天皇制国家の支配原理」において「天皇制国家成立の劃期《かっき》」[傍点藤田]と見なした「一八八九年を中心とする前後三年の劃期」にほかならない(6)。

もとより「啓蒙」に対する反動は、自由民権運動の弾圧をきっかけに突然噴出したわけではない。政府は明治五年八月三日に学制を公布するが、その前日に出された、学制のいわば前文と言ってよい文書には、「日用常行言語書算ヲ初メ士官農商百工技芸及ビ法律政治天文医療等ニ至ル迄、凡《およそ》人ノ営ムトコロノ事、学アラザルハナシ(7)」「学問ハ身ヲ立《たつ》ルノ財本共《とも》云ベキ者ニシテ、人タルモノ誰カ学バズシテ可ナランヤ」といった文言が見える。一身独立のための「学」「学問」の意義を謳い上げるこの文面が、『学問のすゝめ』の影響下にあることは明らかであろう。だが、それに先立つ明治三年、文明開化の潮流に祭政一致の皇国思想を対抗させるべく、「朕恭《うやうや》しく惟《おもんみ》るに、天神天祖極を立て統を垂れ、列皇相承け、之を継ぎ之を述ぶ」と始まる「大教を宣布するの詔(8)」が出されていることを忘れてはなるまい。それは、

「中世以降、時に汚隆有り、道に顕晦有り」という変転を経て、たとえ今「百度維《こ》れ新た」にならうとも、なお一貫して不変の原理たるべきは「惟神《かんながら》の道」であるとして、それを「宣揚」することを「汝群臣衆庶」に命じている。

「啓蒙」的な学知に対するこうした天皇サイドの攻撃は、侍講元田永孚をその最大の思想的代弁者としつつ、以後も連綿と継続する。明治十二年、知育偏重を批判し仁義忠孝の徳目の重視を主張する「教学聖旨」の起草に当たった元田は、さらに十四年、勅命によって『幼学綱要』を編纂しており、多くの挿絵の補助によって儒教道徳を懇切に説くこの修身教科書は全国の学校に下付されている。これらは、一種の絶対的(ないし教条主義的)民権論者と呼ぶべき植木枝盛《えもり》が「教育ハ自由ニセザル可《べ》カラズ」を執筆(明治十三年)したのとほぼ同時期の出来事である。

他方、開明派官僚であった初代文部大臣森有礼は、道徳教育の基礎を西洋倫理学に求めようとしていた。巷で「明六の幽霊(有礼)」と揶揄《やゆ》されていた森が、明治二十二年の憲法発布式典の当日、国粋主義者に襲撃された(翌日死去)のは、「啓蒙」対「天皇」の抗争がスペクタクル的に激化した一瞬間に起きた、またその一頂点をかたちづくる出来事でもあった。井上毅はこうした混沌とした状況下にあって、徳育をめぐる国家的マニフェストを執筆するという困難な使命を遂行しなければならなかったのである。その困難は、洋学派の知識人であると同時に天皇の臣でもあるという、彼自身のアイデンティティの引き裂かれ自体からじかに発するものでもあった。

山県宛井上書簡の二通目(六月二十五日付)で、井上は勅語起草の困難に関してさらに言葉を継いで、次のように語っている。

道之本原を論ずるは二種ありて、一は天神之宣命なりとし(耶蘇教)、他の一は人之性情は天徳と同体なりとす(仏説 幷《ならびに》易理、宋儒)。而《しこう》して此両説共に近世哲学之多くは擯斥《ひんせき》する所たり。即ちダルウィン派の運命説、スペンサーの不可識説、オーグスト、コント派の物証説は、天神之存在を信ぜず、又は多く之政事学者は性悪之説を唱ふ。「グナイスト」氏之如き亦《また》是なり。如《かくのごとく》レ此無形上の一戦場ともいふべき百家競馳之時に於て、一の哲理の旗頭となりて世の異説雑流を駆除するの器械の為に至尊の勅語を利用するとは余り無遠慮なる為《し》方《かた》にて、稍《やや》眼識あるものは必《かならず》当時教育主務大臣之軽率に出たりとして弾指するものあらん(9)。

「近世哲学」の視座から「天神」「天徳」の概念を斥《しりぞ》ける井上が、思想的には「啓蒙」の側に立っていることは明らかだ。ダーウィン、スペンサー、コントというレフェランスの列挙から、彼の念頭にあるものが社会進化論であることもまた自明だが、彼はそれを「左」旋回の唯物論的含意において受容し、それに照らして「天」の形而上学の無効を宣告しているのである。だが、自身の思想的立場は国家に仕える官吏たる井上にとっては二義的であり、彼の第一の関心は、この勅語を誰からも「弾指」されえない「至尊」の言説としていかに組織するかにあった。藤田省三は井上毅を、伊藤博文や森有礼とともにナショナリストならぬ「エタティスト」と見なし、その「典型」とも呼んでいるが[10]、この国家主義者《エタティスト》にとっての至高命題はプロイセン流の立憲君主国家の創出にほかならず、彼の興味はみずから起草しつつある勅語がそれにいかに寄与するかにしかなかったのである。

「天」の転移

前年に発布された大日本帝国憲法にすでにその精錬され尽くした設計図が書きこまれている立憲君主制の国家像は、それが「立憲」と「君主」の結合体であるかぎりにおいて、ほかならぬ「啓蒙」と「天皇」の綜合によって成立すべき理念であったと言える。教育問題の戦場で明治初年以来繰り広げられてきた「啓蒙」対「天皇」の抗争は、藤田省三のいわゆるこの「劃期」の時点で、森有礼文相へのテロに象徴される血腥《ちなまぐさ》い緊張状態の高まりを迎え、両者の間にいつ決定的な決裂が生じても不思議ではないイデオロギー的臨界点に達していた。そして、それはまた同時に、その緊張関係に何らかの解消の途《みち》が示されなければならないぎりぎりの時点でもあった。憲法が発布された明治二十二年二月十一日以降、翌年十一月二十九日の施行に至るまでの過渡期こそ、「啓蒙」と「天皇」との間に何らかのイデオロギー的調停を図ることが「エタティスト」にとって切迫した急務と認識された、危機的「劃期」にほかならなかった。井上毅はこの調停の責務をみずから引き受け、「啓蒙」と「天皇」とを和解させるための模範答案を書こうとしたのである。しかもその和解が、これもまた「明六の幽霊」の一人と呼ぶほかはない中村正直の提起したような、諸教混淆的《シンクレティック》な「天」原理によっては達成されえないこともまた明らかだった。超越的原理として「天」を措定することは、憲法本文においてついに「天皇」という名称に固定された日本の君主の権威の絶対性に、思想的＝ステータス的な混濁をもたらさずにはおかないからである。では、いったいどうしたらいいのか。

井上毅の数次にわたる草案について、またそれらにそのつど加えられた度重なる修正の実態についての詳細は、ここでは省略する[11]。最初期の井上案を見るかぎり、最終的な決定稿の骨格はそこにほぼすべて出揃っているので、本書でのわれわれの問題機制にとっては、決定稿を検討すればそれで当面の用は足りると思われるからである。細部にわたるその練り上げの過程で、みずから別に案を起草していた元田永孚の意見も或る程度取り入れられたが、「啓蒙」と「天皇」との和解を模索する井上草案には、もともと「教学聖旨」以来の元田の思想への十分な配慮がすでにあり、従って井上草案を基礎とすることに元田の側も強い反対はなかった。ともあれ、教育勅語という決定的テクストの生成過程の最終段階での、井上毅と元田永孚の――西欧的教養で武装した四十六歳の超優秀な法制官僚と天皇側近の七十一歳の筋金入りの儒学者の――協力、合議、妥協は、「啓蒙」対「天皇」の抗争が調停され、両者の間に或る均衡が達成されたことを意味する、きわめて徴候的な一事件であったと言ってよい[12]。単にその均衡の表現であったというよりはむしろ、結果的にはその均衡を明治の表象空間に現勢化し、それによって「道徳領域に国家を構築する」[13](藤田省三)べく機能することになった精密な言説装置としての教育勅語は、かくして細心の配慮のうちに組み立てられ、三百十五字の簡素な姿に結晶した。

さて、以上を言ったうえで、いよいよ本文三百十五字から成るその最終完成態の全文を左に掲げる（「凡例」で述べた通り、本書における引用文は適宜句読点を補ったり濁点を添えたりしているが、この神聖なテクストに関してはとりあえず一字一句原文のまま引いておくことにする）。

朕惟《おも》フニ我カ皇祖皇宗国ヲ肇《はじ》ムルコト宏遠ニ徳ヲ樹ツルコト深厚ナリ我カ臣民克《よ》ク忠ニ克ク孝ニ億兆心ヲ一ニシテ世々厥《そ》ノ美ヲ済《な》セルハ此レ我カ国体ノ精華ニシテ教育ノ淵源亦実ニ此ニ存ス爾《なんじ》臣民父母ニ孝ニ兄弟ニ友ニ夫婦相和シ朋友相信シ恭倹己《おの》レヲ持シ博愛衆ニ及ホシ学ヲ修メ業ヲ習ヒ以テ智能ヲ啓発シ徳器ヲ成就シ進《すすん》テ公益ヲ広メ世務ヲ開キ常ニ国憲ヲ重《おもん》シ国法ニ遵《したが》ヒ一旦緩急アレハ義勇公ニ奉シ以テ天壌無窮ノ皇運ヲ扶翼《ふよく》スヘシ是《かく》ノ如キハ独リ朕カ忠良ノ臣民タルノミナラス又以テ爾祖先ノ遺風ヲ顕彰スルニ足ラン

斯《こ》ノ道ハ実ニ我カ皇祖皇宗ノ遺訓ニシテ子孫臣民ノ倶《とも》ニ遵守スヘキ所之ヲ古今ニ通シテ謬《あやま》ラス之ヲ中外ニ施シテ悖《もと》ラス朕爾臣民ト倶ニ拳々服膺《けんけんふくよう》シテ咸《みな》其徳ヲ一ニセンコトヲ庶幾《こいねが》フ

明治二十三年十月三十日

御名御璽(14)

論旨の上でほぼ三段に分かたれているこのテクストにおいて、道徳の教えとしての実質的内容をなすのは「爾臣民父母ニ孝ニ……」から始まる中段である。しかしそれにしても、親孝行から国法の遵守まで、ここに挙げられている十二の徳目の、何と平凡、何と無個性的であることか。政治も宗教も哲学も避け、誰からも「弾指」されない消極性に徹した結果、残ったものは『孟子』由来の日常的な「五倫の徳」(君臣の義、父子の親、夫婦の別、長幼の序、朋友の信)とそのコロラリーだけになった。そして、このテクストが途方もないメディア論的成功を収めえた理由の第一のものが、突出したものをことごとく排除し、ありきたりの紋切り型のオンパレードに終始するというこの選択にあることは明らかだ。考え抜かれた井上の戦略が見事に図に当たったのである。

これらはむろん儒教の教えではある。だが、本来の朱子学に内在していた壮大な体系性への志向はここにはかけらも見出されない。南宋の朱熹《しゆき》は理気二元論によって森羅万象の統一的把握をめざした思想家だが、そうしたコスモロジックなヴィジョンはここでは封じられ、すべては非政治的・非宗教的・非哲学的な世俗の地平に平たく均《なら》されてしまっている。とはいえ、たとえ日常的な生活世界を律する小文字の徳目ばかりが並べられているにせよ、それが規範であるかぎりにおいて、その価値と正当性は何らかの超越的規矩によって基礎づけられねばなるまい。その基礎づけが行なわれているのがこの中段を両側から挟む前段と後段であり、そこで機能している決定的な概念が「皇祖皇宗」と「国体」であることは言うまでもない。削除された「天」概念に代わって、建国の勲功と帝室の血統の持続の観念が登場する。そしてこの観念が、当為として列挙されたこれら規範群の正当性の根拠をなすことになるのだ。

そもそも「勅諭」とはいったい何か。それはいかなる言説形式の謂《い》いなのか。ひとことで言えば、「朕」という特殊な主語を発話主体とするきわめて特異な一人称テクストが「勅諭」である。そしてこのテクストは、何らかの規範を提示しつつ、その遵守を臣民に要求する命令形式をとるという点で、言語哲学的に言えば「事実確認的」な発話ではなく、つねに「行為遂行的」な発話とならざるをえない。さて、こうした発話における「命令」が「命令」として十全に機能するための必要条件とはいったい何か。何々をせよと命じられた者に、命じられた通りの行為を実行させる(それが「行為遂行的」な発話が成功裡に「機能」するということだ)ためには、通常、①遵守を求められている規範の、議論の余地のない正当性の提示か、さもなくば②命じる主体の有無を言わせぬ権威の証明か、そのどちらか一つ、ないしその両方が不可欠である。

ところで、一般的に言って、命令形式をとる一人称テクストは、①の場合はともかく、②に依拠して「行為遂行的」たらんとするとき(とくにその命令が倫理や道徳の領域に関わる場合)、どこかしら滑稽な誇大妄想《メガロマニア》の相貌をまとわないわけにはいかない。たとえば、「父たるわたしは……」だの「村の長老たるわたしは……」だのと、みずからの資格提示だけを根拠としつつ何らかの道徳的命令を下す者がいるとして、もし命令の受け取り手がその「父」なり

「長老」なりといった資格に権威を認めていなければ、あるいはそれに権威を認めるという精神的風土のうちに棲まっていなければ、その命令の発話は単に独善的な自己満足の身振りとして空転し、或る場合には嘲笑され、「行為遂行的」には機能しないままに終るだろう。

では、それが「王」や「皇帝」といった十分に堅固な権威を持つと見なされる主体が、「王国」や「帝国」の臣民に向かって発する「わたしは……を命じる」という命令である場合にはどうか。だが、「王たるわたしは……」「わたしは皇帝として……」で始まる言表など、実は遊戯的ないし演戯的な場面でなら誰でも口にしうるものである。言表の内容それ自体のうちに、「わたし」に命令の権能が備わっていることを保証しているものは何もないからだ。従って、発話主体の権威の客観的証明を伴わないままその言表だけが裸形のまま提示された場合、その言語行為は、言表の内容の真実性と信憑性がただちに疑義に付され、すべてが滑稽なメガロマニアの無償性に頽落してしまう危険を絶えず孕《はら》んでいる。「裸の王様」の寓話の普遍性がそこにある。一人称の命令文とは、言説の主体と、言説の内容をなす命令行為の主体との同一性によって成立する、実はきわめて特異な言語形式なのである。命令しつつ、しかもそれと同時に、自分には命令する権利があると説得すること。そんなアクロバットを首尾よく実践しおおせないかぎり、威丈高な「……せよ」という言表は、誇大妄想として嗤《わら》われる結果になるのが落ちだろう。

道徳的命令の集積から成り立っている聖書や『論語』がこうしたメガロマニアックな喜劇性を免れ、賢智に満ちた古典として長く尊重され読み継がれているのは、その内容の質や水準はともかくとして、何よりもまずそれが三人称の語りで書かれているからではないだろうか。たしかにイエスは「わたしは……を命じる」という一人称の命令文をしばしば口にする。しかし、新約聖書の地の文章はそれを「……と彼は語った」と受け、記述の基本形は終始三人称のナラティヴの埒内《らちない》にとどまっている。そもそもキリスト教におけるイエスという存在、あるいはもっと一般的に一神教における「預言者」という存在自体、「神」自身が「わたしは……を命じる」と語り出すことの独善的な滑稽を回避するために、「神」を表象《リプレゼント》＝代行する者として——「神」の言葉をほどよい「真実らしさ」のコードに乗せて「人間」世界へ仲介する者として仮構された、巧緻な「語りの装置」だったのではないか。他方また、『論語』もまた「子曰く……」の三人称のナラティヴであり、しかもそれがしばしば対話の形式をまとっていることは周知の通りだ。

それでは、もし仮りに、「わたしは……を命じる」という言表が、「天」という超越的審級に依拠することなく、権力行為として有効に機能しうるとすれば、それはいかなる場合であろうか。「わたし」にはそれを命じる権利があることが、「わたし」によって命じられた内容それ自体によって正当化されているとでもいった、一種の論理的アクロバットが演じられることによるのほかはない。それは、一瞬のうちに空虚な笑劇へと頽落しかねない軽業《かるわざ》的なトリックの実践である。「わたし」は何事かを命じつつ、同時に、「わたし」にはそれを命じる権利と権威があると言わなければならず、かつまたその権利と権威を保証するものはそこで命じられる内容以外にない。この堂々巡りの形式が孕む無償の「美」とその洗練の「精華」

に、「勅諭」という言説形式の本質はあると考えるべきではないのか。「朕」とはいわば、重力に逆らって「わたし」が「わたし」自身を持ち上げ、宙空に支えるというトリックによってのみ成立する一人称主語なのである。同様にまた、「勅諭」とはいわば、自分自身によって吊り下げられて宙に浮き、その奇蹟の特権性を誇示している言説のことなのだ。重力の支配から独り逸脱し、何ものによっても支えられず無重力空間に浮遊しているかのごときその非合理的光景の無償性が、「朕」と「勅諭」とをともども聖化し、不可触の存在たらしめる。政治・宗教・哲学といったご大層な原理群にも、「漢学の口吻」「洋風の気習」にも、このアクロバットを遂行する力はない。手品のタネとして機能しうるのは実は、何もかもが避けられた挙げ句に残ったささやかな日常規範だけなのである。

そのとき、「天」は、中村の言説においてそうであったような、発話主体からも発話内容からも超越し超脱した外部から現世の歴史と生を統御する宇宙論的原理であることをやめ、「今・ここ」の現世それ自体に内属する「朕」の魂と身体へと意味論的に転移する。「朕」は、超越的な「天」原理を決して参照せず、身はこのうつし世の現実に内在しながら、しかしなおかつ自分で自分を地上から持ち上げて宙に保持するというきわめて奇態な「超越者」となる。近代日本に固有の特異な権力主体としての「天＝皇」が誕生するのはこの瞬間である。

29　命令——天皇(三)

天皇は命令しない

　ここで改めて提起すべきは、「勅諭」一般にわれわれが与えた「命令形式をとる一人称テクスト」という定義に、はたして教育勅語は該当するか否かという問いである。それは「命令」ではない、「命令」であってはならぬと考え、まさにその点こそこのテクスト作成に当たっての真の難関だと直覚していたのは、ほかでもない、初案の起草者井上毅自身であった。実際、すでに引用した通り、山県有朋宛の書簡に彼は教育勅語起草の「非常の困難」をめぐって七項目を列挙しているが、彼が他に何にも先んじて真っ先に掲げたものこそまさに、今回の勅語が「他之《の》普通之政事上の勅語」「政事上之命令」とは一線を画するものでなければならないという点であった。

　なぜ「命令」してはならないのか。「君主は臣民之良心之自由に干渉せず」、すなわち権力は民衆の精神の領域までをも統制しようとしてはならないからである。井上が伊藤博文とともども抱いていた国家観と政治観はきわめて「近代的」なもので、それによるなら統治は民衆の内面にまでは及びえないし及ぶべきではない。なるほど優良な日本国民を創出するために、国家による教育システムの構築と維持は不可欠ではあろう。だが、ネーション・ステート樹立を喫緊の使命とする井上の「エタティズム」がいかに強靱なものであれ、他方で彼の高度な「啓蒙」的教養は、国家の存立を毀損しないかぎりでの思想や信仰の「自由」という価値概念までをも棄て去ることを、彼に許さなかった。国家による精神統制にほかならない教育勅語の起草に当たっての彼の煩悶の根底には、このジレンマがあったのだ。天皇というペルソナを中核として仁義忠孝を国民道徳化しようとしていた侍講元田永孚との間に生じた葛藤も、主にこれに由来する。

　この点をめぐる井上と元田との対立には、実は前史がある。前述の通り、教育勅語制定問題に十一年先立つ明治十二年、元田の起草による「教学聖旨[1]」が出される。これは「晩近《ばんきん》専《もっぱ》ラ智識才芸ノミヲ尚《たっ》トビ、文明開化ノ末ニ馳セ、品行ヲ破リ風俗ヲ傷《そこな》フ者少ナカラズ」といった当節の世相を慨嘆し、これへの改善の方途として仁義忠孝の道徳を改めて宣揚するものであった。ところが、同時期に内務卿伊藤博文の名で出された「教育議[2]」は、遠回しな迂《う》言《げん》法によってではありながら、こうした国家による道徳教化の梃入《てこい》れに明らかに反対する立場を表明している。

　教育の改良と風俗の矯正について天皇から下問された伊藤がそれへの答えとして上奏した「教育議」は、これもまた井上毅が原案を執筆したと見なされる文書だが、そこで強調されているのは、維新の弊害を矯正しようとするあまり、悪しき反動を復活させてはならぬという点である。「今或《あるい》ハ末弊ヲ救フニ急ニシテ、従テ大政ノ前轍《ぜんてつ》ヲ変更シ、更ニ旧時ノ陋習《ろうしゅう》ヲ回護スルガ若《ごと》キコトアラバ、甚《はなはだし》ク宏遠ノ大計ニ非《あら》ザルナリ」。この「旧時ノ陋習」が、元田らに先導された儒教主義復活の機運を指していることは言うまでもない。だがここで注目すべきは、井上＝伊藤がそこからさらに論を進め、新を採るべきか旧に戻るべきか、西欧流の文明開化かそれとも儒教的な仁義忠孝かといった道徳理念をめぐる議論の土俵それ自体に、権力は立ち入るべきではないとしていることだろう。

若《も》シ夫《そ》レ古今ヲ折衷シ、経典ヲ斟酌《しんしゃく》シ、一ノ国教ヲ建立シテ、以テ世ニ行フガ如キハ、必ズ賢哲其《その》人アルヲ待ツ。而《しか》シテ政府ノ宜シク管制スベキ所ニ非ザルナリ。(3)

この「教育議」に、元田永孚はただちに「教育議附議」を執筆して反論する。反駁《はんばく》は井上＝伊藤の論の諸点の細部に及ぶが、右の「賢哲其人」云々にもむろん批判が向けられている。

抑《そもそも》其人アルトハ誰ヲ指シ云歟《いうか》。今聖上陛下、君ト為リ師ト為ルノ御天職ニシテ、内閣亦《また》其人アリ。此《この》時ヲ置テ将《まさ》ニ何《いずれ》ノ時ヲ待タントス。且《かつ》国教ナル者、亦新タニ建ルニ非ズ、祖訓ヲ敬承シテ之《これ》ヲ闡明《せんめい》スルニ在ルノミ。(4)

為政者は人民の精神的指導者でもまたあらねばならぬというのが元田の立場なのだ。つまり、明治二十三年六月に至って、山県有朋宛書簡で井上毅が、「天生ジ㆔聰明ヲ㆒為㆓之君㆒為㆓之師」とは支那之旧説なれども、今日之立憲政体之主義に従へば、君主は臣民之良心之自由に干渉せず」と述べているのは、この十一年前の応酬のほぼ正確な再現なのである。確執の根は深いと言わなければならない。

この確執が或る和解の中に揚棄《ようき》されたところに生まれ落ちたものが教育勅語であるという点は、前章において詳述した通りだ。今ここで改めて検討してみたいのはその和解ないし折衷の具体的な様態である。

教育勅語に顕揚されている徳目群を支配しているものはむろん儒教思想であるが、その中に儒教とはやや異質な「常ニ国憲ヲ重《おもん》シ国法ニ遵《したが》ヒ」が最終的に残されたのは、元田が井上に譲歩した点、ないし井上がこれのみはどうしても譲れなかった点と言うべきものだろう。これは、大日本帝国憲法の第四条「天皇ハ、国ノ元首ニシテ、統治権ヲ総攬《そうらん》シ、此ノ憲法ノ条規ニ依リ之ヲ行フ」の後半部分に表現された近代的な法治主義に呼応するものだ。たとえ、天皇が従わなければならないとされるその憲法自体、その制定権も改正権も天皇が占有しているという堂々めぐりの論理機制になっていたとしても、である。

だが、遵法精神の強調というかたちで天皇を超える規範的価値への言及がかすかに忍び込まされているとはいえ、教育勅語が総体として示しているものが、「啓蒙」に対する「天皇」の勝利であることは否定しがたい。譲歩を強いられたのは、ほぼ全面的に井上の側であった。実は井上の手になる最初期の草稿の一つには、「一朝事《こと》アレバ義勇公ニ奉ジ、以テ天壌無窮ノ皇道ヲ翼戴《よくたい》ス」とある、その後に、「善ニ非ズシテ何ゾ乎《や》、人知ノ発達ハ世々其ノ歩ヲ進メ窮極アルコト無シ」とあり、続けてその「知」について「乃《なんじ》ノ天聡ヲ啓《ひら》キ乃ノ良能ヲ導キ業ヲ勉メ芸ヲ習ヒ各々其ノ器ヲ成シ、小ニシテハ公益ヲ広メ以テ俊良ノ民ト為リ身ヲ立テ家ヲ利シ国ノ興運ヲ助ク、知ニ非ズシテ何ゾ乎」と書き込まれていた。(5)「文明史観」的な観点から「知」の価値を顕彰しているこうした記述は、修正を重ねるうちにことごとく削除されてしまい、結局最終稿にはただ「智能ヲ啓発シ」という一句のみが残ることになる。この「智能」とは、最初期の草稿にあったような、個人の資質の開花から「国ノ興運」までのすべてを司る全能の「知」ではもはやない。この勅語で説かれている倫理の地方性さえをも世界的な視野から相対化しうる「普遍的」な「知」ではなく、道徳規範をメタレヴェルで理念的に基礎づける優位概念としての「知」でもない。「文明史観」的含意をいっさい欠いたこの「智能ヲ啓発シ」はもはや、単に形式的な要請から「徳器ヲ成就シ」と対句的に並列されているだけの一句にすぎない。結局、元田の「教学聖旨」に表明されていた「智識才芸」への蔑視の前に、井上は妥協せざるをえなかったということだ。

では、そうした譲歩と妥協を重ねつつ、しかしなお単に「旧時ノ陋習ヲ回護」するだけのことに終るまいと考えていたに違いない井上にとって、「啓蒙」的な近代性を最小限担保するために、何らかの反攻の方途はなかったのか。彼が構想しえたのは実際上、二つの戦略しかなかった。一つは、すでに述べたように、あからさまな思想臭も突出した政治臭も消去し、くすんだ消極性に徹し、教育勅語の実質をなす中段全体をこの地味な消極的色彩で覆い尽くすという選択であり、これはほぼ完璧に実現された。ここに説かれているものは、儒教の理念というほどご大層な徳目ではなく、当時の庶民の日常を律するありきたりの生活常識にすぎない。しかもそれを、かつての「大教を宣布するの詔《みことのり》」や「教学聖旨」のような威丈高な身振りでことごとしく宣揚するのではなく、さらりとした書きぶりでひたすら淡々と列挙すること。

たとえば、朗々たる雄弁体で、ほとんど叙事詩的と言ってもいいような文学的措辞を凝らしつつ軍人精神の英雄性を謳い上げている軍人勅諭(明治十五年)の文体の暑苦しい印象と比べた場合、教育勅語の文体の簡素と平板は改めて際立って見えてこよう。教育勅語の出発点として、軍人勅諭に対応するものをという発想が首相山県の念頭にあったというが、両者のエクリチュールは最終的にはきわめて異質なものとなった。西周を主な起草者とする軍人勅諭が、何かを積極的に主張しようとしているテクストであるのに対し、教育勅語は逆に、何かを主張せずに済ますことに全力を傾けて成ったテクストなのである。

至尊の空言

井上の戦略の第二は、テクスト作成それ自体ではなく、ひとたび成ったテクストの宣布と運用の実態に関わるものだ。そして、ここで問題となるものこそ、教育勅語を「政事上之命令と区別」すべしとする彼の留保にほかならない。

思想家でも哲学者でもない法制官僚井上は、「啓蒙」が「天皇」に敗北すること自体を顰《ひん》蹙《しゅく》せずんばやまずといった、徹底した近代的＝知識人的モラルの持ち主だったわけではない。

実際、井上自身をその起草者の一人として作成され、前年に公布された憲法ではすでに、途方もない絶対主義的大権が天皇に賦与されている。天皇の権威をますます高め、民衆に周知させること自体は、井上の大いに望むところでもあった。ただ彼は、その大権が民衆の精神の内面までをも拘束することには難色を示さざるをえない。教育勅語は、帝国憲法第九条に「天皇ハ、法律ヲ執行スル為ニ、又ハ公共ノ安寧秩序ヲ保持シ及《およ》ビ臣民ノ幸福ヲ増進スル為ニ、必要ナル命令ヲ発シ、又ハ発セシム」とある、そのような意味での「命令」であってはならない。もしそれが「命令」となるなら、それは同憲法第二十八条「日本臣民ハ、安寧秩序ヲ妨ゲズ、及臣民タルノ義務ニ背カザル限《かぎり》ニ於テ、信教ノ自由ヲ有ス」と背反することとなろう。では、いったいどうしたらこの勅語を「政事上之命令」から遠ざけることができるのか。

井上はそれを、テクストの内容自体を改変するのではなく、言説としてそれが持つ制度上のステータスに位置移動をもたらすことによって行なおうとした。彼はこの勅語を「社会上之君主の著作公告」と見なすべきだと主張したのである。ここで彼が「天皇」ならぬ「君主」の一語を用いていることは重要であろう。ドイツ型の立憲君主制を範として憲法を構想した当人であるだけに当然ながら、井上は日本の皇室に「万邦無比」の特異性を認めてはいなかった。君主も君主なりに、一個人としてみずからの意見を「公告」する権利はもちろんある。ただしその場合、「君主の著作公告」の方法は、勅諭すなわち通常の「政事上之命令」とは異なったものとなるべきだろう。井上は、「実に十二楼台を架するより難事」云々に続く部分で、「両《ふた》つの方法」を提案している。

甲は、文部大臣まで下付せられ世に公布せず。
乙は、演説の体裁とし、文部省に下付されずして、学習院か又は教育会へ臨御之序《ついで》に下付せらる(政事命令と区別す)(6)。

甲案はテクストそのものを隠匿し、「行為遂行的」な発話としての現実的機能を最初から封殺してしまう途《みち》である。乙案は一般民衆の視線にさらすことはさらすとしても、国家意思としての公的性格をそこからあらかじめ抜き去っておくという手法である。

結局、この井上の提案はどちらも採られるところとならず、教育勅語は文部省を通じて各学校へいっせいに下賜された。ただし、帝国憲法第五十五条には「凡《すべ》テ法律、勅令、其ノ他国務ニ関ル詔勅ハ、国務大臣ノ副署ヲ要ス」とあるにもかかわらず、教育勅語に国務大臣の副署は添えられなかったという事実に、井上毅の意思が辛うじて反映されたと言える。「国務ニ関ル詔勅」の扱いを受けさせないという点のみ、井上は辛くも死守したのである。しかし、はたしてそれによって彼はこのテクストの「命令」としての性格を弱毒化することに成功しえたのかどうか。

ひとたび公布されるや、副署云々などもはや問題にならない勢いでそれは全国に伝播し、強力な「行為遂行的」機能を果たしはじめる。発布の翌日に文部大臣芳川顕正の名で全国の学校・教職員に「訓示」が発せられるが、そこには「学校ノ式日及其他便宜日時ヲ定メ、生徒ヲ会集シテ勅語ヲ奉読シ、且意ヲ加ヘテ諄々《じゅんじゅん》誨告《かいこく》シ、生徒ヲシテ夙夜《しゅくや》ニ佩服《はいふく》スル所アラシムベシ」(7)とある。この「式日」云々に関しては、翌二十四年六月、文部省令で「小学校祝日大祭日儀式規程」が出され、「御真影」への最敬礼から始まって学校長による勅語の奉読、勅語の「聖意」についての誨告へと続く具体的な式次第の細部が定められる。内村鑑三不敬事件についても、昭和時代に教育勅語が聖典化してゆく過程についてもここでその詳細には触れるまい。ただ、井上毅の意に反して教育勅語がただちに、あからさまな「命令」と化していったという事実のみ確認しておけばそれで十分である。

文部大臣芳川の「訓示」の原案を執筆したのも井上毅だと言われている。この勅語を全国の小学生に拳々《けんけん》服膺《ふくよう》させるべしという趣旨の「訓示」の原稿を彼がどんな気持で書いたかはわからない。ただ、彼の本心が那辺《なへん》にあったかは、これもまたすでに部分的に引用してある山県宛井上書簡の二通目(六月二十五日付)の、末尾部分から或る程度窺い知ることができる。

今日風教之敗れは、世変之然らしむると上流社会之習弊に因由す。矯正之道は只々政事家之率先に在る而已《のみ》、決して空言に在らざるべし。空言の極、至尊之勅語を以て最終手段とするに至りては、天下後世必《かならず》多議を容るゝ者あらん。(8)

この文面をいったいどのように理解すべきなのか。末尾の一文に、やがて「天下後世」に至って、満州事変以降の破滅的な歴史の進行に際し教育勅語が演じることになる役割を重ね合わせ、井上毅の透徹した予見力に讃辞を呈すべきなのか。だが他方、「風教之敗れ」は「政事家之率先」で矯正しうるとする処方箋が、あまりに抽象的でナイーヴにすぎ、リアリズムに欠けることもまた否定しがたい。思想家でも哲学者でもない井上は結局は実務家で、形而上的言説(「空言」)というものの持ちうる現実的な力を真に理解していなかった節がある。

「空言の極、至尊之勅語を以て最終手段とするに至りては……」とはどういう意味なのか。保守的政治家たちが「風教」「道徳矯正」のために勅語に依拠しそれを利用すること、言い換えれば彼らによって為されかねない勅語の曲解や本来の趣旨からの捩《ね》じ曲げ、それがすなわち「空言の極」だ、と井上は言っているのだろうか。しかし、ふつうに読むなら、むしろ「空言の極」と「至尊之勅語」はここで同義のフレーズとして並置されているようにも取れる。少なくとも勅語が「空言の極」として利用可能であると井上が判断しているのはたしかである。実際、勅語から政治的含意を抜き去り、宗教の教義も抜き去り、「福善禍淫」のような陳腐な処世訓も抜き去り、すなわち積極的な「意味」をことごとく脱色し尽くして、どこからも誰からも文句の出ないような無色無臭の——しかし「至尊」の——言説を創り上げねばならぬという井上毅の主張の帰結するところ、最終的にそうした条件すべてを満たす言説とは、「空言」以外の何ものでもあるまい。「空言」とは要するに、言うだけで実行の伴わない言葉の謂《い》いであるが、井上はまさに、教育勅語をそうした言説に仕立て上げようとして必死の努力を傾けていたのではなかったか。

しかし、もしそうだとしたら、この文面は実直な法曹家の言としては或る意味できわめて矯激《きょうげき》な信仰告白と言うべきものだろう。「空言の極」と一挙に言い捨て、それをまたただちに「至尊之勅語」と言い換える身振りの背後に、驚くべき冷徹なアイロニーとシニシズムが潜んでいる。久野収《くのおさむ》のいわゆる「密教としての天皇制」(『現代日本の思想』)(9)が、公開を前提していない私信の中でふと露呈してしまった瞬間だと言ってもよい。実際上、天皇は「神聖ニシテ侵スベカラ」ざる不可視の奥処に祀り上げて——棚上げにして——おき(帝国憲法第三条)、現実政治は国家機関の実務家が分担して代行すればよいというのが井上や伊藤の本音であったろう。勅語の形で天皇がいかなる精神論を民衆に発信しようと、それは現実とは無縁の「空言」であり、またそうでなければならぬと彼らは考えていた。ただし、「顕教」としての天皇の権威が保たれることこそ明治政府のイデオロギー的基盤である以上、いかなる場合であれその「空言」は「至尊」のオーラをたなびかせた言説として組織されなければならない。ただし、そうした至尊の空言に現実的な効果を期待するのはまずかろう、それが「空言」を超えた何かとして手段化されることは何としてでも避けねばならぬ——というのがここで表明されている井上の認識なのである。

天皇は命令する

だが、実を言えば、「風教」の領域で実効力を持つのは、「政事家之率先」などではなくむしろ言説の方であり、それこそまさに教育勅語受容の運命の帰趨《きすう》が証明した冷厳な歴史的真実にほかならない。そして、この真実がまとっている歴史のアイロニーは、そうした恐るべき実効性を持つ強力なテクストを書きえたのが、そこで語られている内容(儒教道徳)の現代的意義を信じていなかったばかりか、そもそも形而上的言説の現実的効果それ自体に根本的な不信を抱いていた一実務家であったという逆説にある。井上はこのテクストを、単に官僚的に作文した。ここで官僚的とは、文書の実質的内容への真の関心も欲求もないまま、単にそれがどう受容されどう流通するべきか、あるいはむしろそれがどう受容されてはならないか、それをどう回避するかという問いを第一義的に立て、その問題をもっともスマートにかつ効率的に解決しようと努めることによって遂行される、文書作成技術の高度性の謂いである。

井上毅は教育勅語の内容にはほとんど興味がなく、またそれが現実的な力を発揮しうるとも信じていなかったが、ただ、明治の表象空間の政治的布置においてそれがいかなるステータスを占めるべきかに関してだけは確たる認識があった、あるいはそれが自分にあると少なくとも信じていた。後は、持ち前の高い知力とそれに由来する融通無碍《むげ》な言語操作技術によって、優等生の作文を練り上げただけだ。その練り上げにおいて主眼とされたのは、能吏の作文にふさわしく、言うべきことを充実させるのではなく言ってはならぬことを削ぎ落としてゆく消極的過程である。井上は、天皇の道徳論などいずれにせよ「空言」にすぎないのだから、それはそれとして当たり障りのないテクストへと磨き上げ、それをあたうるかぎり非公式的な回路で発信しておけばよい、公共空間に向けてまったく発信せずに済ませられればむろんそれに越したことはないと考えていた。爾余《じよ》は、すなわち「空言」とは関わりのない現実の「政事」は、「密教」的な内閉空間における効率的な実務でどうにでも対処できると高を括っていたのである。

今われわれは、「空言の極」が「最終手段」と化すという椿事《ちんじ》の出来事性にちらりと思いを馳せるだけの知性があったという点に、さすが明治の知識人だけのことはあったと感嘆しないわけでもない。が、ともあれ彼は、第二次伊藤内閣の文相を務めた後、この椿事の帰結としての「天下後世」の成り行きを自分の眼で見届けることなく、明治二十八年、五十一歳の若さで死んでしまう。もとより元田永孚はそれよりずっと早く、勅語発布からふた月半あまり経った同二十四年一月に死去している。帝国憲法第十一条「天皇ハ陸海軍ヲ統帥ス」を依りどころに軍部が暴走しはじめた昭和期に、教育勅語がいかなる怪物的なイデオロギー装置として作動することになるかを、幸か不幸かその二人の起草者はいずれも目撃することはなかった。

ところで、教育勅語は井上の意に反して「命令」として機能することになった、とわれわれは先に述べた。天皇を道徳的諸価値の源泉として定立しようとする元田主導のイデオロギー性にブレーキをかけるために、井上は二つの方策を実行したが、それにもかかわらず結果としてこの勅語は政治的に利用《エクスプロイット》されることになったのだと。だが、はたしてそれが、にもかかわらずであったのかどうかという点を、ここで改めてもう少し掘り下げつつ再考してみなければならない。

まず、尖ったもの、際立ったものを削ぎ落とし、内容にも文体にも無色透明な中立性をまとわせたという点。たしかに徳目列挙の最後は「……以テ天壌無窮ノ皇運ヲ扶翼《ふよく》スヘシ」と締め括られているが、「命令」の助動詞「べし」が用いられているのはこの一箇所だけであり、文面の全体としては大所高所から威丈高に強制するといった印象は薄い。とりわけ末尾の「朕爾《なんじ》臣民ト倶《とも》ニ拳々服膺シテ咸《みな》其徳ヲ一ニセンコトヲ庶幾《こいねが》フ」が、「命令」的な感触を大幅に弱めている。語り手が一方的に命じるのではなく、聞き手と一体となって何かを切々と祈念するといった書きぶりになっているわけだ。前章で触れた「大教を宣布するの詔」(明治三年)の末尾が、「汝群臣衆庶、其れ斯《こ》の旨を体せよ(汝群臣衆庶、其体斯旨)」という露骨な命令文で締め括られていたことと、それはきわめて対照的である。しかし、この「共に祈念することへのいざない」の与える心理的効果が、嵩にかかって相手に何事かの実行を強要する場合より実質的にはむしろはるかに強大だという点は、あまりにも明らかではないだろうか。

また、国務大臣の副署が省かれることで、教育勅語が国家の側からの公的な強制ではなく、天皇の個人的意志の表明としての体裁を帯びたのはたしかである。井上の思惑通りそれは「命令」の印象を弱めることになったのだが、しかし、そのことは同時に、民衆の側の心理から言えば、天皇の私的な声が国家を介在させることなく直接自分に届くという印象を醸成させずにおかなかった。聖上陛下が個人としてじきじき自分の耳に、あるいは心に語りかけ、「朕爾臣民ト倶ニ」一緒になって何かを遂行しようと囁きかけ、誘いかけるとき、人はその声の湛える親密なトーンによって、一方的に「命令」された場合よりもはるかにたやすく武装解除され、抵抗への意志を萎えさせてしまうだろう。

「命令」性の削減に正確に比例して増大したこの親密さが、共感と同調を誘う。それこそまさに、教育勅語の受容の現場で生起したことにほかならない。結局これは、文体論的にも制度的にもあからさまな強制力が隠蔽《いんぺい》されているだけに、情動的にはそれによってかえっていっそう強制力の強まった、隠微にして倒錯的な「命令」の発話なのである。それは字面の上では「命令」性を削ぎ落とした「祈念」と「共感強制」の装置なのだが、まさにそのこと自体によって、これ以上ないほど有効に命じたのだ。何を？　「天壌無窮ノ皇運ヲ扶翼」することを、である。

つまり、結果的に井上毅は最良の「命令」装置を洗練し遂げたと言うべきなのである。それを為しえたのがこの言説の発信にまったく賛同していなかった井上で、それを発信したくてたまらなかった元田永孚でなかったという事実には、繰り返すが、まことに意義深い歴史のアイロニーが含まれている。元田は井上宛の書簡(八月三十一日付)で、井上の「荘重温雅に重複を避け、且文人風の繊巧《せんこう》を不レ用《もちいず》」という方針を「素より御名言」と一応称えたうえで、ただし「愚意更に望所は右荘重温雅中に一二警発之語言ありて人を驚醒《きょうせい》致し候様に有レ之度《これありたく》[10]」云々と述べている。元田は、世の腐敗堕落を一喝する警世の詔勅を出したかったのである。もしこの元田の意向が実現され、「漢学の口吻《こうふん》」によるお説教臭芬々《ふんぷん》のスタイルで、徳高い聖君が卑賤な下々を高飛車に叱りつけるといった形の文面になっていたならば、教育勅語があれほどの一般性も説得力も持ちえなかったであろうことはあまりにも明らかだ。

「驚醒」の衝撃が、天皇の声の親密さがもたらす催眠的効果を掻き乱してしまったに違いないからである。この勅語が「成功」を収めるために、それを実効力ある言説として「成功」させまいとする井上の官僚的配慮が不可欠だったという、この皮肉きわまるパラドックス。

前章末尾で触れた「勅諭」の論理構成のアクロバットが成立するうえで、以上のような「命令の隠蔽」が大きな役割を果したことは言うまでもない。ここに提起されているのは、人々の共感と同調を求めずにいられない或る弱さを内在させた天皇——命じるのではなく「庶幾フ」天皇イメージであり、それが、法体系によってその権威を正統化された強大な権力者という、帝国憲法に表象された天皇イメージを、情緒的に補完する。共感と同調のうちにあらかじめ批判意識を眠り込まされてしまった観客の眼には、言説主体が舞台上で演じる、自分自身で自分自身を宙空に吊り下げるという奇術パフォーマンスも、ごく自然な光景と映ってしまうことになる。権威の声で命じられ、強いられて仕方なくその命令を受け入れるのではなく、「朕爾臣民ト倶ニ」と穏やかに誘われることで、単に情緒的に納得してしまうのだ。「臣民之良心之自由」を不可侵の聖域として確保しようとした近代主義者井上は、それに干渉せずにおかない「命令」の強制性を何とか矯《た》めようと努めたが、その努力それ自体によって結果的にはかえってこの「自由」の聖域を本質的に侵食する比類のない権能を秘めたテクストを書き上げてしまったのである。

教育勅語における命令しない天皇は、プロイセン流の強圧的な絶対君主ではなく、「朕爾臣民ト倶ニ」何かを祈願する一種の神主のような存在として立ち現われている。井上はこの勅語から宗教臭を一掃したいと考え、それが中村正直草案に対する彼の批判の主眼点でもあったわけだが、井上案に素描された天皇像に、一種そこはかとなく隠微な宗教性が回帰していることは否定しがたい。では、アニミスティックな原始宗教の祭司としての天皇と近代的なネーション・ステートの長としての天皇とは、いったいどういう形で重なり合っているのだろうか。

30 無比——天皇(四)

表象と権力

君臣の義、父子の親、夫婦の別、長幼の序、朋友の信——儒学の説く五倫の徳について、明治期を代表する二人の「啓蒙思想家」がそれぞれ次のように語っている(兆民が触れているのは最初の二つ、つまり忠と孝だけだが)。

天地之《の》覆載スル所、人物之蕃生《ばんせい》スル所、邦各《おのおの》俗有リ、民各《おのおの》風ヲ成ス、百爾《ひゃくじ》ノ制度、同ジカラザル者有リ、而《しか》シテ父子君臣夫婦昆弟朋友之倫ニ至リテハ、則チ未ダ嘗《かつ》テ同ジカラザルモノアラザルナリ。

(中村正直「穆《ぼく》理宋韻府鈔叙」[1])

夫《そ》レ君臣上下ノ分一《ひとた》ビ定マリテ数百千年ヲ亘ルトキハ、忠孝ノ教《おしえ》自ラ人ノ脳裡ニ浹洽《しょうこう》スルハ自然ノ勢ナリ。父タル者必ラズ此《こ》レヲ以テ子ニ伝ヘ、子タル者必ラズ此レヲ以テ孫ニ伝ヘ、此《かく》ノ如クニシテ歴世相伝ヘテ、以テ一種宗教ノ性質ヲ成スコトハ、凡《およ》ソ立君国皆然《しか》リ。

(中江兆民「毫釐《ごうり》ノ差千里ノ謬《びゅう》」『自由新聞』明治十五年七月二十六日付[2])

忠孝の徳は世界的な普遍性を持つとする両者の論旨は一見ほぼ同じと見える。が、或る一点で微妙ながら重要な用語の相違が認められる。中村正直は忠孝を「倫」と呼ぶのに対し、中江兆民はそれを「宗教」と見なしている。兆民は単にリアリスティックな史論の立場から、安定した社会で忠孝の道が規範化するのは「自然ノ勢」であり、それはどの「立君国」にも共通する現象だとのみ言い、規範としてのその正当性如何《いかん》に関しては何の判断も下していない。これは、五倫を万国に通用する普遍的な道義だとする中村の見解とはむしろ決定的に異なる立論と言うべきだろう。

兆民の「毫釐の差千里の謬」は、自由民権運動に対する圧迫が強まり、明治十五年六月三日には集会条例が改正されるという状況下、権力による民衆運動弾圧に対する抗議として書かれた新聞社説である。彼はフランス革命の経緯を論じつつ、「君の臣を視ること犬馬の如くなれば、則ち臣の君を視ること国人の如し。君の臣を視ること土芥《どかい》の如くなれば、則ち臣の君を視ること寇讐《こうしゅう》の如し」という孟子の言葉を引き(なお「国人」は路傍の人、「寇讐」は仇敵の意)——兆民の儒教的教養！——これこそまさにルイ十六世治下のフランスで起こったことだと言う。前掲の引用文は、臣の君に対する忠節は普通なら自然なはずの現象であるのに、君の側の例外的な横暴によってそれが裏切られた場合、民衆蜂起が惹起《じゃっき》されても無理からぬことであるという文脈で書きつけられたものだ。

結局、兆民は忠孝の徳に精神の規矩としての普遍的正当性を認めておらず、その徳よりさらに上位に位置する規範(君の暴虐に対する抗議)によってそれはいかようにも覆されうるという立場をとっている。これは、忠孝とは宗教、すなわちイデオロギーだとする命題から当然引き出されうる帰結であり、ここから忠孝概念そのものの解体へは、実はほんの一歩の距離しかない。兆民の思考の基底をなすのはつねにイデオロギー批判の実践だからである。

　他方、穏健な保守派である中村正直は忠孝倫理の実質的価値を信じており、それが万国に頒《わか》ち持たれる状態をむしろ理想と見なす。既述の通り、中村は、良く言えば寛容で懐が深い、悪く言えば見境なしに何でも採り込む無定見な、諸教混淆《シンクレティズム》の人であり、儒教の道は彼の中で、近代的な啓蒙精神ともキリスト教の信仰とも矛盾なく同居していた。これは、それら諸要素すべてが「天」という名の超越性の審級によって統べられてあることで可能となった綜合であり、その意味では、彼の官界への転身とそこでの出世、教育勅語の草稿執筆などは、単純なオポチュニズムによるものではなく、むしろ一貫した原理に基づく処世であったと言えなくもない。

　ところで、現象としてであれ規範としてであれ、兆民も中村も――すなわち「啓蒙思想家」ですら――忠孝の徳に認めていた普遍性を、教育勅語はまったく顧慮していないかに見える。そこでは五倫の道の宣揚を正当化する根拠は「皇祖皇宗」と「国体」という二概念に求められているが、これは逆に言えば、「皇祖皇宗」と「国体」のない国では五倫の道は規範として通用しない、ないし必要とされないということを意味している。従って、この勅語に盛られた儒教主義は中村の儒教観とは実は似て非なるものであり、その乖離《かいり》は、勅語本文の生成過程で「天」概念を基軸とする中村草案が最終的には廃棄されるという一事においてくっきりと露呈せざるをえなかった。

しかし、普遍性を志向しない倫理、たとえ口実としてであれ何がしかの普遍性を僭称《せんしょう》するということをしない倫理など、そもそも倫理の名に値するのかという疑問が、当然起こらざるをえまい。そうした疑問の芽をそれが生まれる以前に摘み取るという機能が、もし世界に「無比」なる「皇祖皇宗」と「国体」という二概念に託されているとすれば、普遍的とはまったく逆に徹底的に特異的(単数的)であることを誇るこれら二概念による倫理の正当化は、いったいいかなる修辞と論理構成によって可能となったのか。また、「天皇」に対する「啓蒙」の敗北とともに、普遍性をめぐる問いは完全に封殺されることになったのか、それともそれは「啓蒙」思想におけるのとは違った形をとりながら天皇制イデオロギーの中に生き延びることになったのか。以下に考えてみたいのはこれらの問題である。

記号学者ルイ・マランは、『王の肖像』(一九八一年)その他において、「表象(représentation)」という語の二重の意味に注目している。(3) この語における接頭辞 "re-" が再現と置換の価値を持つ場合、表象するとは、今ここにないものをその代理として提示するという意味になる(「透明」な「他動詞的」効果)。だが他方、"re-" が強調と反復の価値を持つ場合もあり、そこでは「表象」は不在者の代行ではなく、現前するものを単に提示する——強調とともに再提示するという意味にもなる。この後者の場合、表象する主体は、そこにいない誰か他人の代理をするのではなく、自分自身の自己同一性を確認し強化するためにその提示を行なうのであり、そこでは「表象」は、主体の自己構成と自己主張の行為となる(「不透明」な「反射的」効果)。不在者や死者を想像界に召喚し、それを代理＝代行する力と、そのメカニズムを主体自身へと「反射」させ、みずからを権威ある合法的主体として構成し直す力と――「表象」のこの二重化された力が、権力発生の原基たりうることは言うまでもない。そこからマランは、王家の正史・記念メダル・寓話・地図・宮廷娯楽などからなるルイ十四世治下の表象空間を分析し、「国家、それはわたしだ(L'Etat, c'est moi)」と言ったと伝えられる絶対君主の権力を支えるものが、「肖像＝表象」という装置にほかならないという事実を暴き出してゆく。

「表象としての天皇」という問題をめぐっては、「御真影」に関して多木浩二『天皇の肖像』(一九八八年)、行幸ページェントに関して原武史『可視化された帝国――近代日本の行幸啓』(二〇〇一年)など、優れた研究がすでに幾つもあるので、ここで深く立ち入ることはしない。とりわけ「御真影」の下賜とその神格化の問題は、聖典化された教育勅語の機能と密接に連動しているが(学校の式典における「御真影」への最敬礼の強制とその直後に続く勅語奉読の典礼との有機的連携)、ここでは教育勅語という言説のテクスト分析に当面の課題を限定しておくことにする。その場合、表象の二重効果というマランの命題が、この勅語の本文において模範的と言ってもよい仕方で具現しているさまがただちに見てとれるだろう。

死者の召喚

まず、勅語というテクストそれ自体が天皇を他動詞的に表象し、かつまた同時に、テクストの主語＝話者としての天皇がそれによって自己を権力主体として強力に構成しているという点がある。これは「御真影」が発揮した政治的効果とほぼ同型のものだろう。全国の学校の式典でそれが奉読されるとき、読み進める学校長の緊張した声の響きに乗って、その場にはいない天皇のイメージが、臨席者の集合的な想像空間に、文意の進展につれてますます濃密に、ますます神々しく立ち現われてゆく。同時に、表象された客体たる天皇は威容を誇る主体へとただちに転じ、臣民の服従を強要することにもなるというわけだ。

「朕」という特異な一人称主語を成立させる論理的なアクロバットに関しては、われわれはすでに本書前々章の「28　転移——天皇(二)」で詳述している。「わたし」は何事かを命じ、同時にまた「わたし」にはそれを命じる権利と権威があるとも言い、かつその権利と権威はそこで命じられる内容によってしか正当化されえない——この堂々巡りは、いわば重力に逆らって「わたし」が「わたし」自身を持ち上げ、宙空に支えるという奇術のような何かだというのがそこでの趣旨であったが、この言説的パフォーマンスは、いわばルイ・マランが「表象」の二重性と呼ぶものの纏う極限形態の露呈にほかなるまい。

だが、ここでわれわれは、このパフォーマンスのトリッキーな二重性の構造に加えてさらに、テクストの内在的な論理機制において「皇祖皇宗」という記号が演じている特殊な役割に注目してみたい。「皇民」形成を目的としたテクストが建国神話から説き起こされるのは自然であるが、具体的にはその操作が、不在の死者たちを呼び起こすことによって実行されているという点が重要だと思われるからである。「国ヲ肇《はじ》」め「徳ヲ樹」てた主体とされる彼らは、むろん今はもうこの世にいない。しかしその代わりに、血の継承という隠喩的にして換喩的でもある喚起力を通じて、この不在者たちを代理《リプレゼント》＝表象する特権的な記号が現前している。むろんそれこそが、このテクストの話者たる「朕」にほかならない。「朕」という一人称主語は「皇祖皇宗」の血脈を表象し、その血脈の持続に建国以来の日本の歴史の全体が重ね合わされる。が、それだけではない。さらに、この代理＝表象のメカニズムが「朕」自身に「反射」され、今上天皇を強力な権力主体として再提示するに至るのだ。教育勅語のわずか三百十五字の本文中、「皇祖皇宗」という言葉が強調的に二度書きつけられていることと――中段の教訓部分の価値と正当性を基礎づけるためにそれを両側から挟むかたちに置かれた前段と後段の両方に、それぞれ一度ずつ姿を見せていることは、意味のない反復ではあるまい。

起源に立つ「国シラス神」としての「皇祖」はすでに不在である。だが、それが言語記号によって想像空間に召喚されるとき、イメージは、そこに孕《はら》まれた不在の絶対性のゆえにかえってなまなましく、また濃密に立ち現われてくる。それが表象というものの本来持つ、いかなる神秘主義とも無縁の催眠的な魅惑にほかならない。教育勅語は、この不在と現前の戯れに、あえて不透明な神秘性と秘教性を充電し直しつつ、それに或る呪術的な名前を賦与し、あまつさえその名前を自分自身のうちにみずから明確に記入している――「此レ我カ国体ノ精華」と。かくして、これに先立つ二章「28 転移——天皇(二)」「29 命令——天皇(三)」以降われわれが教育勅語をめぐって行なってきたテクスト分析は、ついにこの「国体」という決定的な一語に逢着するに至った。

本書(上巻)の「序章——「国体」という表象」において、われわれは、その実質を問うや否やたちどころに曖昧模糊《もこ》としはじめ、概念として実定的に把握することが(従ってそれを批判することも)きわめて困難な、しかし近代日本のナショナリズムを要約する最大の符丁として現実政治の舞台で巨大な威力を発揮した、この「国体」という名の表象をめぐって、歴史と原理の両面からの考察と分析を試みた。そこでの暫定的な結論は、「国体」とは表象機能の不全によってもっともよく機能するという特異な権能を持つ、畸形《きけい》的な表象であるというものであった。

教育勅語のテクスト分析を経たうえで、それを基盤としたアプローチによってわれわれは今や、この「国体」に対して、やや異なった角度からの——ただしこれもまた暫定的な——定義を与えることができるように思われる。「国体」とはいったい何か。それは畢竟《ひっきょう》、他動詞的効果によって代理《リプレゼント》=表象された「皇祖皇宗ノ遺訓」の召喚と、その反射を受けて正統的な権力主体として構成された「朕」の自動詞的な自己提示《リプレゼント》行為とからなる、「表象」の二重の意味作用の錯綜したキアスムの謂《い》いではないのか。「国体」という護符の呪術的機能の核心は、「透明」に表象されたものが翻って主体の「不透明」な現前を担保するという、二重化された表象機制によって担われているのではないか。

過ぎ去って取り返しがつかなくなってしまったものの想像空間への召喚は、つねに何がしかの情緒的な慰藉《いしゃ》を伴う。教育勅語は、その召喚行為を臣民一人一人のミニマルな物語へと同型的に縮小し、「皇祖皇宗」の物語とパラレルに提示することで、この甘美な情緒性を増幅しようと試みている。「……以テ天壌無窮ノ皇運ヲ扶翼《ふよく》スヘシ」に続く部分、「是ノ如《かく》キハ独リ朕カ忠良ノ臣民タルノミナラス又以テ爾《なんじ》祖先ノ遺風ヲ顕彰スルニ足ラン」とあるのがそれである。徳行のオーラをたなびかせた不在の死者たちの記憶を喚起し、それによって現在の主体を構成するという二重化された表象機制が、「爾臣民」一人一人の家系の物語へと「反射」され、それと「皇祖皇宗」の物語との並行的な同型性が強調される。君も臣もこもごも一体となって同じ物語を生きているというわけだ。みずからの祖先をも ―― 脇役としてながら ―― 同一の想像空間へ呼び出しその「遺風ヲ顕彰」してくれる寛大な典礼に立ち会うことで、勅語の聞き手の想像界は、構造としてはそれと同型の、しかし「天壌無窮」の規模にまで拡張された「顕彰」の典礼としての「皇祖皇宗」の召喚と未来にわたる「皇運」の帰趨《すう》に、親密な情緒の絆で繋ぎ留められずにはいられない。

数多《あまた》の臣民一人一人の「祖先ノ遺風」の積分的な総体が、「皇祖皇宗ノ遺訓」という唯一にして特権的な物語へと結晶する。「億兆心ヲ一ニシテ」とは、また「其《その》徳ヲ一ニセン」とは、結局そのことにほかなるまい。そのとき、「朕」とともに「億兆」の「爾臣民」もまた主体として構成されるのだが、彼ら一人一人のうちに構成されるミニマルな主体とは、言うまでもなく服従する主体《サブジェクト》 ―― 臣民としての主体《サブジェクト》 ―― である。勅語の最終段には「倶《とも》ニ」という言葉が二回、「咸《みな》」「一ニセン」がそれぞれ一回ずつ用いられ、君臣の一体感が強調されている。だが、「朕爾臣民ト倶ニ」「咸其徳ヲ一ニセンコトヲ庶幾《こいねが》フ」と言われるとき、字面の背後に当然のこととして前提されているのは、そこに構成される君臣の主体は決して対称的ではなく、また融合も一体化もしてはいないという事実である。そこには、不在者の召喚を通じての主体構成において、唯一特権的に屹立《きつりつ》する支配する主体と、不定形のマスとして蝟集《いしゅう》する服従する主体とは画然と分かたれてあらねばならぬという命令が、あからさまには響かぬ声に乗せて発せられているのだ。「庶幾フ」とは、この命令を「臣民」たちの耳にあくまで心地良い響きを伴って届かせるための婉曲語法にほかならない。

ちなみに、「皇祖」と「皇宗」が具体的に誰を指すかをめぐっては勅語発布後も多くの議論があった。「皇祖」とは天照大神のことか神武天皇のことか、「皇祖」が天照大神ならば神武天皇は「皇宗」ということになるがそれでいいのか、等々。起草者井上毅は「皇祖」は神武天皇、「皇宗」は具体的に誰というのではなく単に「歴代ノ帝王」を指すとしており、やがてこの見解が一般化するようになってゆく。天照大神は「天シラス神」[6]であり「国シラス神」として奉るべきはやはり神武天皇でなければならぬとする彼のこの見解は、神話時代を括弧に入れ歴史の概念を建国以後に限定するという立場であり、それは恐らく啓蒙知識人としての井上が棄てきれなかった最低限の合理主義の反映であろう。しかし、いくぶん牽強付会しつつ言うなら、それと同時に、教育勅語の生成過程を貫通してその本質を決定した「天」概念排斥の身振りが、ここにもまた生き延びていると見ることもまた、決して不可能ではないように思う。アマテラスの「天」の超越性から断ち切られて地上――五倫の徳に従って秩序立てられるべき人倫世界――に降り立ったスメラギが、いかなる御稜威《みいつ》によってみずからを権威づけうるかという問いこそ、伊藤博文と井上毅が構想した近代天皇制の中核をなす問題機制にほかならなかったからである。

普遍性と特異性

ここで、五倫の徳の普遍性という問題に改めて立ち戻ってみよう。兆民の言う通り、主君に対する民の忠誠も親に対する子の服従も、いつの時代でもどこの土地でも認められるごく平凡な習俗であることは、古今東西の世界史が示す通りだ。勅語中段における十二徳目の列挙を「ありきたりの紋切り型のオンパレード」とわれわれが呼んだゆえんである(本書「28 転移――天皇(二)」参照)。人間の性《さが》の自然としか見えないがゆえに陳腐なのであり、結局、それらはこの凡庸を通じて否応なしに普遍的たらざるをえないということだ。ところが、勅語全体の論理構成はむしろ普遍性に背を向け、それを敵視さえして、その逆の「万邦無比」の特異性を際立たせるような形に仕組まれている。

たとえば、第二次世界大戦終了までに数多書かれた教育勅語の解説書の中でも、もっとも早いものの一つであり、文部省公認の教科書として師範学校・中学校などに採用されて大きな影響を持った井上哲次郎『勅語衍義《えんぎ》』(明治二十四年九月)は、勅語冒頭の一文に触れて、神武天皇即位より「皇統連綿、実ニ二千五百五十余年ノ久シキヲ経テ、皇威益々振フ」のは、

「是《こ》レ海外ニ絶エテ比類ナキコトニテ、我邦ノ超然万国ノ間ニ秀《ひい》ヅル所以《ゆえん》ナリ」と述べている。(7)また、日本人が古来「忠義ノ心深キヲ以テ」「悖逆《はいぎゃく》残暴、敢《あえ》テ神器ヲ覬覦《きゆ》スルモノ幾《ほと》ド稀《ん》」であるのは、「是レ亦《また》海外万国ノ我邦ニ及バザル所ナリ」とも言う。(8)これらの文言において讃えられているのは普遍性ではなく、あくまで優越性である。真理として普遍的かどうかの検証抜きに、単に「無比」の優越性を誇示する「皇運」が、「天壌無窮」すなわち時間的にも空間的にも無限に拡張されうるものだと断定され、臣民たちはこの「無窮」の「皇運」をこぞって「扶翼」すべきだという命令ならざる命令が勅語とともに発せられたとき、後の皇民化政策のための精神風土はすでに十分に準備されたと言える。

「万世一系」の皇統が「万邦無比」であることの特異性に、ネーションとしての自己同一性の中核を据え、またそこに人心掌握の基盤をかたちづくろうとした明治の元勲たちの戦略が、一定の現実的成果を収めたことは明らかだ。そのことの当否を今日から遡って道徳的にあげつらうことにはほとんど意味はないし、そもそも『帝室論』の福沢諭吉でさえ一種の良識的な立場から皇室への敬意を語っていたくらいなのだから、ネーション・ステート創出のためのこの戦略が、当時の政治社会状況において最善のリアリスティックな選択、ないし少なくともその一つであったことは明らかである。ここでのわれわれの関心は、その戦略遂行のための最重要のツールとして機能した教育勅語のテクストに、いかなる言説的な仕掛けが施されているのかという問いにある。

ここで改めて浮かび上がってくるのは、教育勅語のメッセージの最重要部分は結局は全三段のうちの前段と後段にあり、内容の実質をなすかに見える徳目羅列の中段は、実は一種の「口実」でしかないという事実であろう。否応なしに普遍的たらざるをえない徳目群の列挙に、このテクストの意味作用の真の重点はない。前段と後段で名指される「皇祖皇宗」と「国体」が、中段部分を両側から囲繞《いじょう》し包摂しつつ、これらの徳目の規範としての正当性を基礎づけようとする。そのとき、凡庸きわまる普遍性としてあるこれら十二箇条が、いきなり「無比」の優越性と特異性の徴《しるし》として読み換えられてしまう。この読み換えを駆動する力の――あるいはいっそ暴力の――発現に、教育勅語の意味作用の真の重点を見なければならない。

徳目自体は、いつの時代にもどこの土地にも遍在する五倫の徳程度のことで用が足りる――勅語は暗黙裡にそう語っているかのようだ。儒教倫理と言うなら、兆民も引いているように、実は孟子自身、例外状況にあっては忠の倫理さえ覆りうるという相対化の視点を提起していた(ただし覆りうるのは「忠」だけで、孟子において「孝」の方はあくまで絶対的な徳でありつづける)わけだが、そうした屈折だの留保だのをあえて持ち込むには及ばない。とにかく一般民衆がたやすく嚥下《えんげ》でき苦労なく消化できるもっとも平凡な――つまりは普遍的な――徳目群を、精選し羅列すること。肝心なのは、それらの羅列自体ではなく、前と後の両側からそれらに被せられたメタ水準の命題――すなわち、それらはことごとく「皇祖皇宗」の建立した「深厚」なる始原の徳の上に基礎づけられることによってはじめて存立しうるものであり、その有効性も当為性もそこから発しているのだという命題の方なのである。普遍性を特異性に読み替えるというこのトリックに教育勅語の核心はあり、その場合、普遍性の部分が凡庸であればあるほど、それが特異性の顕現を逆にいよいよ際立たせることにもなろう。忠孝の徳は、兆民の言う「自然ノ勢」の結果であっていっこう構わないということだ。

啓蒙思想家にふさわしい生真面目さから、五倫の徳の世界的な普遍性の顕彰を試みている中村正直のスタンスが、教育勅語の精神からは乖離しているという点はすでに見た。では、冒頭でわれわれがそれと並べて掲げた中江兆民の忠孝観の方はどうなのか。兆民がそもそも忠孝の徳目としての規範性自体に疑義を留保している以上、一見彼の「忠孝＝宗教」論は、教育勅語から、中村による忠孝倫理の普遍化の試み以上に遠い言説であるかに見える。実際、五倫の徳など、社会の状況次第でいくらでも覆りうる相対的な規範にすぎないというのが兆民が暗に仄めかしていることなのだから、むろんそれは教育勅語の教えの正統性を揺るがせ危うくしかねない主張であるには違いない。だが、イデオロギー的言説としての教育勅語が、普遍的規範たる五倫の徳それ自体の価値性如何には本質的な興味を示しておらず、そこでのメッセージの核心が、それら徳目群を基礎づける「皇祖皇宗」と「国体」の優越的な特異性の宣揚にこそあるという観点に立った場合、逆説的にも、勅語の精神をより正確に射抜いているものは中村の言説ではなく、むしろ兆民のそれの方だという事実が浮上してくることになるのだ。

五倫の徳は「自然ノ勢」の結果であり、世代から世代へ受け継がれてゆくときそれは「一種宗教ノ性質ヲ成ス」と兆民は言う。神がかった自己優越性を主張する教育勅語に盛られているものが、一種の宗教イデオロギーにほかならないことは明らかであるから、結局兆民の論旨は、勅語の言説のありようを説明し尽くして余すところがない。一方で兆民はそうした宗教性を批評的に冷笑しており、他方で勅語はその宗教性を大掛かりな修辞の駆使によってみずから受肉化し、特権的な宗教祭司としての天皇を権力主体として定礎しようとしているという相違はむろんある。だが、「自然ノ勢」から生じる普遍的現象としての五倫の徳が、「歴世相伝へ」られてゆく過程で宗教化＝イデオロギー化されてしまうという命題に関するかぎり、兆民の観察は、勅語の言語態に仕掛けられているものの全体を、過不足なく包摂し尽くしていると言ってよい。

兆民は、「自然ノ勢」によって一般習俗と化した徳目の、規範としての正当性それ自体は宙に吊っている。それに対して勅語は、「自然ノ勢」であることそれ自体がすでに五倫の徳を半ば以上正当化していると見なしているかのようだ。「自然ノ勢」で既成事実化した規範は、単に、「自然」であるがゆえに正しい――ただし、その正しさとは世界的な普遍性からは一線を画するものでなければならないというのが、勅語が暗黙のうちに発している「命令」なのだ。日本において「自然ノ勢」をかたちづくったものは「天壌無窮ノ皇運」であり、始原においてその「勢」を駆動したものは「皇祖皇宗」の励起した「深厚」にして特権的な徳だからである。

「天壌無窮の神勅」は、『日本書紀』の天孫降臨の段で、天照大神が孫の瓊瓊杵尊《ににぎのみこと》らに下した三つの神勅のうちの一つである。「葦原の千《ち》五百《いお》秋《あき》の瑞穂《みつほ》の国は、是、吾が子孫《うみのこ》の王《きみ》たるべき地《くに》なり。爾皇孫《いましすめみま》、就《い》でまして治《しら》せ。行矣《さきくませ》。宝祚《あまのひつぎ》の隆《さか》えまさむこと、当《まさ》に天壌《あまつち》と窮り無けむ」[9]。ここで預言された「天壌無窮」——「天地のように窮り無い」持続とは、現実の歴史的時間の外部に投射されたファンタスムである。それは日本という本来はローカルな一トポスであるはずのものの全世界へ向かっての無際限な拡張として、歴史的な分節化を欠いた「自然ノ勢」のとめどない、果てしない展開として夢見られたものだ。そのユートピア的夢想は、「知」の超越論的審級としての普遍性の試練に遭って試されることなく、ただみずからが「無比」であることの優越性のみを根拠に、境界を越えてどこまでも伸び広がっていくことができると信じている。そこには父権的な超自我はなく、何もかもを無限抱擁してくれる母性的な想像界しかない。だが、たとえそれがいかに擬似科学であろうと、一応は知的な認識システムとして成立していたはずの社会進化論は、いったいなぜこの想像界と野合しえたのか。

31　快楽――無意識

魔性の供廻り

ボードレールの散文詩「二重の部屋」（一八六二年初出、『パリの憂鬱』所収）には、阿片吸引のもたらす陶酔とそこからの覚醒によってみずからの住居空間が「二重化」されるさまが描かれている。「部屋」はまず「一つの夢想にも似た部屋、そこに澱《よど》む空気が、淡く薔薇色と青に染まっている、本当に精神的な部屋」［傍点原文］として立ち現われる[1]。そこで魂は、「哀惜と欲望の香に薫じられた、怠惰の沐浴《ゆあみ》をする」ことができるのだという。語り手は、「おお浄福よ！　われわれが一般に生と名づけるものは、そのもっとも恵まれた拡張状態においてさえ、いま私の識りつつある、そして一分一分、一秒一秒、味わいつつある、この至高なる生と、何一つ共通なものを持っていはしない！」と歎じた後、いや、「分」や「秒」といった時間単位それ自体がここではすでに甘美に溶解してしまっているのだと言い直す。「もはや分などはない、もはや秒などもない！　時間は消え失せてしまった。君臨するのは〈永遠〉、快楽《けらく》に満ちた永遠だ！」。

しかし、ひとたび阿片の効果が切れてしまうとどうだろう、部屋の様相は一変し、そこはもはや「愚かしい、埃っぽい、角《かど》の磨り減った家具」「炎もなく熾《おき》もなく、痰唾《たんつば》に汚れた暖炉」「埃の中に雨が条《すじ》をつけた、みじめな窓」などに囲まれた「陋屋《あばらや》」でしかない。それだけではない、ひととき消え失せていた時間が戻ってくる。

ああ！　そうだ！〈時間〉がふたたび姿を現わした。今や〈時間〉が王者として君臨する。そして、この醜い老人とともに、彼に従う魔性の供廻《とも》り、〈思い出〉、〈後悔〉、〈痙攣《けいれん》〉、〈恐怖〉、〈苦悶〉、〈悪夢〉、〈怒り〉、そして〈神経症〉が、ことごとく戻ってきた。(2)

「時間の支配」は、一九世紀に至って、かつてなかったほど専横を極める強制力を発揮しつつ資本主義社会の構成員の日常生活に浸透した。産業革命以後、マニュファクチュアは工場制機械工業へと脱皮し、製造工程の効率化の進展とともに、分刻みのスケジュールでシステム化された身体行使が労働者に強いられるようになってゆく。資本主義は社会の成員一人一人に、利益追求の有能なエージェントとしての自己成型を求めた。収益性の最大化を追求する資本の自己運動に奉仕するべく、経済主体としての個人は、みずからの身体に固有の生物学的な時間(生命の時間)をあえて捩《ね》じ曲げて、それを生産と流通のシステムを統轄する社会的な時間(労働の時間)に従属させなければならない。そうした労働生活のモデルをシミュレーション的に内包した学校教育の制度の内部に、人々は幼少期から取り込まれ、そのモデルへの馴致《じゅんち》、すなわちパンクチュアルな「規律正しい」生活習慣の内面化を強制される。時計が生活の必需品となり、それが冷酷に刻む秒・分・時の機械的時間に即して生活全体のリズムを構築しなければならない。それに耐えられない者は、阿片の恍惚に逃げ込むか神経症を病むかしかない。

十八歳でリセ・ルイ＝ル＝グランから放校処分を受け、成年に達して亡父の遺産を分与されるが、それを散財して放蕩の限りを尽くし、二十三歳以降禁治産者として弁護士の監視下に置かれることになった「頽廃派《デカダン》」ボードレールは、こうした「時間の支配」を受け入れることを拒んだラディカルな反逆者、ないしそうする能力を欠いた端的な失格者にほかならない。いかに「時間」の外に逃れることを夢想し、Anywhere out of the world... と呟いてみようと、結局彼の身体は、薔薇色の「進歩」の幻想が遍《あまね》く行き渡った第二帝政期のフランスという、特定の歴史的条件に縛られたこの「世界」のうちにとどまり、そこで、たとえ律儀な勤め人にはならないとしても、というかそれになりえないだけになおいっそう、「機械化された時間」の専制に常時脅かされつづけなければならない。「時間の支配」の外に本当に出るためには、文字通りこの現世そのものから離脱する以外にない。貧窮に苦しみつつ細々と売文業を続けた「呪われた詩人」は、四十六歳でのその早逝まで、「時間の支配」の圧迫との間で激しい軋轢《あつれき》を生きなければならなかった。

たとえば、個室に籠もってドアを中から施錠し、社会を締め出すこと。それが「時間の支配」から逃れる一つの途《みち》であろう――「ああやっと！　独《ひと》りになれた！」「恐ろしい生活よ！　恐ろしい都市よ！」(「午前一時に」『パリの憂鬱』所収)(3)。またドラッグの服用による「人工楽園」を体験するのもまたもう一つの途であろう。だが、それらは畢竟《ひっきょう》、束の間の救済、仮初《かりそめ》の解放の幻想でしかない。現実に立ち戻らなければならない瞬間が遅かれ早かれ訪れるのであり、そこでは「秒は強く厳かに刻まれ、その一つ一つが、柱時計から飛び出してきては告げる、――「私こそが〈生〉なのだ、耐えがたく、情け容赦ない〈生〉なのだ！」と」(「二重の部屋」)。

そうだ！〈時間〉が君臨する。彼はその横暴な独裁をふたたび始めた。そして、二本の釘を打った突棒《つきぼう》で、私がまるで牛ででもあるかのように駆り立てる。――「それ、はいし、どうどう！　駄獣め！　さあ汗をかけ、奴隷め！　生きるがよい、罰当たりめ！」(同前)[4]

「呪われた詩人」にとってこの圧政の裏をかくゲリラ的反攻の手段があるとすればそれは、恐らく彼のアイデンティティがそれに存する詩作それ自体によるほかはない。それは、「美」の創造――現世の時間的秩序とは本質的に異なる秩序に属する価値の創出によって、有用性原理と拝金思想の瀰漫《びまん》するブルジョワ社会の成立根拠そのものを観念の水準で一挙に相対化し破砕するという、乾坤一擲《けんこんいってき》の賭けのごとき試みである。そして、『悪の華』(一八五七年)と『パリの憂鬱』(一八六九年)という二冊の詩集に示された天才的な達成によってこの惨めな生活無能力者がその賭けに見事に勝ってみせたことは周知の通りだ。

都市化と産業化が本格的に進展しつつあった明治中期の日本でもまた、「時間の支配」が強化されてゆく。政府は、教育や法令を通じて、単位化＝均質化された「時間」の刻む機械的リズムへと民衆の精神と身体を馴致し、資本の蓄積に奉仕する経済主体を創出しようとしつつあった。徴兵令(明治六年)以後、「国民皆兵」の理念の実現からは未だほど遠かったとはいえ、膨大な数の日本人成年男子が徴兵先の兵舎で体験したのもまた、起床と「日朝点呼」から始まり多くの日課を経て「日夕点呼」と消灯まで、隅々まで時間厳守を強制される生活であり、これほどの規模の質と量においてパンクチュアリティの規律が叩きこまれるということはこの列島の民にとって史上未曽有の経験であった。だが、「時間」という醜い老人の強いるこの息苦しい日常、釘の植わった突棒で「それ、はいし、どうどう！」と尻を小突かれながらのこの行軍の周囲の暗がりに、老人の忠実な従者たる「魔性の供廻《とも》り」たち──「近代」の宿命的な病としての「思い出」「後悔」「痙攣」「恐怖」「苦悶」「悪夢」「怒り」「神経症」が息を潜めて徘徊《はいかい》し、相手が弱ったと見るや、いつ何時なりと襲いかかって喰らってやろうと手ぐすね引いて待ち構えていることは言うまでもない。

勅語の快楽

「時間」によって管理され、また翻って「時間」を能動的に管理することもできる自立的な経済主体の形成は、明治日本の国家事業であり、そのプログラム自体は、「一身独立して一国独立する事」(『学問のすゝめ』)と福沢諭吉が謳った「独立した個人」育成の「すゝめ」からさして隔たっているわけではない。ただ、人は物理的時間そのものから「独立」することは不可能であり、可能なのはただそれを自己の意図や欲望に適合する形態に組織し直し、主体的に管理することだけである。そして、たとえそれをしたところで、もう一段高い存在論的次元から見ればこの現世で人が依然として「時間の支配」に従属しているという事実に変わりはなく、従ってふだんは識閾《しきいき》下に抑圧していても或るとき不意に痙攣や苦悶や神経症が噴出し、人格の統合が脅かされる危険に「近代人」は絶えずさらされている。過去をめぐる後悔、未来に対する恐怖に襲われ、それが悪夢となってのしかかってくるのだ。

そもそもの企図は効率的な経済主体を創ることなのに、そのプログラム自体が病を発症させ、それが主体を崩壊させるようなことがあってはむろん元も子もない。だから、たとえ仮初のものであれ救済の避難所を用意しておくことが、より大きな視野に立った場合には効率性の原理によりいっそう適った措置だということになろう。かくして、そこでは「時間の支配」がいっとき嘘のように弛み、その専制から解放されえたかのごとき幻想を人々が享楽できて、その結果、後悔や痙攣や苦悶や悪夢や神経症が多少なりと癒されうるといった、精神と身体のアジールが人々の前に差し出される。そうした避難所がもしうまく機能すれば、ボードレールのような例外的な重篤《じゅうとく》患者ならばいざ知らず、もっと軽症の反逆者や失格者なら手遅れにならないうちに正道に引き戻してやることも可能かもしれぬ。

たとえば、酒や煙草や、場合によっては或る種のドラッグのような嗜好品への逃避は、そうした束の間のアジールの一種でもあろう(一九二〇年から三三年までアメリカ合衆国で施行された禁酒法の失敗を想起すべきだろう)。また、時節の変転を超越して不動の姿を示しつづける大仏様の「尊顔」を仰ぎ見て、それに触発されて湧出するしみじみとした詩的詠嘆に心が浸されることで、そうした癒しがもたらされる場合もあるかもしれない。本書「25 不徹底 —— 進歩史観(三)」で触れたように、「かはればかはる時勢かな」とのどかに歎じ、そのはかない無常感との対比で不易の大仏像の安定した威容に慰められたとき、矢田部良吉は現実の歴史的時間からみずからをしばし超脱させ、あの阿片に酔ったボードレールのように「哀惜と欲望の香に薫じられた、怠惰の沐浴《ゆあみ》をする」ことができた。

しかし、そうした安価な「薬物」だの通俗的な「文学」だのが見かけの上でまとっている、制度と対立する反＝制度の自由、「公」と対立する「私」の解放といった肯定的相貌をそのまま素朴に信じてはなるまい。人はそうしたアジールに、窮屈な「時間の支配」がそこだけふと偶然弛んだ得難い「制度の隙間」を発見し、その奥処へのしばしの撤退を特権的な僥倖《ぎょうこう》と感じがちだが、実のところそうした安直な避難所こそ、権力が民衆一人一人を効率的な経済主体へと成型するためにしつらえた装置の、必須の一部分をなしてもいるのだ。学校や軍隊や工場や会社が、そこに貫徹している現実原則の圧力で民衆の精神と身体をぎりぎりと縛り上げる一方で、その抑圧にふと倦んだ民衆が、嗜好品のもたらす酩酊や「文学」的感傷や芝居小屋の興奮や悪所場のスリルといった、そこでは快楽原則が全面化する数々の情緒的アジールに逃避し、そこに束の間の自由と安息の幻影を見出す。

だが、「時間」というあの醜い老人が不意に掻き消えてくれたかに見えるそうしたアジールでいっとき緊張をほぐすことは、殺伐とした社会空間に戻ったときそこに機能している現実原則によりいっそう滑らかに順応するためでしかない。快楽と現実は両者一体となって一つの装置を構成しているのであり、そのことはボードレールの「二重の部屋」が、一方は夢想とも見紛う精神的な空間、他方は侘しい陋屋という具合に対照的な相貌を見せながら、実は同じ一つの部屋にほかならなかったという事実に夙《つと》に示されている通りである。権力は決して快楽に敵対しない。むしろ、快楽の契機をみずからのうちに取り込み、それと一体となって機能することで自身の全能性をさらにいっそう補強しようとする。

従って、「時間」の消去の幻想に身を委ねることで反俗や侵犯のポーズを気取る権利は実は誰にもない（むろん、反俗や侵犯を気取ることそれ自体が通俗的な「文学」の一構成要素となっている場合は、今さらそれをことごとしく批判しても空しいだけなのだが）。たしかなことは、突棒で小突かれながらの行軍に、遅かれ早かれ誰しもいずれは戻らねばならぬということだ。ボードレールの場合、あくまで醒めた彼の批評的知性はそうした上っ面の反＝スノビズムの虚しさを最初から透視していた。彼の「二重の部屋」には言うまでもなく阿片チンキの壜《びん》も置かれているが、彼はそれを「昔なじみの恐ろしい情婦《アミ》」と呼び、「およそ情婦《アミ》の例にもれず、やんぬるかな！　愛撫もたっぷりなら裏切りもたっぷりふるまってくれる」と冷たく言い棄てている。矢田部良吉の大仏詣でが真の詩的体験に結晶しえていないのは、この酷薄な「裏切り」に感応する批評性が彼の文学的感性に欠けていたからだ。矢田部の「新体詩」をはじめここまでカギ括弧付きで「文学」と呼んできたものが、「新しい戦慄」とヴィクトール・ユーゴーが評した『悪の華』のような真に特異にしてかつ普遍的な作品の創造とはまったく無縁であることは、改めて念を押すにも及ぶまい。

以上のような文脈に「天壌無窮」という国学概念を置いてみるとき、物理的時間からの絶対的逸脱の表象であるという点で、これもまた本質的には快楽原則に帰属するファンタスムであることがわかる。「天壌無窮」の時空には、あの醜い老人もその「魔性の供廻り」も棲まっていない。天孫降臨以来、栄えつづけてきた皇運は、未来永劫窮りなく日本の民を寿《ことほ》ぎつづけることだろうとそれは語る。「天壌無窮」の幻想に自分を溶け込ませるとき、人は、自分の周囲の生活空間が、現実にはそうであるところの貧乏臭い陋屋から「一つの夢想にも似た」「本当に精神的な」場所へと変容するさまを目撃する。教育勅語の世界に身を置くとは、分刻みで進行する日常生活の時間割からいっとき超脱し、「日蝕の間の、逸楽の夢」(「二重の部屋」)に身を浸す体験なのである。

「時間」の訓育装置である学校の式典で、御真影拝礼と勅語奉読の儀もまた、「時間の支配」の下、遅滞を許されず粛々と進行する式次第に則りつつ行なわれたわけだが、荘重な声音で読み上げられる勅語の言説の内部で、「皇祖皇宗」の偉業の記憶へのはるかな遡行と「天壌無窮」の展望の無限定な広がりが一挙に花開くとき、列席者は式典の場を支配する厳密で窮屈なタイムテーブルからいっとき解き放たれ、永遠性の夢想に慰撫されるしばしの一刻を享受することができた。あの「二重の部屋」のように、埃っぽい散文的な学校講堂は、現実を神話に変える装置としての教育勅語の奉読の続くその仮初の数瞬だけは、詩的な無何有郷《ユートピア》へと「二重化」されたのである。

「エス」と教誡の背理

教育勅語に示された人間観からもっとも遠いものは、「汝の意志の格率〔行動方針〕が、つねに同時に普遍的立法の原理として通用しうるように行為せよ」というカントの「定言命法」[5]であろう(『実践理性批判』)。他の何ものにも依拠することなく、みずからの内なる道徳律にのみ自発的に服従する――sic volo, sic iubeo(わたしはかく欲し、かく命ずる)――ところに、自立し自律する理性的存在者としての個人がかたちづくられ、またそこに個人は他の何ものにも屈しないみずからの自由の根拠を見出すのだとカントは言う。この「自律」もこの「自由」も、「爾《なんじ》臣民」には求められていない。

第一には、それがお上の説諭する教誡をひたすら従順に拳々服膺《けんけんふくよう》せよという「他律」原理の強要にほかならないという点があり、第二には、その教えに普遍的妥当性への顧慮がなく、それはただ、普遍性とは逆の特異性の主張と、その特異性をそのまま、ただちに価値化したものでしかない優越性の主張とによって、いわば「自己言及」的に根拠づけられた教訓群の羅列であるにすぎないという点がある。その二点において、教育勅語はカント的「定言命法」の対極に位置する命令を発しているのだ。勅語の勧奨する徳目群は内なる道徳律ではなく「国体ノ精華」から発した外なる規範であり、また言うまでもなくその「国体」自体、文字通り「ナショナル」のうちに自閉した地方性の顕揚でしかない。

みずからの悟性を勇気をもって行使することで人は未成年状態を脱するのであり、それこそが「啓蒙」にほかならないとすれば、教育勅語は、「啓蒙」を逆行させ、民衆をあたかも父を尊崇する子のような未成年状態にとどめておこうという試みとも読める。いわゆる家族主義的国家観の問題である。なるほど勅語には「智能ヲ啓発シ徳器ヲ成就シ」という形で「智＝徳」のコンビネーションの思想が盛り込まれているが、この思想は、福沢諭吉が『文明論之概略』の「第六章　智徳の弁」において、「私徳」「公徳」「私智」「公智」の四範疇《はんちゅう》のうち最後の「公智」を最重要とし、それを「聡明の大智」と呼び直している[6]ような意味での「啓蒙」の知性主義からは、はるかに遠いものと言うべきだろう。「蓋《けだ》し聡明叡知《えいち》の働《はたらき》あらざれば私徳私智を拡《おしひろめ》て公徳公智と為す可《べか》らず」と福沢は言う。「聡明の大智」によって示された普遍的基準こそ、私的・地方的な智徳の公的・世界的な智徳への改鋳《かいちゅう》を可能とするという立場と比較するかぎり、勅語における「智能の啓発」は「徳器の成就」と対句を構成するべく形式的に呼び出されてきただけのもので、福沢の分類で言えばせいぜいのところ「私智」を超えるものではない。

　ところで、ここで注目すべきは、人間の意志の格率をめぐるカントの「定言命法」を根底から覆しうる潜勢力を秘めた思考が、まさに明治初期・中期のこの時期、パリとウィーンで準備されつつあったという事実である。ほかでもない、あの「供廻り」の一人たる「神経症」の治療の試みに起源を持つその思考が全面的に開花するのは、一九〇〇(明治三十三)年に刊行される『夢判断』という一冊の決定的な著作によってであり、従って本書に登場する日本の知識人がこの思考に慣れ親しむ機会など持つべくもなかったが、ともあれフロイトとともに西欧思想史の舞台に登場した「無意識」の概念は、意志に基づいて行為が為され、その意志とその行為によって個人の自律的自我がかたちづくられるといったカント的前提それ自体に亀裂を入れずにはおかなかった。フーコーの表現を借りるなら、「わたしがわたしの思考しないものであるためには、わたしの思考がわたしでないものであるためには、思考しわたしの思考であるところのわたしとは、いったい何者でなければならぬのか？」といった錯綜した問いに示される「存在《エートル》と思考の困難な相互帰属関係」（『言葉と物』「第九章　人間とその分身――五　コギトと思考されえぬもの」[7]）のただなかに、「経験論的＝超越論的二重体」としての「人間」が立ち現われる。「わたしは考える、ゆえにわたしは在る」といった簡潔で透明な定式は無効化される。「人間」はもはや「コギトの無媒介的で至高の透明さの中に自己を提示することはできない」（フーコー、同前[8]）。かくして、「思考されぬもの」の不在の現前が、カント的主体の「自律」と「自由」をともども脅かすことになるのである。

　その場合、カントの「定言命法」とは完全に背馳する形で成立している教育勅語の人間観は、むしろ「思考されぬもの」の側にあると言える。「国体ノ精華」に意志と行為の基準を預け、また自身の悟性を自身の責任で使用することも免れている「爾臣民」は、もともとみずからのアイデンティティの核に「思考されぬもの」を抱え込んだ存在にほかならない。カント的格率を崩壊へ導きかねない「思考されぬもの」とは、「爾臣民」にとって決して不気味な他者ではなく、むしろきわめて馴染み深い彼自身の鏡像なのであり、従って今さらそれの出現によってみずからの存在《エートル》が脅かされるといったことはありえない。ちなみにここで「爾臣民」と呼んでいるものが、勅語の発布時あるいはそれ以降に日本に実在していた具体的な日本国民一人一人のことではなく、教育勅語を構成する諸記号によって理念的にかたちづくられたテクスト的存在としての「臣民」であることは言うまでもない。

端的に言ってしまえば、脱＝時間化されたユートピアとしての「天壌無窮」とは、そうしたテクスト的存在としての「臣民」の内面に沈澱する「無意識」の鏡像なのである。フロイトの心的装置のトポロジーに従うなら、それは「超自我」でも「自我」でもなく「エス」のうちに浮遊するファンタスムにほかならない。だとするなら、そこで機能しているものが快楽原則であるのは当然だろう。「エス」の内部では「時間」は流れておらず、従って生暖かく湿ったその暗がりをあの「魔性の供廻り」が徘徊しているわけもない。むしろそこへの退行が後悔や痙攣や苦悶や悪夢や神経症から人を癒すのであり、そのこと自体は一応結構なこととも言える。「天孫降臨」や「葦原の千五百秋《ちいおあき》の瑞穂《みつほ》の国」に思いを致すのは、なまなましい現実的時間の持続としての「歴史」的過去の重量を身に引き受けることからはるかに遠く、単に空間化された表象とイメージの世界に遊ぶことでしかない。その無＝時間的な戯れは、記憶の重みの課してくる「思い出」や「後悔」(あの「供廻り」の面々だ)で人の心を歪ませもせず、「近代」的な病としての「神経症」(これもその一人)に罹患《りかん》させることもない。

『文明論之概略』で福沢はすでに、この無＝時間的な戯れをもう一度具体的な「歴史」へと還元し直し、ひとたび消去された「時間」を復元することで、快楽原則が機能するための根拠となるべき「特異性」＝「優越性」の概念を無化しようと努めている。

古今の通論を聞くに、我邦を金甌《きんおうむ》無欠《けつ》万国に絶すと称して意気揚々たるが如し。其《その》万国に絶するとは、唯《ただ》皇統の連綿たるを自負するもの乎《か》。皇統をして連綿たらしむるは難きに非《あら》ず。北条、足利の如き不忠者にても尚よく之《これ》を連綿たらしめたり。或《あるい》は政統の外国に絶する所ある乎。我邦の政統は古来度々の変革を経て其有様は諸外国に異ならず、誇るに足らざるなり。

（「第二章　西洋の文明を目的とする事」(9)）

「金甌無欠」や「万邦無比」といった神学的観念に具体的な史実の鑢《やすり》をかけ、素っ気なく相対化してしまう福沢の明快な散文の隅々にまで貫徹している冷静な即物性は、時間から逸脱することの快楽と恍惚に水を差す振る舞いにほかならない。客観的な明晰をあくまで志向するそうした「公智」こそ、民族的な「エス」への通路を開通させることを目的とした教育勅語がもっとも敵視するところだったのである。

繰り返すなら、快楽や恍惚自体が悪いわけではない。「魔性の供廻り」から逃れるために阿片を必要とする者もいれば、イデオロギーを、五倫の徳を、すなわち兆民のいわゆる「宗教」を——ハイネからマルクスに受け継がれた「宗教＝阿片」論を参照せよ——必要とする者もいるというだけの話である。ここでの真の問題は、この勅語の主眼が道徳的な教誡にあり、だからその言説の内実をなすものはフロイトの心的局所論で言えば「超自我」から発する指令であるはずなのに、それら徳目群の強制を正当化する根拠が、「時間」が消去されたトポスとしての「国体ノ精華」や「天壌無窮」に、つまりは「エス」に求められているという点だろう。本来、「超自我」は、感情や欲望や衝動が不分明に蠢《うごめ》きやまぬ混沌としたエネルギー塊としての「エス」の暴走を監視し検閲する機能を担うべきトポスであるにもかかわらず、ここではその「超自我」の発する指令が「エス」によって正当化され権威づけられるという捩れた事態が生じているのだ。

しかし、はたしてそんなことが可能なのか。「エス」の権威によってのみ機能を許された倫理の教え。それがカント的な道徳律とはまったく異質なものであるのは当然として、ではそれはいったい何なのか。そんな教誡がはたして真の教誡たりうるのか。たしかなことは、「エス」への撤退がもたらす快楽とは一過性のものであり、人はいずれは客観的な「時間」の支配するざらざらした現実に――日本の「国体」の優越性など鼻先で嗤《わら》う他者たちに囲繞《いじょう》された苛酷な「歴史」の現場に、目覚めなければならないという砂を嚙むような一事だろう。あの「二重の部屋」が結局は同じ一つの部屋でしかなく、「愛撫もたっぷりなら裏切りもたっぷりふるまってくれる」「情婦《アミ》」は男たちをそうそう長くは体良く騙しつづけてくれないという苦い真実を想起しなければなるまい。

本書第Ⅱ部「歴史とイデオロギー」は、まず小石川植物園という学術的な場＝制度がいかにして「前近代」から「近代」への閾《いき》を跨《また》ぎ越えたかという道筋を辿り返しつつ、薬園から植物園への脱皮というその運命に、博物学から植物学へというパラダイムの変容を重ね合わせてみるという試みから出発した。そのパラダイム・チェンジの核心を合理的な分類秩序の導入として捉える視点に立ち、植物学と言語学のアナロジー、さらに言語をめぐるシステム論的な「知」の誕生へと議論を進めた。「日本普通語」の総体を一応綻びのないシステムとして記述し遂げたこと――『言海』と『語法指南』という大槻文彦の相補的な二つの仕事の持つ歴史的意義がそこにある。

しかし、われわれの生も、また無数の個物の集積が絶えず流動し渦を巻きつづけていることの世界それ自体も、その全体がシステムのうちに回収され尽くすことなど、当然、ありえない。「例外状態」は、必ずしも「例外的」と呼ばれるような極度に稀少な機会にとどまらず、われわれの生にもこの世の社会秩序にもしばしば出来し、システムを揺るがし、システムに穴を穿《うが》ち、システムをその外部に向けて開いてしまう。特異性と自然性とを逆説的に併せ持つそうした「出来事」をどう捉えるべきなのか。カール・シュミットの主権論は、そうした「例外状態」の「例外性」それ自体に主権の根拠を見出し（「例外状態」にあって「決定」を下すという行為が主権者を主権者たらしめる）、それによって「例外性」を鎮圧し無毒化しさらに高次の法秩序のうちに再回収してしまうという、アクロバティックな法論理を構築している。

だが、また他方、ヴァルター・ベンヤミンは、法秩序を権威化する暴力――それは同時に法秩序によって権威化される暴力でもある――とは異質な、もう一つの暴力、「別種の暴力」を夢想し、その激発を通じて、「決定」する主体としての主権者から決定権が剝奪され、無方向的なアノミーの残酷と快楽がシステムを血に染める未知の瞬間を指し示してみせた。むしろこの「革命的」な無秩序状態こそが、『言海』的規範を平然と踏み越えて野放図に営まれるわれわれの言語行為にとっての常態と言うべきではないか。

システムを解体の極へ向けて衝き動かすこうした「革命的」な出来事性を考慮に入れつつ、われわれは改めて、明治初期・中期におけるシステム論的思考の出現を観察しようと試みた。その場合、きわめて特徴的な現象として目を引かずにいないのは、社会学と歴史学との接点に生成した社会進化論という説明システムの跳梁跋扈《ちょうりょうばっこ》であろう。「開化」の論理に擬似学術的な装いをまとわせ、国権論の側にも民権論の側にも有用な理論的枠組みを提供してくれるかに見えた社会進化論は多くの人々から歓迎され、「優勝劣敗」「適者生存」は流行語となった。ここに、「因果」と「法則」を備えたシステム論的な「知」への強烈な欲望の所在が感知されるのは事実である。しかし、諸事象の継起における因果関係と法則性を剔抉《てっけつ》してくれるはずのこの理論が、歴史の解明に真に寄与しえたか、歴史的時間の現実的な持続をその内部に十全に包摂しえたかと言えば、むろんそれは怪しいと言わざるをえまい。

社会進化論を反証可能な科学理論としてではなく超越的「天理」として受容する精神の態勢が、システム論の合理主義と本質的に背馳するものであることは言うまでもない。「明治の表象空間」には、システムを裏切り、歴史的時間を無化し、システムの外部に投影された無＝時間的ユートピアのファンタスムで精神と身体を安らわせてくれる言説もまた、おびただしく産出され流通し人々の消費に供されなければならなかったのである。その決定的ヴァージョンの一つがたとえば、教育勅語である。近代天皇制の中核をなしたこの「非合理的」テクストに内在する、きわめて特異な「教誡」行為の位相の分析に、われわれはかなり長大な記述を割くことになった。

以下に続く第Ⅲ部「エクリチュールと近代」では、ここまでの第Ⅰ部・第Ⅱ部で扱ってきた問題機制に、文学という言説——言説の中の言説、極めつきの言説——がどのように絡んでくるのかを問うてみたい。そこで主に前景化されるのは、基本的には三者ともども「言文一致体」に背を向けた、北村透谷、樋口一葉、幸田露伴の文業である。新時代の「言文一致」の同調化の圧力に抗して聳立《しょうりつ》する彼らの「エクリチュール」に、いかなる「近代性」が孕《はら》まれているか——この問題が、以下の記述の全体を通底して潜在する最重要の主題ということとなろう。

第Ⅲ部　エクリチュールと近代

32 牢獄 —— 北村透谷(一)

国府津の海岸にて

北村透谷は明治二十二年四月一日付の日記に、「実に余が眼前には一大時辰機あるなり、実に此《この》時辰機が余をして一時一刻も安然として寝床に横《よこた》らしめざるなり。嗚呼《ああ》余が前後左右を見よ、驚く可《べ》き余の運命は萎縮したるにあらずや、自ら悟れよ、自ら慮《おもんぱか》れよ……独立の身事、遂に如何《いか》んして可ならんとする?」と書いている(「透谷子漫録摘集」(1))。「時辰機(時辰儀)」とは時計のことである。後戻りなしに容赦なく刻々進む時計の針が透谷の神経を圧迫する。これはボードレールの「二重の部屋」末尾部分とほぼ同質の精神状態の表現と言ってよい。

ここでは時間をめぐる強迫観念が、みずからの生の可能性の「前後左右」の圧縮感——すなわち監禁や拘束に似た心象を産み出しており、それが「牢獄」という透谷の精神世界特有のテーマ系(これについては後述する)と直結している点は注目に値する。当時、透谷は数寄屋橋のほとり、京橋区弥左衛門町七番地で煙草屋を営む両親の家に、新婚間もない石坂ミナと同居していた。前田愛は、そのきわめて刺激的な論稿「塔の思想」において、透谷の日記のこの箇所に触れつつ、京橋区弥左衛門町のこの家からほんの二百メートル足らずしか離れていない銀座四丁目に洋風建築の京屋時計店銀座支店があり、そこには白亜の時計塔が聳えていたことに注目し、透谷はその時計の文字盤を朝な夕なに仰ぎ見ていたに違いないと推測している。[2]

「立身出世」を渇望する青年男子に明治年間を通じて広く読まれたスマイルズの『西国立志編』(原著は一八五九年初版刊、一八六七年の増訂版による中村正直訳は明治四〈一八七一〉年刊)には、時間を無為に浪費することを誡《いまし》めている箇所があちこちに点在している。それは第一義的には、もちろん蓄財と出世の指南である(一国のスケールにそれを拡大すれば「富国強兵」のマニフエストとなる)。が、それだけではない。そこには、「時は金なり」という一八世紀のベンジャミン・フランクリンの身も蓋もない功利主義——それは「プロテスタンティズムの倫理」と「資本主義の精神」との内在的結合というヴェーバーの命題に主要な論拠を提供した——を超えた道徳論、精神修養論も含意されている。

事務に従事する人は、「光陰は銭財なり」と云ふ諺《ことわざ》を、好んで誦せり。然れども、光陰の益は、独りこれのみならず、人をして才徳を修養せしめ、品行を高尚にせしむることなり。毎日たゞ一時の間と雖《いえど》も、無益の事に費さず、また苟且《かりそめ》に過ごさずして、これを進修の事に一意勉強せんには、数年の後に及んで、愚蠢《ぐしゅん》の人化して聡哲《そうてつ》の人となるべし。[…]毎日たゞ十五分四半時なりの光陰を一心に学習の事に用ひなば、一年の終りに及んで、

必ず自ら進境あることを覚ゆべし。(3)

志ある男子は寸刻を無駄にせず励まねばならぬ。いや、男子ばかりではない。明治二十年に皇后(後の昭憲皇太后)から華族女学校に下賜され、現在もなお学習院女子中・高等科の入学式で歌われている「金剛石」の歌は、「時計のはりのたえまなく／めぐるがごとくときのまも／光陰《ひかげ》惜みてはげみなば／いかなる業かならざらん」と勤勉の徳を称揚するが、そこで問題になっているのもやはり、冷酷に分秒を刻んでゆく時間を絶えず意識にのぼらせ、それを無駄に経過させないことの教えである。

さらにもう一つ例を挙げるなら、「大日本風俗改良会」(明治二十一年三月に発足)の発起人であった土肥正孝なる人物の著した『日本風俗改良論』(同二十四年)という著作があり、そこで土肥は「我国今日の風俗」の様々な「弊」を列挙し、その「改良」を提言しているのだが、その一つに「時日空費の弊」を挙げている。「人生は時日を以て立ち、国家は時日を以て興り、金銭も時日に因て得べく、事業も時日に因て成るべし。嗚呼光陰ほど貴重なるものはあらざるなり」(4)。それなのに、「毎月一定の休日」を設けない、会合に遅れてくる、商品取引においても期日の約束を守らない、等々、人々は時間を空費することに慣れ、「凡《す》べて事業を為すに順序なく、規律なく、身体の動くに任せて勉め、手足の止むに従て休むの有様となるに至」っているというのである。「英米諸国」の「富度」が高いのは、彼の地の規律正しいタイムテーブルに従って暮らしているからだ——

嗚呼光陰は物を化して黄金となし、愚を化して賢となし、未開を化して文明となし、弱を化して強となす。時日の力、豈《あ》に亦《また》大ならずや。(5)

パンクチュアリティの規律の内面化は「富国強兵」を推進するために必要不可欠であるとするこうした言説は、この時期おびただしく流通していた。そして、そうした言説群と連動して、時間の「空費の弊」を人々に時々刻々思い知らせるかのように、公共空間において時間を絶えず可視化する装置――時計塔が、東京、京都、大阪、横浜などに陸続と建設されていった。

明治四年、竹橋陣営の正面入口に東京市内で最初の時計塔が作られて以降、都市空間における均質時間の君臨を象徴する時計塔は、兵営や官庁や学校といった公的機関においては規律と精励の表現として、またハイカラな新商売として出現した時計店では懐中時計普及のための広告塔として、首都の中心部ににょきにょきと増殖していったのである。民間の時計塔は、銀座四丁目交差点角に服部時計店のそれが竣工した明治二十七年には、すでに十四基にのぼっていたという。それらが十五分ごとに響かせるチャイムの音は四百から五百メートルの有効半径を持っており、東京市内の中心部に暮らすかぎり人々はそれを耳にせずに生活することはできなかった。(6)『西国立志編』を読んだことのある彼らの耳にその時報は、「毎日たゞ十五分四半時なりの光陰を一心に学習の事に用ひ」よという「光陰可惜」の教えを、そのつど威嚇的に告知しているように響いたかもしれない。

その一方、アメリカのウォルサム時計会社が開発した量産方式によって舶来の懐中時計が次第に安価になり、大衆の手の届くものになってゆく。人々はカチコチと秒を刻む小器械を身に装着し、それを近代的都会人であることの徴表として誇るようになってゆく。公共空間にそそり立つ塔の文字盤とそこから降ってくるチャイムの響きというかたちで顕現していた「時間」は、個人の身体に密着する装身具へと一気に親密化し、かくして、時間に支配される臣下《サブジェクト》にしてかつ時間を管理する主体《サブジェクト》でもある都市労働者の内面への、パンクチュアリティの論理の組み込みが、ますます促進されてゆく。明治二十八年、服部時計店の精工舎がタイムキーパー型懐中時計を開発して以降、国産の懐中時計も普及の一途を辿る。

　一方に、計時《タイムキーピング》の規律の内面化の強制とそれによる近代的主体の育成の試みがあり、他方に、「天壌無窮」神話における時間の無化のファンタスムとそれを利用した共同体の心的生態系の保安への配慮があって、その両者の相互補完によって明治国家のシステム論的基盤がかたちづくられていたという観点に立つとき、北村透谷(一八六八―九四)は、その両者のいずれからも疎外されていた精神＝身体として、興味深い一症例を示していると言える。

　均質に分秒を刻む機械的時間への怯え、そしてそれに合わせて生活を規律化することへの厭悪《えんお》が暗示されている前掲の日記の一節からも窺えるように、透谷が近代的な都市生活への不適応者であったことは明らかだ。明治二十二年のこの時点で、すでに彼は自由民権運動に挫折して政治的野心を潰えさせており、また前々年の明治二十年六月と八月には、輸入した商品の大暴落により横浜で商業上の大失敗をしてもいる。政治的主体としては意味のある行動をなしえず、経済的主体としては無に等しかった彼は、「人生に相渉る」現実的な事象におけるみずからの無能ぶりを十分に自覚している。だが、それなら、何ものをも生産しないロマン主義詩人ないし都市遊歩者《フラヌール》としてこの世に在ることに、矜恃《きょうじ》とともに自足しえていたかと言えばそうでもなく、絶えず眼前に「一大時辰機」を幻視し、その針の動きに恐怖と焦燥を感じつづけていなければならなかった。

　では、いかにしたらそれから逃れられるのか。あの「天壌無窮ノ皇運」に自己を溶けこませるというのが、そのためのもっとも容易な途《みち》であることは言うまでもない。が、一方で「自由」と「民権」の大義を奉じ、他方でキリスト教を信仰していた知識人青年透谷に、その途は最初から封じられている。救済の夢を託せる途として残されたものはたとえばエマソン流の「超越主義」であり、実際に彼はやがて日本で初めてのエマソンの評伝とその思想の概説書である『ヱマルソン』(明治二十七年四月)を書くことになる。

　『ヱマルソン』の大部分が書かれたのは、明治二十六年八月末に転居した国府津《こうづ》在前川村長泉寺の一室においてであるが、時計塔が点在する東京市中から離れ、海辺の小村に居を定め広々とした自然の中に身を置いたことが、彼の精神の健康に好影響を与えたであろうことは容易に想像される。透谷没後、「国府津時代は楽しうござんした」と妻ミナがしばしば語っていたという島崎藤村の証言がある。(7)

　透谷の内省的宇宙観の至り着いた窮極の表現などと呼ばれることもある随想「一夕観」が

執筆されたのも、この最晩年の国府津時代のことである。この文章の語り手「われ」は、満天に星をちりばめた夜空を仰ぎ、自然との一体感に浸りつつ海辺へ向かう。

われは歩して水際に下れり。浪白ろく万古の響を伝へ、水蒼々として永遠の色を宿せり。手を拱《こま》ねきて蒼穹を察すれば、我れ「我」を遺《わす》れて、飄然《ひょうぜん》として、襤褸《らんる》の如き「時」を脱するに似たり。

茫々乎《ぼうぼうこ》たる空際は歴史の醇の醇なるもの、ホーマーありし時、プレトーありし時、彼の北斗は今と同じき光芒《こうぼう》を放てり。同じく彼を燭《て》らせり、同じく彼れを発《ひ》らけり。然り、人間の歴史は多くの夢想家を載せたりと雖《いえど》も、天涯の歴史は太初より今日に至るまで、大なる現実として残れり。

（「一夕観」其二）(8)

この文章がどこまでエマソンやカーライルの影響の下にあり、どこまでが彼自身の独創的な感性と思考の表現なのかという問題をめぐっては国文学研究や比較文学研究の領域ですでに多くの議論が存在するが、ここでその細部に立ち入る必要はない。本書の主題との関係で重要なのは、これが時間の無化というファンタスムの至福状態の表象にほかならないという一点である。透谷が「襤褸の如き「時」」と吐き棄てているのは、ボードレールが「醜い老人」として擬人化した〈時間〉とほぼ同じものである。その「時」から彼は「飄然として」「脱する」のだという。その瞬間、社会も政治も経済も消え、後にはただ悠久不滅の「天涯の歴史」のみが「大なる現実として残」るばかりだ。

　ボードレールの散文詩の場合、阿片チンキの効果が薄れるやただちに「醜い老人」が、あの「魔性の供《とも》廻り」を引き連れて立ち戻ってくるのだが、「一夕観」にはそうした幻滅の終局は書きこまれておらず、テクストは「吁《ああ》、悠々たる天地、限《かぎり》なく窮りなき天地、大なる歴史の一枚、是《これ》に対して暫《しば》らく茫然たり」の一行で平穏に締め括られる。だが、そもそも透谷の短い生涯に、「思い出」「後悔」「痙攣《けいれん》」「恐怖」「苦悶」「悪夢」「怒り」「神経症」といった魔性の面々のほぼ全員が終始禍々《まがまが》しく取り憑いていたことは、彼の遺した散文や詩から明らかであり、「暫らく茫然たり」とここで言われているその「暫らく」が、ごく例外的な束の間の至福でしかなかったことは言うまでもない。実際、「一夕観」は明治二十六年十一月に発表されているが、透谷は翌十二月、弥左衛門町の父母の家に引き上げて後、同二十八日、この家の物干し場で咽喉を突いて自殺を図っている（ミナが短刀を奪って一命を取り留める）。そして翌年五月十六日、芝公園内の自宅の庭で最終的に縊死《いし》を遂げ、二十五年の短い生涯を閉じることになる。

「無絃の大琴」と「モーラリチー」

　自然は常変なり、須臾《しゅゆ》も停滞することあるなし。自然は常動なり、須臾も寂静あることなし。自然は常為なり、須臾も無為あることとなし。その変、その動、その為、各自一個の定法の上に立てり、而《しか》して又た根本の法ありて之《これ》を支配するを見る。淵に臨みて静かに水流の動静を察するに、行きたるものは必らず反《か》へる、反へれるものは必らず行く。若きもの必らず老ゆ、生あるもの必らず死す。

(「万物の声と詩人」(9))

「万物の声と詩人」(明治二十六年)は、やはり国府津時代に、「一夕観」に恐らくひと月ほど先んじて書かれた思想的エッセイである。ここでは観念的筆致で展開されている自然一元論とでも呼ぶべき世界観を、具象世界のイメージで肉付けした詩的随想が「一夕観」だと言ってもよい。見られる通り、万物流転の形而上学が嫋々《じょうじょう》たる文体で謳い上げられており、歴史的時間が虚構化されているのは「一夕観」の場合と同様である。ただし、「変」「動」「為」にそれぞれ「定法」があり、さらにそのすべてを統轄する「根本の法」があると彼が言うとき、こうした「法」をめぐる思考は、明治期の学問的言説における「法則性追求のパラダイム」とでも呼ぶべきものの一環をなしていると考えてよいかもしれない。われわれはこの問題を社会進化論の流行というトポスを中心として展開してきたわけだが(本書「23 条理―進歩史観(一)」―「26 大勢―進歩史観(四)」)、では、ここで透谷が空想している自然界の流転を統べる「法」もまた、あの「進化の大法」を指しているのだろうかという問いが浮上する。

この問題はやや微妙である。「明治文学管見(日本文学史骨)」(明治二十六年)で透谷は、「美は始めより同じものにして、軽重増減あるものにあらざれど、美術の上に於ては、進歩すべきものなること是を以てなり」と言い、「進歩」の概念をあっさりと導入したうえで、「社界進歩の大法を以て之を論ずる時は、尤《もっと》も完全なる道義の生命を有する国民が尤も進歩したる有様にある事は、明白なる事実なれば、従つて又た、尤も円満なる快楽を有し、尤も完全なる美を願欲する人種が尤も進歩したる国家を成すことは、容易に見得べき事なり」云々と述べている（「一、快楽と実用」）[10]。彼としては例外的に国家論にまで及ぶこの議論はほとんど啓蒙思想家流の「文明史観」の引き写しであり、この「進歩」の駆動する原理として進化論が参照されるにはあと一歩の距離しかないと言ってよい。

ただし、「自由民権」の思想家としての透谷が加藤弘之流の「右旋回」した社会進化論に対しては敵意を抱いていたこともまた明らかであり、恋人に向けて自己形成史を綴った「石坂ミナ宛書簡一八八七年八月十八日」にはすでに、明治十七年に自分が抱いていた「アンビシヨン」の一つとして、「一個の大哲学家となりて、欧洲に流行する優勝劣敗の新哲派を破砕す可しと考へたり」といった記述がある[11]。従って、「万物の声と詩人」で言及されている「定法」「根本の法」のうち、個々の領域での「定法」には、ひょっとしたら進化論に似た何かが含意されているかもしれないが、それらの基底をなす「根本の法」という言葉で透谷が思い描いていたものは、科学的な法則性とは一線を画する何らかの超越的原理であろう。この文章には「宇宙の中心に無絃の大琴あり」というイメージが繰り返され、「すべての詩人はその傍に来りて、己が代表する国民の為に、己が育成せられたる社会の為に、百種千態の音を成すものなり」[12]と語られるが、ここで万物流転の窮極原理とされているものは、この「無絃の大琴」の奏でる音楽の和声法や対位法に似た何かのことかもしれない。

ところで、透谷の思考の面白さは、詩人のみがその核心に参入しうるこの窮極原理を、単に美の範疇《はんちゅう》にのみ内閉させず、そこに倫理的契機をも見ているという点にある。彼は文章の後半でやや唐突に道徳と宗教に言及し、われわれが前章まで問題にしてきた儒教の教えにも批判的な口吻《こうふん》で触れている。

道徳の底に一の道徳あり、宗教の底に一の宗教あるは、美術の底に一の美術あると相異なる所なからんか。要するにモーラリチーは一なるのみ。政治的に所謂《いわゆる》道徳なりとするところの者、例せば儒教の如きもの、未だ以てモーラリチーの本然とは言ふべからず。宗派的に所謂道徳なりとするところのもの、未だ以てモーラリチーの本然と言ふべからず。
（「万物の声と詩人」[13]）

「宇宙の中心に懸れる大琴の音」には、唯一にして至高の「モーラリチー」が孕《はら》まれているのだと彼は言う。それをエマソン的と呼ぶかどうかはともかく、ここで透谷が構想しているものは精神規範の領域までも抱擁する一種の超越主義にほかならず、それが儒教道徳を核とした教育勅語の形而上学を相対化する視点を提起していることは認めなければなるまい。ただ、教育勅語がもっとも卑近な日常倫理と「皇祖皇宗」の神学的超越性とをほとんど論理のアクロバットとも言うべき巧妙な手捌《てさば》きで唐突に結合させ、両者の間に滑らかな還流構造を作り出すことで、国家をイデオロギー的に定礎している、その構築力の強度と比べるとき、透谷の超越主義が単に超越的でしかなく、「モーラリチーの本然」にその実質として充塡《じゅうてん》すべき具体的内容を欠いているぶん、伊藤博文と井上毅が練り上げた立憲君主制の国家理性に真正面から対抗するにはあまりに脆弱《ぜいじゃく》なものに終っていることは否定しがたい。いきなり宇宙の中心にまで飛翔し、そこに「無絃の大琴」を幻視してしまう透谷の詩的空想は、「詩人」という特権者の自恃にのみ拠りどころを求め、それで十分だと思いなしているがゆえに、散文的な説得力ははなから持ちえない。「詩人」はそのコスモロジックな楽器を「己が代表する国民の為に」演奏するのだと彼は言うが、その「代表権」が何によって正当化されうるのかといったことは問おうともしないし、そもそも「詩人」もまた凡俗の「国民」の一人にすぎないのではないかという疑いなど頭を掠めもしないようだ。結局、むしろこうした性急さと青臭さにこそ透谷の文業の魅力の本質があると言うべきなのだろう。

とはいえ、美のイデアと分かちがたく溶融したこの宇宙的な「モーラリチー」に有機的実質を与える概念を、透谷が発見しなかったわけではない。それこそ「生命」の一語にほかならず、透谷にとってのこの特権的概念をめぐってもっともまとまった論述が為されているのが「内部生命論」(明治二十六年)であることは周知の通りである。そして、そこにもまた儒教道徳への攻撃が見出される。

徳川氏の時代にあつて、最も人間の生命に近かりしものは儒教道徳なりしこと、何人も之を疑はざるべし。然れども儒教道徳は実際的道徳にして、未だ以て全く人間の生命を教へ尽したるものとは言ふべからず。繁雑なる礼法を設け、種々なる儀式を備ふるも、到底Formalityに陥るを免かれざりしなり、到底貴族的に流るゝを免かれざりしなり、之を要するに其《そ》の教ふる処が、人間の根本の生命の絃に触れざりければなり。
（「内部生命論」傍点原文）(14)

事実、儒教道徳と官僚的形式主義(Formality)とは、教育勅語の実際上の取り扱いに関して「小学校祝日大祭日儀式規程」を定めた文部省令が出されるに及んで、両者の間の切っても切れない有縁性をますます誇示してゆくことになる。「繁雑なる礼法」「種々なる儀式」によって典礼的に演出されることで、勅語に盛られた儒教道徳は、以後、第二次世界大戦に至るまでその公的権威をますます高めてゆく。法令で定められた厳密な順序に従って進行する式典で、「御真影」への最敬礼を強制され、内容がわかろうがわかるまいがとにかく「気を付け」の姿勢で強張ったまま勅語奉読に耳を傾けていなくてはならない小学生の身体にとって、そこで抑圧されたものは、実際、「生命」の躍動にほかならなかった。

ただし、ここでもまた透谷はあまりにもナイーヴであり、人間の「内部」が「礼法」「儀式」「Formality」からどれほど深甚な影響を受けるか、それによってどれほど容易に成型されうるかという点に関して、まったく無知であったように見える。また、教育勅語において、「皇祖皇宗」の遺徳としての「国体」がいわば日本民族の「生命」そのものとして価値化されており、その「生」のエネルギーが、それ自体はもう疾うに形式化——ないしいっそ形骸化——してしまっていた「五倫の徳」を改めて生き生きと現勢化するという強力なメカニズムが作動していることも見逃せまい。儒教的形式主義の対極に「内部の生命」を提起し、それをロマン主義的に宣揚するだけでは、「道徳領域に国家を構築する」(藤田省三)というあの力業にはとうてい拮抗しえないのだ。では、透谷のテクストは結局、不能と無力のうちに鎖《とざ》されているとしか読めないのだろうか。

書く主体の生成

透谷はふつう、政治における挫折から「内面」に撤退した文学者と見なされている。いかにも、「人生に相渉るとは何の謂《いい》ぞ」(明治二十六年)における現実忌避から「内部生命論」における「内部」の顕揚に至る過程は、「内面化」の深化のそれにほかなるまい。しかし、ここで注目すべきは、その「内部」の概念が、単に佶屈《きっくつ》した心理の牙城への孤独な立て籠りのみを意味するわけではないという点であろう。透谷の「内部」には、つねに宇宙大の無限空間へのトポロジカルな反転が孕まれているからである。

> 情及び心、個々特立して、而して個々その中心を以て、宇宙の大琴の中心に聯《つら》なれり。海も陸も、山も水も、ひとしく我が心の一部分にして、我れも亦た渠《かれ》の一部分なり。渠も我も何物かの一部分にして、帰するところ即ち一なり。（「万物の声と詩人」(15)）

こうしたヴィジョンは、キリスト教の信仰からもエマソン流の超越主義からもそれぞれ一定の影響を受けた痕跡を留めており、透谷自身の独創の割合をどこまで見積もれるかは軽々には断定しえない。また、これは単に、ナルシシズムの過剰が自我イメージを空想的に肥大させ、誇大妄想と小児的な万能感を惹起《じゃっき》しているだけのことにすぎず、自我の宇宙化も宇宙の我有化ももっとも凡庸な「内面化」の一変異態にすぎないと言い棄ててしまうことも不可能ではないとも思う。しかし、ここで重要なのは、宇宙内自我と自我内宇宙とのトポロジカルな通底という装置をしつらえることで、透谷において「書くこと」の体験が真の意味で初めて可能となったという一事なのではなかろうか。

この点で興味深いのは、長篇詩『楚囚之詩』(明治二十二年)や小説「我牢獄」(同二十五年)に展開されている「牢獄」のイメージであろう。とりわけ「もし我にいかなる罪あるかを問はゞ、我は答ふる事を得ざるなり、然れども我は牢獄の中《うち》にあり」と始まる「我牢獄」は、透谷の「内部」が単なるナルシシスティックな心理的自閉ではなく、文学概念の「近代性」に対して或る責任を取ろうとする決断の産物であったことを如実に示しているように思う。何の罪を犯したのか、誰が自分を監禁したのかもわからぬまま、ただ自分は「数尺の牢室に禁籠《きんろう》せられ」ているという一事のみが綿々と綴られてゆくこの掌篇は、一種異様な気配を漂わせたテクストである。

我は我天地を数尺の大さと看做《みな》すなり、然れども数尺と算するも人間の業に外ならず、之を数万尺と算《かぞ》ふるも同じく人間の業なり、要するに天地の広狭は心の広狭にありて存するなり、然るに怪しくも我は天地を数尺の広さとして、己れが坐するところを牢獄と認む、然り牢獄なり、[…]。（「我牢獄」[16]）

奇《く》しきかな、我は吾天地を牢獄と観ずると共に、我が霊魂の半塊を牢獄の外に置くが如き心地することとあり。牢獄の外に三千乃至《ないし》三万の世界ありとも、我には差等なし、我は我牢獄以外を我が故郷と呼ぶが故に、我が想思の趣くところは広濶《こうかつ》なる一大世界あるのみ、[…]。（同前[17]）

こうした記述はこのテクストの寓話性を明示しているが、興味深いのはそれが徹底して観念的ないし抽象的な寓話で、そこにはいかなる物語も欠けているという点である。語り手は牢獄に閉じ籠もり、自分が牢獄に閉じ籠もっているという記述のみをいわば自動詞的に繰り広げていき、反復しつづける。寓話の舞台であり、主題であり、その執筆の物理的＝心理的条件をなしてもいるのは、この牢獄――始まりもなく（「今にして思へば夢と夢とが相接続する如く、我生涯の一期〔自由の世〕と二期〔牢囚の世〕とは懵々《ぼうぼう》たる中《うち》にうつりかはりたるなるべし」）、中間もなく（「今更に歳の数を算ふるもうるさし」）、終りもない（刑期満了の目処《めど》がまったく立たない）、つまりは時間のない空間である。この苛酷な閉所は、時間も歴史も無化されてただ永遠の現在のみが持続する空間だという点で、国府津のあの茫々たる海景とも、あるいはいっそ造化＝自然＝宇宙の無窮の広がりとも密かに通じ合う、透谷的ユートピア――ないし反＝ユートピア──の極限的な形象とでも言うべきものなのだ。『楚囚之詩』の「倦み来りて、記憶も歳月も皆な去りぬ、／寒くなり暖《あつ》くなり、春、秋、と過ぎぬ、」(第十)(18)や、「余には日と夜との区別なし、」(第十二)(19)といった詩行にもまた時間の無化が表象され、「我牢獄」と呼応していることも思い出しておこう。透谷にとって「牢獄」とは、忌まわしい「時辰機」の刻む現実的時間の経過がそこでは夢のように虚構化される恩寵と苦悩のトポスにほかならない。

一見、「我」は癒やしがたい絶望に苛まれているかのようだ。とはいえ、一つたしかなことは、この特権的な「内部」にみずからを鎖しているかぎり、この「我」は、東京市中での現実生活にあっては透谷を絶え間なく脅かしつづけていたあの「一大時辰機」を幻視せずに済むという点である。現世の時間が絶対的に遮断され、内在性の極と超越性の極とがトポロジカルに通底し合うこの「他界」──透谷に固有の詩的問題系を構成するキー・ワードの一つだ──に身を置くことで、或る特異な行為が初めて彼に可能となる。「書くこと」がそれである。時間の無化は透谷にあらゆる現実的行動の断念を強いるが、それをあえて受け入れるとき、あるいは引き受けるとき、それがもたらす不能、無力、疲労、不眠と引き換えに、彼は書く主体としての自己生成の契機を獲得するのだ。

「我牢獄」は、ベケットの『モロイ』とまで言わずとも、少なくともトマス・M・ディッシュの短篇「リスの檻」などをふと連想させる、何やら不気味な感触を湛えたテクストである。その不気味さとは、「書くこと」の自動詞性に脅かされた瞬間以来、近代文学が避けがたく抱え込まざるをえなくなった或る特異な体験であり、それを果ての果てまで生ききったわけではないにせよ、その可能性と不可能性の錯綜した絡み合いをかすかながらも素描しえた作者は、日本文学史において北村透谷をもって嚆矢《こうし》とする。今や、この「書くこと」の体験のうちに深く刻印された歴史性の諸相に視線を注ぐべき時が来ている。

33　内部――北村透谷(二)

緊張と断裂

なぜ自分が監禁されているのかわからない、「然れども我は牢獄の中《うち》にあり」〔傍点松浦、以下同〕と「我牢獄」の話者は言い、また数行後に「然れども事実として、我は牢獄の中《うち》にあるなり」ともう一度念を押す[1]。この箇所に限らず、「然れども」は透谷のテクストに頻出する接続句である。むろん「然るに」や「左《さ》りながら」もしばしば用いられているし、網羅的かつ数量的に精査したわけではないので、他の明治の作家と比較して「然れども」の用例が透谷において突出していると断定する根拠を持ってはいない。ただ、透谷の文章の中でもとりわけ重要なものの、またとりわけ重要な箇所で、きわめて印象的なかたちで「然れども」による論旨の反転が出現することは否定しえないように思う。

ほんの一例を挙げるなら、たとえば「内部生命論」の冒頭近く、「造化は不変なり、然れども之《これ》に対する人間の心の異なるに因つて、造化も亦《ま》た其《その》趣を変ゆるなり」とあり、さらにその数行先に――

造化《ネーチュア》は人間を支配す、然れども人間も亦た造化を支配す、人間の中に存する自由の精神は造化に黙従するを肯《がえん》ぜざるなり。造化の権《ちから》は大なり、然れども人間の自由も亦た大なり。人間豈《あ》に造化に帰合するのみを以て満足することを得べけんや。然れども造化も亦た宇宙の精神の一発表なり、神の形の象顕なり、その中に至大至粋の美を籠むることあるは疑ふべからざる事実なり[…](2)。

云々とあるくだり。ここでは、「然れども」の反転の連鎖が、単に「人間」と「造化」の覇権闘争ないし弁証法的葛藤を表出する論理の転轍器《てんてつき》として機能しているばかりではない。「然れども」のことさらな反復が文章に雄渾《ゆうこん》なリズムを刻み、そのリズムを通じて、誰が読んでも一目で透谷の文章とわかるあの彼特有の切迫した息遣いが伝わってくる。自然は偉大だ、「然れども」人間もまた偉大だ、という命題を少しずつ違った表現で繰り返しているだけならば、それは「漢文体」の伝統に帰属する対句的修辞の一種でしかあるまいが、読まれる通り、ここでは透谷はそれに重ねてさらに畳みかけるように、「然れども」自然は自然でやはり偉大であり人間の畏敬の対象たらざるをえないと、もう一つ再反転してみせる。反復のくだくだしさを懼《おそ》れないこの粘っこい書きぶりと、そこから生じる軽い破調の印象が、文章家透谷の剛直で腹の据わった散文精神を証し立てている。

「然るに」「左りながら」は単なる逆接の接続詞であろう。それに対して、「然れども」という強い反転には、ここまでの論旨は一応「然り」と肯《うべな》わざるをえない、いやむしろ積極的に肯いたいとさえ思う、だが今この瞬間、そこからあえて自分を断ち切り、それと正反対の命題へ向かって一気に跳ぶのだとでもいった、意志的な切断と跳躍の気迫が籠められている。ひょっとしたら、英語に堪能だった透谷の意識の中で、「然れども」に重なって however や nevertheless といった単語が点滅していたかもしれない。というのも、この切断の気迫は、「和文体」のたおやめぶりは言うまでもなく「漢文体」の形式化された修辞法ともどこか異質で、むしろ欧文脈の思考法に身を寄り添わせる、ないしはそれを意識的に演戯するところから生まれ落ちたもののように感じないでもないからである。ともあれこうした箇所では、心理と思考の自然な流れをあえて断つことを主体に迫る、他者性の現前とでも呼ぶべき不透明な何かが、透谷のエクリチュールに憑依《ひょうい》しているように思う。

透谷の「内部」は、「然れども」の断裂が幾重にも走っている錯綜した空間である。それはナルシシスティックな自己愛のうちに自閉した静的なトポスではなく、然れども……然れども……の切断と跳躍の運動の緊張した持続によってのみ辛うじて存立しうる危機的な時空とでもいったものだ。「内部」という名の既定の領域が先験的に存在しているわけではない。「内部」にいる――と自分を想定する――者が、その「内部」それ自体をめぐって、自己言及的な、しかしいたるところ否定と前言撤回をちりばめた言説を始動するとき、そこかしこで破れ目を見せつつ持続するその言葉の運動を通じて辛うじてその輪郭が触知可能となるものが、透谷的「内部」なのだ。従って「内部」とは当然、心理的実在であるよりはむしろ言説的な制作物――虚構の領域に属するポイエーシスの産物である。

なるほど、「然れども」がふと掻き消え、「我れ「我」を遺《わす》れて、飄然《ひょうぜん》として、襤褸《らんる》の如き「時」を脱するに似た」心境が訪れるとき、自意識は「無数の星宿紛糾」する「蒼穹」のうちに安らかに溶融し、安定した実体としての「内部」が成立するかに見える(「一夕観」)。だが、そうした散文詩のような世界が、はかない綺麗事とまでは言わずとも、危機の連続のさなかにふと出来した仮初《かりそめ》のユートピアの心象というか、長くは持ち堪えられない束の間のファンタスムにすぎないことは明らかだろう。性急に繰り出される言葉の持続はいつ途絶えるとも知れず、それが途絶えるやこの抒情のユートピアもまたたちまち消失してしまうかもしれないという切迫した危うさが、そこにはなまなましく脈打っている。この小さなテクストの魅力の核心をなしているのはこの危うさにほかならず、また「一夕観」に限らず透谷の詩や散文に多かれ少なかれ漲《みなぎ》っているこうした危機的な緊張感こそ、この早世したマイナー作家の遺した量的には貧しい文業をめぐってかくも多くの批評や論考が書かれてきたゆえんのものに違いあるまい。

「一夕観」自体は「われは自《みず》から問ひ、自から答へて安らかなる心を以て蓬窓《ほうそう》に反《かえ》れり(3)」という無葛藤の平穏のうちに閉じられるが、透谷の読者は、その言葉の運動が途切れた後に広がる未来の余白に、書かれざる「然れども」の影が射《せ》すのをほとんど触覚的に予感しないわけにはいかない。そうした緊張と切迫感によって急き立てられつつ前へ前へと進んでゆく言葉の運動を過渡期の近代日本語によって現勢化してみせたのが、透谷の詩と散文である。彼は何もかもを未完のままに放置して逝ったが、この孤立した作者がページの上に現出させた言葉の運動とは、いわば最初から中絶を宿命づけられた運動にほかならず、その運動にはいついかなる瞬間にも、途絶の先に出来しうる「書かれざるもの」「書かれえないもの」が濃密な不在として、なまなましい影としてすでに内在的に胚胎《はいたい》されている。この運動の危うい持続のうちに彼は文学的自意識の近代性を定礎してみせたのだが、そのことの歴史的意味が、透谷と同時代の日本の詩や小説の世界でただちに、また十全に開示されたわけではない。それにには複数の理由があろうが、近代日本語散文のスタンダードの確立に決定的な寄与を行なった鷗外、そしてやや遅れて漱石のような大才が、詩の愛好者ではあり詩的感性も決して乏しいわけではなかったにもかかわらず、詩的言語の「近代性」に対しては本当の意味での興味や欲望を欠いていたという点が大きいだろう。

詩史の系譜から言えば透谷の後を享けるのは島崎藤村であるが、透谷晩年の詩から糧を得て成った『若菜集』(明治三十年)の優美な七五調からは、早くもすでにこの緊張も切迫感も失せている。断裂とは無縁の藤村のエクリチュールにおいて、透谷にあった文学的自意識の苛烈さは大幅に稀釈化されており、『若菜集』『一葉舟』『夏草』『落梅集』所収の詩篇を集めて出版した『藤村詩集』(明治三十七年)の自序の第一行で、「遂に、新しき詩歌の時は来りぬ(4)」などと大袈裟に気負っているものの、藤村自身の自作は「近代性」の先鋭化という観点に立った場合、明らかな後退を示していると言わざるをえない。

他方、「内部」に漲る価値として透谷が称えた「生命」の観念もまた、なるほどたしかに、文学や思想のキー・コンセプトとして影響力を持ち、後続世代(たとえば白樺派)に受け継がれてゆくことはゆく。が、そこに現象しているのもまた同様の後退である。「生命」の観念をめぐって紡ぎ出される言葉の運動が、「然れども」の連鎖によって透谷の文章がまとっていたぎくしゃくした爬行《はこう》性や鋭角的な不連続感を失い、なだらかで温良な「自然」の流れへと円満に落ち着いてゆくとき、それは単に何もかもを一緒くたに肯定する能天気な生命鑽《さん》仰《ぎょう》へと通俗化してしまうほかなかった（「わが行く道に茨多し／されど生命の道は一つ／この外に道なし／この道を行く」武者小路実篤）。

「円成」の不可能

抽象的思弁に終始する「我牢獄」の中に、唯一、小説的な興趣と呼んでよかろう何かをかすかに滲えた挿話が挟まれており、それは「我」のかつての恋愛の記憶をめぐるものだ。

〔…〕我は白状す、我が彼女と相見し第一回の会合に於て、我霊魂は其半部を失ひて彼女の中《うち》に入り、彼女の霊魂の半部は断《たた》れて我中《うち》に入り、我は彼女の半部と我が半部とを有し、彼女も我が半部と彼女の半部とを有すること丶なりしなり。然れども彼女は彼女の半部と我の半部とを以《も》て、彼女の霊魂となすこと能《あた》はず、我も亦た我が半部と彼女の半部とを以《も》て、我霊魂と為すこと能はず、この半裁したる二霊魂が合して一になるにあらざれば彼女も我も円成《えんじょう》せる霊魂を有するとは言ひ難かるべし。[5]

見られる通り、俗界で経験した甘美な恋愛への追憶が幽囚となった現在の身の上の悲嘆をいっそう募らせるといった、誰でも思いつくありきたりの筋立てとはいささか異なった事柄が語られている。単に、内に閉じ籠められた「我」と外にとどまる「彼女」の間に「鉄塀」が立ちはだかっているという通俗的悲劇が語られているのではない。最初の出会いの瞬間以来、二人は互いの「霊魂」を半分ずつ交換し合い、「我」は「彼女の半部と我が半部」を持ち、「彼女」は「我が半部と彼女の半部」を持つことになったというのだが、まず、この事態が愛の至福の中での融合というよりむしろそれとは逆に、何かしらパセティックな引き裂かれとして記述されているのが異様である。さらに、引き裂かれている者同士がなおかつ牢獄の鉄塀によって改めてもう一度引き裂かれ、つまりは四つの部分に分断されて、かくして今や「我」と「彼女」の両者ともどもが十全な自己実現をすることができなくなっているのだという。「我が半部」二つと「彼女の半部」二つの帰趨《きすう》をめぐって形式論理学のように進行するこの記述の文体の、情熱恋愛を謳い上げるというよりはむしろスコラ学的思弁を展開しているかのような異様な感触に注目すべきだろう。ここではいったい何が起こっているのか。

この四つの「半部」の絡み合いと引き裂かれは、言うまでもなく、透谷が「人生の秘鑰《ひやく》」(6)「想世界と実世界との争戦より想世界の敗将をして立籠《たてこも》らしむる牙城」(7)(「厭世詩家と女性」)と呼んだ恋愛という出来事の、彼の心象に映った寓喩的表現にほかならない。ゲーテ、バイロン、シェリー、シェイクスピア、ダンテなど、西欧文学の知識の衒学《げんがく》的な開陳がやや鬱陶《うっとう》しい

「厭世詩家と女性」(明治二十五年)を見るかぎり、彼の恋愛観の基盤をなしているものが半ば以上ブッキッシュな教養であることは明らかだ。しかし、ここでの問題は、彼の恋愛観において教養と実体験とがどの程度の度合いで混じり合っているのかを腑分けすることでもなく、またその実体験の部分さえ実は、西欧からの輸入品にすぎない「恋愛」という人工的な準拠枠に則って作成された観念的なファンタスムにすぎなかったのではないかと疑うことでもない。

享年二十五で早世したこの若者の人生経験の総量などいずれ知れたものであり、ブッキッシュと言うなら透谷の文業はそのことごとくがきわめて濃密にブッキッシュである。だが、『楚囚之詩』へのバイロン『シヨンの囚人』の影響如何《いかん》、『蓬萊曲《ほうらいきょく》』への同じくバイロン『マンフレッド』やゲーテ『ファウスト』やダンテ『神曲』の影響如何といった、文学研究者にとってはそれなりに興味深くないわけではない既成の問題機制の細部にはここでは立ち入るまい。そもそも、それら透谷の発想の諸源泉の穿鑿《せんさく》によって彼の仕事の独創性が多少なりと縮減される可能性があるとする文学観は、われわれのものではない。一方で、外国語のものであろうと自国語のものであろうとテクストとの対話とはそれ自体、これ以上ないほど現実的な人生経験にほかならないという点がある。古今東西のあらゆる文学はつねにテクストからテクストを、作品から作品を創ってきたのである。他方また、内容や主題に関して他から何を借りてこようとそれは相対的には瑣末《さまつ》な問題にすぎないという点もある。今われわれが問うべきはそれよりもむしろ、混沌とした過渡期の近代日本語がその内容や主題にいかなる具体的な形(言語形式)を与ええたか、そしてその際、日本語表現の諸手段が限界まで試されることで、可能性と不可能性との間を分かつ言語の閾《いき》がどのように撓《たわ》んだかという問題でなければならない。

透谷の「内部」概念を考察しつつある今、「我牢獄」への「恋愛」の主題の不意の介入が興味深いのは、この寓喩的閉所の「内部」にまで他者の半身――文字通りの――が食い入って、自我の「円成」を妨げているさまを、それがまざまざと示しているという事実にある。透谷的「内部」は、いかにその密閉性が強調され、ロマン主義的英雄の特権的な孤独を保証する好個の装置に仕立て上げられようとも、その密閉性とは結局見せかけのものでしかなく、自己完結の充足を禁じられた空間である。「故郷」と呼ばれる外界を憧憬するとか、そこに残してきた恋人を思慕するといったかたちで感情が閉域の外に溢れ出すというのではない。「我が半部」は実際に引き裂かれて外にあるのだし、「彼女の半部」は実際に「我」の内部に食い入ってそれと一体化している。円満な成就を意味するこの「円成」という仏語がいかなる経緯で透谷の語彙に入ってきたかは定かではないが、とにかくそうした幸福な完成状態に至ることの不可能性とは、いわば透谷の文学的自意識の宿命そのものの直截な要約であろう。さらに言うなら、他者の「半部」の闖入《ちんにゅう》によって自我の「内部」に亀裂が入り、そこでの霊魂の「円成」が阻止されるというこの絶えざる挫折の反復、この苛立たしい未了状態の維持こそ、透谷的「内部」が文学のトポスとして真に生成し、そこで文学的エクリチュールが可能となるための必須の条件にほかなるまい。

もし仮りに「鉄塀」が破砕されて牢獄が外に開かれ、「彼女」と再会してその「全部」を所有しうるなら、「円成」は間然するところなく達成されるだろう。また、「悲恋」の記憶そのものが最初から存在しなければ、「内部」は他者の痕跡をとどめることなくただひたすら自己の「生命」の横溢《おういつ》に満たされ、ナルシシスティックな自己愛に充足することが可能となり、それもまた「円成」の一形態ではあろう。ところが、ここでの「我」は、そこに「彼女の半部」のみが食い入って「我が半部」と共存し、またその一方、「彼女のもう一つの半部」と「我がもう一つの半部」の方は牢獄の外にとどまり、それとは「鉄塀」で隔てられたままでいるという畸形《きけい》的な状況を生きているのであり、それが続くかぎり、このどちらの形態の「円成」も阻まれたままでいるほかない。透谷の自意識がそこに身を置き、またそれをめぐって記述しようとした「内部」とは、そうした苛立たしい緊張から決して解放されえない場所であった。しかしそこはまた、彼にとって「書くこと」が可能となる唯一の場所にほかならなかった。

　では、やはり「牢獄」と「監禁」の主題を扱った長篇詩『楚囚之詩』の場合はどうか。そこでは、「余」の監禁された「獄舎《ひとや》」には他に四人の囚人が繋がれており、そのうちの一人は「美くしき／我花嫁」なのだという(第四)[8]。ここにおいては恋愛対象自身もまた「余」同様に幽閉され、すなわち主体と「内部」空間を一応共有してはいるわけだ。ただし、四人相互の間は「四つのしきりが境とな」って隔てられており、「四人は一室《ひとま》にありながら／物語りする事は許されず、／四人は同じ思ひを持ながら／そを運ぶ事さへ容《ゆる》されず、」(第三)[9]といった境遇に置かれているのだという。「余」を含めて五人いる囚人たちの空間的配置はリアリズムの観点からすると少々不分明であるが、ともあれ「余」と「花嫁」は、「獄舎《ひとや》」に同居しつつかつまた互いの間を絶望的に隔てられてもいるという、近さと遠さの苛立たしい逆説を生きることを強いられているわけだ。結局、「我牢獄」におけるのと同型の状況がここにすでに現出しているということになる。実際、この直後、「半部」ならざる「半身」という言葉が用いられ、「余」は「彼方《かなた》」と「此方《こなた》」の「両世界」に引き裂かれているのだという認識が語られる。

一夜の契りも結ばずして
花婿と花嫁は獄舎《ひとや》にあり。
獄舎《ひとや》は狭し
狭き中にも両世界──
彼方の世界に余の半身あり、
此方の世界に余の半身あり、
彼方が宿か此方が宿か？
余の魂《たま》は日夜独り迷ふなり！
（『楚囚之詩』「第四」[10]）

透谷の一貫したオブセッションの在り処は明らかであろう。ただし『楚囚之詩』の場合、物語を劇的に盛り上げようとする意図によるものだろうか、「第九」に至って、或る朝、「余は吾花嫁の方に先づ眼を送れば、／こは如何《いか》に！　影もなき吾が花嫁！／思ふに彼は他の獄舎《ひとや》に送られけん、」[11]という事件が起きる。他の「三個《みたり》の壮士」も姿を消す。そして、最終段の「第十六」に至って「大赦の大慈《めぐみ》」による釈放、「最愛の花嫁」との涙の再会という結末が訪れ、[12]この唐突なハッピーエンドが取ってつけたようなご都合主義の印象を与えることは否定しがたい。こうしたいかにも作り物染みた構成は、この時点での透谷が未だ「書く主体」としての自意識に真に目覚めていなかったということを示しているのだろうか。

蓬莱原での懐疑

透谷の生の行程を、政治の挫折から「内面」への撤退へと要約することは、或る程度の正当性を持っているとは思う。だがその「内面」なるものを、現実世界からの「逃避」のトポスとして――「一夕観」で至福の夢のように語られる、「造化」と「人間」とが互いに互いを肯定し合う超越主義のユートピアへの収束としてのみ理解してしまうとしたら、それは事態の本質を取り逃がしてしまうこととなろう。一見、調和と融合へ向かってすべてが平穏に収束してゆくかに見える、「然れども」、その収束は必ず断ち切られ、調和は混濁し、融合には亀裂が入る。「内部」は絶えず他者性に侵食されている。しかもその他者の丸々全体が自我の中に入って幸福な合体が実現されるなら、「我」にとっても「汝」にとってもこれ以上は望めないような、間然するところのない「円成」の瞬間が訪れることとなろうが、豈図《あにはか》らんや「内部」に食い入ってくるのは絶えず他者の「半部」だけでしかない。そのとき「我」もまた引き裂かれ、他処に遺棄されたみずからの「半身」からつねに隔てられてあるほかない。

透谷の「内部」を、「然れども」による反転の予感に絶えず脅かされ、命題と反命題のせめぎ合いによる苛立たしい緊張に震えつづけ、その「半部」がつねに他者化を蒙らざるをえず、そこからの解放は窮極的には死以外にない(「我牢獄」の結末は「死」の待望である——「をさらばなり、をさらばなり」)、そんな特異なトポスとして捉えた場合、それの表現にもっともふさわしい文学形式が、複数の声の交錯から成る戯曲であることは自明であろう。そこに、執筆年代から言えば長篇詩『楚囚之詩』と小説「我牢獄」との中間に位置する『蓬莱曲』(明治二十四年)という、あの乾坤一擲《けんこんいってき》の問題作の意味が浮上することになる。

そこでは、主人公「柳田素雄」のナルシシスティックな声が、他の複数の登場人物たちの声によって、——就中《なかんずく》、有史以来の日本文学が所有しえたほとんど唯一例外的な「超越者の表象」と言ってよい「大魔王」が彼に浴びせかける嘲笑と恫喝によって、いかなる相対化の試練を蒙るかが興味の焦点となろう。だが、まずはわれわれは、『楚囚之詩』から「我牢獄」へ「闇」と「内閉」の主題が受け継がれるに当たって、その中継地点として機能しているかに見える『蓬莱曲』の一景に、しばし視線を注いでおくことにしよう。

素、　わが眼はあやしくもわが内をのみ見て外《よそ》は

見ず、わが内なる諸々の奇《く》しきことがらは
必らず究めて残すことあらず。
（第二齣第二場　蓬莱原の二）[13]

この一節が、バイロン『マンフレッド』の冒頭近く、「……おれの心は／夜を徹して目覚めていて、この両の眼《まなこ》が閉じるのも／ただ内にあるものを眺めるためなのだ」（小川和夫訳による。透谷が読んでいたであろう『於母影《おもかげ》』所収の鷗外訳「マンフレット一節」によるなら、「わがふさぎし眼《まなこ》はうちにむかひてあけり」）というマンフレッドの台詞の影響下で書かれたというのは十分にありうることだ。が、だとしても、透谷に固有の特権的主題系に属するこの「内面凝視」の重要性がそれによって減じるわけではない。

ところで、興味深いことに、「柳田素雄」はここで、あえて挑戦的にバイロンの主人公に逆らうかのように、視線を内から外へと転じてみせる。「且《か》つあやしむ、光にありて内をのみ注視《みつめ》た／りしわが眼《め》の、いま暗《くらき》に向ひては内を捨《すて》／外《そと》なるものを明らかに見きはめんとぞ／すなる」。では、その「外なるもの」とは何なのか。以下の引用においてもまた、あの「然れども」の連禱《れんとう》が、五七の定型律に頼ることなく刻まれる近代的な詩的音律の創出に或る決定的な役割を演じているという点に注目しておこう。

素、　暗《やみ》のなかには忌はしきもの這へるを認《み》る、
　　然れどもおのれは彼を怖るゝものならず、

暗の中《なか》には嫌《きら》はしき者住めるを認る、
然れども己れは彼を厭《いと》ふ者ならず、
暗の中《なか》には醜きもの居れるを認る、
然れども己れは彼を退くる者ならず、
暗の中《うち》には激しき性《さが》の者歩むを認る、
然れども己れは彼の前を逃ぐる者ならず。
わが内をのみ見る眼は光にこそ外《よそ》の、この
世のものにも甚《いた》く悩みてそこを逃れけれ、
いかで暗の中にわが敵を見ん[14]。

光輝く外界は自分の「敵」だったが、それが闇に鎖されるとき、そこに蠢《うごめ》くどんな汚いもの、醜いもの、異形のものも自分の敵ではなくなるのだと「素雄」は言う。畢竟《ひっきょう》、「友なる暗《やみ》」となった外界はかくして我有化され内界に取り込まれてしまったのであり、逆に言えば、ここで「素雄」の自我は宇宙大にまで拡張され、ほとんど「円成」に近い状態にまで至り着いている。だが、そこに反転が出来する。

素、　[…]………またおのれは今暗《やみ》に住める
あやしきものどもの楽しみ遊べるさまを見

る中に、たゞひとことの足らぬ心地ぞする。(15)

「友なる暗《やみ》」があたりいちめんを覆い尽くし、「敵」は放逐され、自我は「造化」の全体を呑み込むまでに膨張した。ところが、それでもなお不足している何かがあると「素雄」は言う。どんな些細なものであれ何かが欠けていれば、当然「円」は完璧な「円」たりえず、従って「円成」も完成されえない。対話相手の「道士鶴翁」が「其はいかなる事ぞや」と反問し、「きみが足らぬと言へるはいかなる事」なのか、それを語ってくれさえすれば、自分の道術《みちのじゅつ》で「之を立どころに愈《いや》して」やろうと申し出る。すると、

素、われ未だわが足らぬところを愈《いや》す者にあはず、そもわが足らはぬはわがおのれの中《うち》より出ればなり。(16)

かくして問題は、またしても「おのれの中《うち》」という概念に回帰してゆくことになる。「内部」に亀裂を走らせ、それが円満に「円成」することを阻む他者性の契機として、まず「半身」への引き裂かれがあり、また「彼女の半部」の自己への憑依という過剰があった。引き裂かれ、過剰に続く三つ目の出来事としてここに登場するのは、欠如である。では、欠如とはいったい何か。そしてそれは引き裂かれや過剰といったいどんな関係にあるのか。

34 欠如――北村透谷(三)

空白の枡目

問題の『蓬萊曲』の一節を、それに続く部分まで含めてもう一度引用し直してみる。

素、　われ未だわが足らぬところを愈《いや》す者にあはず、そもわが足らはぬはわがおのれの中《うち》より出ればなり。世は己れに向ひて空しき紙の如し、そが中に有らゆる者はいたづらなるものゝ仇なる墨のすさみなれ、然れども己れが目には墨の色は唯《た》だ其《そ》のおもてに浮べるのみにて、其の中《うち》こそは空しき紙なるをうつすなれ。

われ世の中に敵《あだ》をもてりき、われ世の中にきらはしきものをもてりき、然れどもこはわが世を逃れしまこと理由《ことわけ》ならず。

わが世を捨つるは紙一片《ひとひら》を置《す》るに異ならず、
唯だこのおのれを捨て、このおのれを——

このおのれてふ物思はするもの、このおのれてふ満ち足らはぬがちなるものを捨てゝ去《い》なんこそかたけれ。

（第二齣第二場　蓬萊原の二、傍点松浦）(1)


外界が一枚の紙の上の薄っぺらな染みのように感じられるという非現実感は、解離症状の一つである離人症性障害を思わせる。だが、「書くこと」を透谷に可能ならしめた諸条件を問おうとしている今、そうした病跡学的視点はさしあたって措《お》いておく。ここではそれよりむしろ、作品のプロットの出発点をなす蓬萊山麓と終着点である山頂とのちょうど中間に位置するこの過渡的な中継地点で、世界を「紙一片」とその上に書き殴られた「いたづらなるものゝ仇なる墨のすさみ」として感覚するという表明が為されている事実の孕《はら》む、テクスト論的な重要性に着目したいと思う。

前章で述べた通り、ここで主人公「柳田素雄」の目は外界に向けられ、そこに跳梁する「忌はしきもの」「嫌《きら》はしき者」「醜きもの」「激しき性《さが》の者」と自分との間に一種の和解感情を抱いている。では、それらがもはや自我を深刻に脅かす異形の他者ではなく、自己の内界へと容易に馴致《じゅんち》されうるものとなった、その理由とはいったい何なのか。世界とはあたかも一枚の「空しき紙」の如くであり、そこを何者が往来しようとそれはその上に塗りたくられた「墨のすさみ」でしかないからだ、と彼は言う。蓬萊山の中腹、すなわち主人公が現世を半ば離脱し、しかしその離脱はまだ完遂されていないというこの中間の地点＝時点で、彼はまだ逡巡《しゅんじゅん》し、思い惑っている。「紙一片」でしかない世界を擲《なげう》つのは実はたやすい。放棄し去るのが難しいのは他ならぬ「おのれ」、すなわちこの「物思はするもの」「あやしきもの」「満ち足らはぬがちなるもの」なのだと。

自身のうちに「足らぬ」「足らはぬ」「満ち足らはぬ」ものがあると繰り返しつつ、それが具体的には何であるかについて彼は語ろうとしない。先回りしてそれに答えを与えようとするのは対話相手の「道士鶴翁」である。彼は「そのおのれてふものは自儘者《じままもの》、そのおのれ／てふものは法則不案内《おきてしらず》、そのおのれてふも／のは向不見《むこうみず》」と決めつけ、それを世の「くさぐ〳〵の苦しみ」から救うために、「「望《のぞみ》」てふもの」や「「自由」てふもの」をくれてやろうと申し出る。[2] しかし「素雄」の返答は、「休《や》めよ休めよ、[…]自由？　これ頑童《わらべ》の戯具《ぎぐ》のみ！／望《のぞみ》？　これ老いたる嫗《もの》の寝醒《ねざめ》の囈言《うわこと》のみ！」というものだ。[3] 希望も自由も、人間的価値としてそれ自体は非の打ちどころのないもののはずなのに（とくに自由民権運動への関与の記憶がまだなまなましかった透谷にとって「自由」は大きな意味を持つ概念だったはずだろう）、「素雄」はそのどちらをもアイロニカルな冷笑とともに拒み、みずからのフラストレーションを宙吊りのまま保持しようとする。彼は「鶴翁」の道術《みちのじゅつ》によって自身の欠如を充塡《じゅうてん》されることを忌避し、その忌避によって蓬莱山登攀《とうはん》の動因を確保し維持しつつ、山頂をめざす旅をなお継続してゆくのだ。

この欠如は、心理的なものであるよりはむしろ構造的なものであるように思われる。ジル・ドゥルーズは、構造主義的思考をそれとして認定するための形式的「公準」として、「象徴界」から始めて「局所性あるいは位置取り」「微分性と特異性」「分化させるもの、分化すること」「セリー性」等を次々に列挙した後、第六の「公準」として「空白の枡目」を挙げている(「構造主義を何によって認定するか」『無人島』所収)(4)。「素雄」の「中《うち》」にあるとされる欠如とは、『蓬萊曲』のエクリチュールを始動させ、その持続を可能にしているこの「空白の枡目」に似た何かなのではないだろうか。

複数のセリーに内在し、それら諸セリーを駆けめぐる或る特異な対象があるとドゥルーズは言う。それをラカンにならって仮りに「対象x」と呼ぶとすれば、構造を支配するこの「対象x」は、文学作品や芸術作品のみならず、社会の作品、病気の作品、人生の作品一般に至るまで、すべての作品のうちに包含されている。「対象x」の特性は、ラカンによるなら、自分自身との関係でつねに位置を移動しているというものだ。人がそれを探し求めるところにそれはなく、それがないところにそれは発見される。この位置移動を可能にするものが「空白の枡目」なのだとドゥルーズは言う。「ゲームには空白の枡目が必要である。それがなければ、何一つ進展しないし何一つ機能しない。対象xは自身のいる場所とは区別されないが、ひっきりなしに位置移動するのがこの場所の役目であり、それは絶えず飛び移りつづけるのが空白の枡目の役目なのと同様である」(5)。フィリップ・ソレルスとジャン＝ピエール・ファイユが好んで引き合いに出す「盲点」の概念もまた、この「空白の枡目」と同じものにほかならない。それは「視覚には捉えられぬままつねに動いてやまぬ点、ただしそこから出発してエクリチュールが可能となる点でもある、というのも真の文学素の諸セリーが組織されるのはそこにおいてだからである」(6)。

世界とは一葉の白紙であり、その表面に蠢《うごめ》く「有らゆる者はいたづらな／るものゝ仇なる墨のすさみ」であるといった言葉を「素雄」の台詞として書きつけたとき、作者透谷もまた彼自身、筆を手に白紙に向かい、刻々その白さを書字記号の黒さで冒しつつあったことを思い出さねばなるまい。そのとき、その紙の「白」は彼の外にあるのか内にあるのか。「……墨のすさみなれ、然れども」、と「素雄」は続ける——世界に向けた自分の視線はその墨の色をたしかに捉えている、とはいえその黒々とした記号群は実のところただ自分の瞳の表面に映っているだけのことで、もっと深いところに、「中《うち》」に、つまり「内部」に映っているのは「空しき紙」それ自体の方なのだと。では、空白はやはり内部にあるのか。

書くこと、付き従うこと

世界が「空虚」であるとは、『蓬萊曲』の冒頭から強調されている命題である。透谷の好む語彙で言うなら一人の極端な「厭世家《えんせいか》」にほかならぬ「素雄」は、最初の登場場面の長い独白においてすでに、何によっても癒やされえないみずからの倦怠と空虚感を表明し、自分が蓬萊山に引き寄せられることになった原因もそれだと説明している。

素、　この世、この世、美くしき
　この世の悲しきかな、抑今《そも》は何者ぞ、
　山を河を、野を里を、殿《みや》を城を、
　載せ余し置飾《おきかざ》りても、わが眼《め》には
　空虚《むなし》とのみぞ見ゆるなる。

（第一齣　蓬萊山麓の森の中）(7)

「この世の悲しきかな」というこの命題と、第二齣第二場の蓬萊原に至って表明される「そもわが足らはぬはわがおのれの中《うち》よ／り出ればなり」という命題とは、それではいったいどのような関係にあるのか。「素雄」の遁世《とんせい》の旅は——そしてそれに伴行する透谷のエクリチュールは——「現世の空虚」という認識から出発したのだが、物語の進行とともに或る覚醒ないし開示が彼に訪れ、実は欠如は自分の「内部」にこそあったのだというさらに一段深い認識へと進化を遂げたと、そういうことなのだろうか。それはそれなりに整合的な読みではあり、蓬萊山登攀の進行にそうした心理的発展のプロットを重ね合わせることで、物語の論理の辻褄《つじつま》は一応合うかに見える。

しかし、蓬萊原での「素雄」と「鶴翁」との対話には、そうした単線的なプロットへの還元を阻む不透明な何かが揺曳《ようえい》しているように思う。というのも、「わがおのれの中《うち》」なる不足という命題が提起された直後、一転して「空しき紙」のような世という外界のヴィジョンへの言及がそれに続き、しかもさらにもう一度翻って、それは「中《うち》」に映っているのだという内面化のプロセスが強調されるといった具合に、ここではほんの数行のうちに何とも込み入った内部＝外部の弁証法が展開されているからである。もちろん「空しき紙」は心の、ないし存在の内部にあるというのではなく、「己れが目」の「中《うち》」に映っていると言われているだけだが、「其のおもて」と「其の中《うち》」とがわざわざ対比され、「中《うち》」の方なのだと念を押されている行文の流れを素直に読んでゆくかぎり、内面化とまで言っても決して言いすぎではあるまい。

それならば、「おのれの中《うち》」なる欠如とは、結局「世」という「空しき紙」の、その「空」それ自体が内部へ投影されたもののことなのか。そうとも読める。しかしそう読んでしまうと、その一方で「世」と「おのれ」との対立が執拗に強調されているという事実との間に不整合を来たさざるをえない。欠如は外界にではなくあくまで「わがおのれの中《うち》」にあるのだと彼が繰り返し殊更に断定していることの意味が失われてしまうだろう。かくしてわれわれ読者は、外部と内部をめぐって出口のない堂々巡りの迷路にさ迷いこまざるをえない。

ともあれ、字面を追うかぎり、「素雄」が言っているのは外界には空虚があり内界には欠如があるということに尽きている。両者は、われわれが本書「32 牢獄──北村透谷(二)」で「宇宙内自我と自我内宇宙とのトポロジカルな通底」と呼んだものによって何かしら隠微な仕方で相関し合っているかの如くであり、かと言ってまた、両者をただちに等号で結びつけることも無理だろう。結局、何が何だかわからないとも言えるが、一つたしかなことは、内とも外とも一義的には定めがたい謎めいた場所に絶えず「空白の枡目」があり、それが『蓬莱曲』の全篇を通じて透谷のエクリチュールを駆動しているという点だ。それは、人がそれを探し求めるところに決まってなく、それがないところに決まって発見されるといった、絶えず視線から逃れて他処へ飛び移りつづける特異な空白であり欠如である。それは、作品が作品として機能するためには決して充塡されてはならない構造的な空白なのである。もし仮りに、欠けているものの内実が具体的に命名され、その命名によって枡目が埋められてしまったら、「何一つ進展しないし何一つ機能しない」だろう。「そこから出発してエクリチュールが可能とな」り「真の文学素の諸セリーが組織される」べく、その枡目は内と外とのあわいを絶えず不分明に揺れつづけていなければならない。

　実際、「空白の枡目」は「書く」主体、そしてそれが行なう「書く」という実践と不可分である。前掲の論考で、ドゥルーズが「空白の枡目」に続く第七の、最後の「公準」として挙げるのは「主体から実践へ」である。「空白の場所は、何らかの項によって占められることはないにせよ、この場所のすべての移動に付き従ってゆく高度に象徴的な審級に同伴されていないわけではない。占有されたり充塡されたりするのではない、ただそれに同伴されているのだ。そしてこの両者、つまりこの審級とこの場所は、絶えず互いに相手を欠落させており、そうした仕方で互いに相手に同伴しているのである。空白の場所に付き従うこの審級、それこそまさに主体にほかならない」(「構造主義を何によって認定するか[8]」、傍点原文)。構造主義は主体性の概念を削除しすべてを非人称的な構造に還元してしまうといった俗見を覆し、構造を成立させる不可欠の契機として「主体」と「実践」を導入することがここでのドゥルーズの議論の賭け金であるが、今ここでその詳細に立ち入る必要はない。空白を追い、空白をめざし、同時に空白から逃れるように進行してゆく透谷のエクリチュールの実践が、単にその空白を充塡することを目的としているわけではないという点、そしてその進行の運動によってのみ主体は主体として生成しうるという点のみ確認しておけばそれで十分である。主体は「空白の枡目」の移動に「付き従う」。それは枡目を支配する権能も統御する権能も持っていない。ひたすら枡目に従属し、ひっきりなしに跳躍しては別の位置へと移ってゆくその運動に、ただ同伴するだけである。

ルイス・キャロルの「スナーク狩り」に出発した一行が手にしていた真っ白の海図のようにとでも言おうか、書く主体としての透谷は「空しき紙」の白さに付き従いつつ、エクリチュールの航海に乗り出してゆく。が、彼の企図は未知の白を既知の黒によって浸食させ、かくして空白を漸次埋めていこうとすることではない。彼は「彼《か》の蚕娘《さんじょう》の営々として繊糸を其口より延べ出る如く」(『蓬萊曲』「序」)言葉の糸を繰り出し、その絡み合いからなる書字記号を連ねてゆく。だが、「彼れ[蚕娘]が労《つと》むるは家を造りて之《これ》に入らんとするなれども余が昼間劇務の後に滴々半烹《はんぽう》の句を成すところの者は徒《いたずら》に余をして債を起して価ある白紙を反古《ほご》と化せしむるに止まらんを知る」(同前)[9]。その反古の上に残った墨の痕跡は、あたかもこの世の闇の中に蠢く「忌はしきもの」「嫌はしき者」「醜きもの」「激しき性の者」等々、あれらおぞましい怪物群の横行の記録でもあるかのようだ。しかし、それらは畢竟《ひっきょう》、彼の目の「おもて」に浮かんだ薄っぺらのシルエットであるにすぎず、さらに深い「中《うち》」に投影されつづけているのは、依然としてあの「空しき紙」の白さ以外のものではない。白紙であるからこその上に書くことが可能になるのだが、書かれた言葉は「空白の枡目」の移動の行程を徴《しるし》づけてはいるものの、その枡目を実体的に埋める項となることは決してない。

神と人間、二つの病

ドゥルーズは、「構造主義の二つの大きな事故《アクシダン》=偶発事」について語っている。

一つは、動いてやまない空白の枡目が、その行程を強調する遊牧的主体にもはや伴われなくなり、その空白が真の欠如に、欠落になってしまうことだ。もう一つは、逆に、空白の枡目がそれに同伴するものによって充塡され占有され、その可動性が、定住的で凝固した充溢《じゅういつ》性の効果のうちに失われてしまうことだ。言語学の用語によって同じことをこうも言えよう、或るときには「シニフィアン」が搔き消え、シニフィエの流れがそのリズムを刻むシニフィアン的要素を見失う、また別のときには「シニフィエ」が消失し、シニフィアンの連鎖がそれを端から端まで駆けめぐるシニフィエを見失うのだと――これこそ精神障害の二つの病理学的側面にほかならない。さらにまた、神学=人類学の用語によってこうも言えよう、或るときには神が砂漠を増大させ、大地に欠落を穿《うが》ち、また別のときには人間がその欠落を満たし、場所を占めるのだと。この空しい置換とともに、われわれは二つの事故の間を行きつ戻りつすることになる。こうしたわけで、人間と神は、大地の、つまりは構造の、二つの病なのである。

（「構造主義を何によって認定するか」(10)）

構造の、そしてまたエクリチュールの、二つの病と言ってもよい。それらは、透谷の詩と散文もまたその出来《しゅったい》に絶えず脅かされていた二つの偶発事、二つの危険である。一方に、主体の同伴から見放され「空白の枡目」が真の欠落になってしまう危険があり、他方に、枡目が埋められ構造が凝固し、構造ならざるものへ──なぜなら構造とはつねに動態的であり、動態的構造のみが構造の名に値するから──頽落《たいらく》してしまう危険があった。もし仮りにそのどちらかの病に冒されていたら、透谷の作品からは、それが近代日本の表象空間にもたらした画期的な出来事性が奪われてしまっていたことだろう。

まず、最初の病。主体と実践の契機を見失い、「空白の枡目」が文字通りの真っ白な欠落それ自体と化してしまった場合、そこに出現するのは無時間的にして非歴史的な超越性のイデオロギーであり、透谷と同時代の文脈で言えばたとえば教育勅語のような神学的言説がそれに当たる。実際、近代的な天皇制における天皇とは、主体によっても実践によっても伴われることのない「空白の枡目」以外の何だろう。絶えず位置移動を繰り返し、人が探し求めるところにそれはなく、それがないところに見出されるといった融通無碍《むげ》な「空」以外の何だろう。儒教的な日常規範と超越的イデオロギーとを、互いに互いを支え合い正統化し合うといった連携装置で巧緻に統合し、この極めつきの「空白の枡目」の政治的＝文化的権威を定礎してみせた教育勅語は、なるほど流麗このうえもない「シニフィエの流れ」を現出させている。が、そこで宣揚されている規範群の権威は単に自分自身によってのみ支えられて宙に浮かんでいるにすぎず、その自己言及性は、シニフィエの流れのリズムを刻むべきシニフィアンとしての主体がそこに欠落したままであることを示している。人格的な責任を伴った主体的実践もまたそこに不在であることは言うまでもない。

次いで、第二の病。主体が「空白の枡目」を実質的に占拠し、空白を埋めてしまった場合、動きを止めた表象作用の廃墟が現われる。それは体制的であると反体制的であるとを問わず、語られるべきことをそれが語られるにふさわしい仕方で語っているだけの言説のことだと言い換えてもよい。主体が枡目に従属するのではなくみずから枡目を支配し統御しているという錯覚の上に書かれ、従って生きて運動しつづける構造を当然持ちえないそうした言説は、当時の透谷の周囲に氾濫《はんらん》しており、その氾濫ぶりは実のところ二一世紀初頭の今日の日本でも本質的には変わっていない。徳富蘇峰の評論や島崎藤村の新体詩も、そうした病に多かれ少なかれ罹患《りかん》していたことを示す痕跡をとどめているが、ただしそれらは、制度として充実しはじめ隆盛を極めつつあった勃興期の近代的ジャーナリズム環境に増殖する膨大な数の凡庸な言説群の中で、まだしも高度な水準に位置する事例にすぎない。書く主体であることを誇り、それを特権と見なし、その錯覚のうちに自足するそれらの作者は、透谷が単に眼球の表面に浮かんでいるだけだとした「墨のすさみ」しか見えておらず、それを乗せている基底材としての「空しき紙」に対する感受性を持っていない。透谷の「生命」顕揚が、自然主義の通俗化の果てについに「人間」は「人間」であるだけで尊いといった楽天的な理想主義や人道主義へと頽落してゆく(白樺派)のも、この病の一症例にほかなるまい。

この二つの「偶発事」をどちらも厳しく峻拒《しゅんきょ》し、絶えず位置移動する「空白の枡目」に同伴して書きつづけたところに透谷の力業があり、「書くこと」の倫理があった。それが強要する緊張が彼の心身を擦り減らし、その寿命を縮めたことは否めない。一方に、大地に欠落を穿つ「神」がおり、他方に、その欠落を埋めてそこに定住する「人間」がいる。これに対して透谷は、「神」という病からも「人間」という病からも身を遠ざけ、単に大地――自然の大地、言語の大地、身体の大地、恋愛の大地――の上を、一人のノマドとなってあてどなく漂泊し、疾走しつづける。『蓬莱曲』終曲の「大魔王」との対決の場面で、「素雄」が語る自己の内なる「神性《かみ》」と「人性《ひと》」の葛藤は、恐らく以上のことと無関係ではあるまい。

素、　おもへばわが内には、かならず和《やわ》らがぬ両《ふた》
　　つの性《さが》のあるらし、ひとつは神性《かみ》、ひとつ
　　は人性《ひと》、このふたつはわが内に、
　　小休《こやみ》なき戦ひをなして、わが死ぬ生命《いのち》の尽
　　くる時までは、われを病ませ疲らせ悩ます

らん。
つら〳〵わが身の過去《すぎこしかた》を思い回《かえ》せば、われと共
光と暗とが入り交りてわが内に、
に成育《おいたち》て、
このふたつのもの、たがひに主権を争ひつ、
屈竟《くっきょう》の武器を装《よそお》ひて、いつはつべしとも知
らぬ長き恨《うらみ》を醸しつあるなり。
この戦ひを息《やす》まする者、「眠《ねぶり》」てふ神女《かみめ》の贈
る物あれど、眠の中《うち》にも恐ろしく氷の汗を
しぼることもあるなれ、
（第三齣第二場　蓬萊山頂）(11)

人間的実践を空白のうちに呑みこみ運動を凝固させてしまう超越性の審級が一方にあり、「忌はしきもの」「嫌《きら》はしき者」等が徘徊《はいかい》する現世に自身もまた帰属しているという現実を主体に何の疑いもなく受容させ、それによってこちらもやはり運動を不能化せずにはいない内在性の審級が他方にあって、両者は自分のうちで「小休《こやみ》なき戦ひ」を繰り広げているのだという。その戦いに終りがないのは、厭世家透谷が最終的にはそのどちらの側にも就きたくないからだ。そして、この戦いを「内部」に持ち堪えつづけることによって、そしてそれによってのみ、「書くこと」が彼に可能となる。政治の挫折から「内面」への撤退という紋切り

型の透谷像がやや胡乱《うろん》なのは、その「内面」に内観と内省の静寂主義《キエティスム》といったイメージがまとわりつきがちだからである。彼の「内部」はナルシシスティックな全能感の幸福《ユーフォリー》に浸されたユートピアではなく、見られる通り熾烈な抗争と「いつはつべしとも知／らぬ長き恨」に満ちた戦場であり、そこから産み落とされた彼のノマド的エクリチュールは、近代日本の文学的自意識に画期的な切断をもたらした。日本の「近代詩」が『新体詩抄』(明治十五年)から始まるというのはまったくの誤りで、その真の起点は『蓬萊曲』(同二十四年)に見出されるべきである。

この戦いから彼の「内部」がほんのひとときなりと解放されるのが、精神の「空白」にほかならぬ眠りによってであることは、ここで「素雄」が語っている通りだ。しかし透谷的「主体」に眠りはそうたやすくは訪れない。「眠り」と、それが奪われてあることすなわち「不眠」は、透谷の詩や散文のそこかしこに明示的にも暗示的にもちりばめられた特権的主題であり、いわば彼にとっての「対象x」の一つと言うべきものだ。『蓬萊曲』で言えば、第三齣第一場の仙姫《やまひめ》洞の場面で、眠りつづける「仙姫」とその前で不眠に耐える「素雄」の対立は、透谷のエクリチュールを唐突にヴァレリー、カフカ、ブランショ、バラード、ボルヘス等へと接続しはしまいか。(12)

そして、眠りがあくまで訪れず、稀に訪れた仮眠も悪夢に脅かされ、かつまた不眠を持ち堪えつづける力も尽きたとき、残された途《みち》は決して目覚めることのない絶対的な眠りとしての死しかない。「おさらばよ！」というこれもまた透谷に特徴的なルフランが、今度こそ決定的に不吉な響きとともに発せられる。たしかなことは、『蓬萊曲』の結末で一度は死んだはずの「素雄」が、「慈航の湖《うみ》」を穏やかに進む船上、露姫の掻き鳴らす琵琶の音によって爽やかに目覚める「蓬萊曲別篇(未定稿)」が、これこそまさに透谷の夢想する至福のユートピアの表象にほかならないという事実である。『楚囚之詩』の唐突なハッピーエンド、「蓬萊曲別篇」の幸福な目覚め、「一夕観」の安らかな達観等を書かなければならなかったのは、透谷の心の弱りだろうか。いや、彼のエクリチュールをそこに構造的に導いたのもまた、絶えず気紛れに位置を変えつづける「空白の枡目」の運動以外のものではなかったはずだ。

35　不可能 ― 北村透谷(四)

秘宮と牢獄

透谷的「内部」の一変異態として、「秘宮」の観念がある。

心に宮《みや》あり、宮の奥に他の秘宮あり、その第一の宮には人の来り観る事を許せども、その秘宮には各人之《これ》に鑰《かぎ》して容易に人を近かしめず、その第一の宮に於て人は其《その》処世の道を講じ、其希望、其生命の表白をなせど、第二の秘宮は常に沈冥《ちんめい》にして無言、蓋世《がいせい》の大詩人をも之に突入するを得せしめず。（「各人心宮内の秘宮」明治二十五年九月発表）(1)

「神の座《おわ》すところ」である「エルサレムの神殿」の、そのさらに深奥に「祭司の長《おさ》の外《ほか》之に入ることを得るもの甚だ稀」な「至聖所」が設けられている、ちょうどそのように、生命の漲《みなぎ》る「内部」たる「心宮」の、そのさらなる内の内に「秘宮」がある、と、ただそのことだけを縷々《るる》綴った文章である。「心宮(心の第一宮)」が社会的言説や個人的表白の生起する場所であるのに対して、「秘宮(第二の心宮)」がいかなる言葉も弾き返す沈黙の閉域として描写されていることに注目しよう。これもまた極めつきの「空白」のトポスなのである。

ただし、文章の末尾で透谷は、この「秘宮」を広く公けに開け放つ「至人」の徳に言及している。「一々その時々の心の状」を「第二の心宮に暴露して人の縦《ほしいまま》に見るに任す」といった至上の境地に至るや、「倒崖の仆《たお》れかゝらんとする時、猛虎の躍り噬《か》まんとする時、巨鱷《きよがく》の来り呑まんとする時、泰然として神色自若たるを得る」のだと。(2) 主体を脅かす「外部」からの危険として列挙されたこれら「崖」「虎」「鱷（＝鰐）」のイメージには、このエッセイに三か月先行して発表されているあの掌篇小説「我牢獄」（同年六月発表）の、次のような幽閉状況の描写の反響を聞き届けることができる。

［…］余を囲むには堅固なる鉄塀あり、余を繋ぐには鋼鉄の連鎖あり、之に加ふるに東側の巌端には危ふく懸れる倒石ありて我を脅かし、西方の鉄窓には巨大なる悪蛇を住ませて我を怖れしめ、前面には猛虎の檻《おり》ありて、我室内に向けて戸を開きあり、後面には彼《か》の印度あたりにありといふ毒蝮《どくまむし》の尾の鈴、断間《たえま》なく我が耳に響きたり。(3)

「秘宮」と「牢獄」は、透谷的「内部」の陰陽二様の両義性の表象である。「秘宮」は自己の心中の奥の奥にあり、「牢獄」はその自己を外から「鉄塀」で囲い込むところに現出する閉所であるが、「心は世の中《なか》にあり、而《しこう》して心は世を包めり、心は人の中《なか》に存し、而して心は人を包めり」（「各人心宮内の秘宮」(4)）という具合に包むものと包まれるものが絶えず反転する透谷的トポロジーに照らせば、その違いはまったく重要ではなく、両者は完全に同型と言ってよい。両者の差異は、一方が窮極の価値の発生の場とされているのに対して、他方が苦しい耐忍を主体にひたすら強いる桎梏《しっこく》の試練の場だというその本性上の正負の対照にしかない。恐らく透谷は、『楚囚之詩』で幽囚の痛苦を長々と語った後にそこからの解放と恋人との再会という唐突な結末を持ってきたように、『蓬萊曲』でいったん死んだ素雄を「蓬萊曲別篇(未定稿)」で安らかに覚醒させたように、「漫罵」(明治二十六年十月発表)で近代都市文明を呪《じゅ》詛《そ》した後に「一夕観」(同年十一月発表)で大いなる自然への参入の至福を謳い上げたように、ちょうどそれらと同じく「我牢獄」で「内部」を苦悩のトポスとして描いた後、「各人心宮内の秘宮」ではその同じ「内部」をユートピア的夢想として価値化しつつ「秘宮」のイメージへと転生させてみたのである。

「各人心宮内の秘宮」においても、当初のうち「秘宮」は誰一人立ち入れない拒否的な閉所として登場するが、最後に至ってそれをすべて開け放ちそこに他者を呼び入れる「至人」の境地への夢が語られる。そこに至ればもはや「倒崖」にも「猛虎」にも「巨鱷」にも脅かされず泰然自若としていられるという断定は、「我牢獄」において文字通り出口なしの絶望的な「内部」として描かれたものの禍々《まがまが》しさを、仮初《かりそめ》の空想においてであれ何とか祓い清めてみたいという切羽詰まった願望から発したものだろう。だから、「各人心宮内の秘宮」末尾で発せられる、

人須《すべか》らく心の奥の秘宮を重んずべし、之を照《あき》らかにすべし、之を直《なお》うすべし、之を白からしむべし、之を公けならしむべし。(5)

といった一連の命令も、あくまで現実ではなく当為として、たやすく実践しうる日常的規範の列挙ではなく不可能性へ向けて投げかけられた絶望的な希求のファンタスムとして読まれねばなるまい。透谷にとって、「秘宮」は、絶対的に「足らぬ」「足らはぬ」「満ち足らはぬ」ものがそこに滞留しつづけ、従って、「至人」の境地をめぐって彼が紡いだ夢想を裏切って結局は決して「照《あき》らか」にも「直」くも「公け」にもなしえない、窮極の不可能性のトポスであったと見るべきなのだ。この「空白の枡目」に心理的にではなく構造的に付き従うことで、彼のエクリチュールは始動し、激越な運動の中に置かれ、晩年の短い一時期に幾多の重要なテクストを産み落としてゆく。が、その運動は最終的に、彼の心身が決定的に平衡を失ったとき未完のまま中絶せざるをえなかった。

ところで、そのエクリチュールが終始、「漢文崩し体」に執着していたのはいったいなぜなのか。当時、文学に携わる人々の目に一見「近代」を開くかに映っていたのは明らかに「言文一致体」であったはずなのに、透谷はそれに終始背を向けつづけている。透谷の発信した言説をめぐる分析を閉じるに当たって、最後にこのことの意味を考えてみたい。

「近代小説」の試みと挫折

この問題は幾つかの段階を経て論じる必要がある。まず指摘されるべきは、透谷のエクリチュールの運動が激越化した彼の生涯の最後の数年が、ちょうど言文一致運動の陥没期に当たっていたという事実である。二葉亭四迷は『浮雲』を明治二十年から二十二年にかけて、ツルゲーネフの翻訳「あひゞき」と「めぐりあひ」を二十一年から二十二年にかけて発表している。山田美妙《びみょう》が言文一致による実作として『夏木立』、その理論化の試みとして評論「言文一致論概略」を発表したのも二十一年である。この前後二、三年が言文一致運動の最初の高揚期なのだが、その後、口語に基づく新しい文章体創出の機運は一時的にやや低迷する。それは日清戦争(明治二十七─二十八年)の終結後にふたたび盛り上がり、ドイツ留学から帰国した言語学者上田万年《かずとし》の主張(「標準語に就きて」同二十八年)、正岡子規の写生文の提唱(「小園の記」同三十一年)等の影響もあって軌道に乗り、以後全国民的な普及と汎用化の途《みち》を辿ることになる。四迷の「あひゞき」の発表からその文体の平明と清新が国木田独歩を促して「武蔵野」や「忘れえぬ人々」(ともに同三十一年発表)を書かせるまでに、十年間ほどの空白が介在しているのだ。

透谷が『蓬萊曲』(明治二十四年)や「我牢獄」(同二十五年)や「内部生命論」(同二十六年)を書いたのは、まさしくこの空白期のただなかにおいてであった。やがてこの一時的不振を脱してふたたび盛り上がる言文一致運動の新たな興隆に立ち会うことなく、彼は、日本と清国が戦端を開く直前の明治二十七年五月十六日に死んでしまう。透谷は、口語散文の汎用化へ向けての有無を言わせぬ同化圧力を、さほど切実には身に蒙ることなしに生を全うしえた書き手なのである。

とはいえ、透谷が、同時代の文学の新潮流にまったく無関心だったわけではない。透谷には三篇の小説があり、「我牢獄」の後に「星夜《ほしよ》」(明治二十五年七月発表)を、さらに「宿魂鏡」(同二十六年一月発表)を書いている。最後の小説実作となったその「宿魂鏡」で彼の試みた文体は次のようなものである。

牛込とのみ、町名は聞洩らしたり、男爵戸沢―と表札も厳《いかめ》しき邸構の門前に、二人乗りの腕車駐まりて、うろ〳〵と降《おり》る田舎爺《おやじ》、その後に跟《つ》きて物思ひありげの優しき小娘、玄関先にてひそ〳〵囁《ささや》く声も田舎物の調子高く、庭運動の鬚むしやの男に見認められて、何用ぞと声掛られ、おづ〳〵答ふるは、この御邸に山名芳三と申すものは居りませぬか。(6)

「宿魂鏡」冒頭近くのこの一節を、抽象的主題と佶屈《きっくつ》した漢文体とによって成った「我牢獄」の傍らに置くとき、透谷のエクリチュールのこの途方もない進化のさまに改めて一驚せざるをえない。たしかに依然として文語文ではある。しかし、具体的な地名による舞台設定、表札を通じての間接的(換喩的)な人名導入、「腕車」で乗りつけて門前に降り立つ「田舎爺」と「小娘」の登場の遅滞のない運動感、「厳しき」「男爵」／「うろ〳〵」「田舎」「小」というコントラストに暗示される思わせぶりな物語性、喋りかたにフォーカスした風俗的な人物描写、「鬚むしやの男」との葛藤含みの対面で、高飛車な「何用ぞ」と「おづ〳〵」した答えとの対比から生まれる演劇的効果、語りから台詞への滑らかな移行、その台詞の中での「山名芳三」というもう一つの固有名詞のさりげない提示、等々、これら様々な徴表が示す通り、これはすでに「近代小説」そのものと言ってよい。こうした文章を書きながら、きっと透谷の念頭には、

知己を番町の家に訪へば主人《あるじ》は不在、留守居の者より翻訳物を受取ツて文三が旧《も》と来た路を引返して俎橋《まないたばし》まで来た頃はモウ点火《ひとも》し頃で、町家では皆店頭《みせ》洋燈《らんぷ》を点《とも》してゐる。「免職に成ツて懐淋《ふところざみ》しいから今頃帰るに食事をもせずに来た」ト思はれるも残念と、つまらぬ所に力瘤《ちからこぶ》を入れて文三はトある牛店《ぎゅうてん》へ立寄ツた。

（二葉亭四迷『新編浮雲』第二篇、明治二十一年二月）(7)

のような新しい小説作品の実践があっただろう。そこから、仮りに彼がもう少し長生きし、あと一歩踏み出して閾《いき》を越えさえすれば、ひょっとして最初から最後まで「言文一致体」で綴られた心理小説の執筆を試みたかもしれないといった放恣《ほうし》な想像がふとわれわれの心をよぎることにもなる。実際、彼はすでに、「余は遂に一詩を作り上げました。大胆にも是《こ》れを書肆《しょし》の手に渡して知己及び文学に志ある江湖の諸兄に頒たんとまでは決心しましたが、実の処躊躇《ちゅうちょ》しました」(8)と始まる『楚囚之詩』の「自序」(明治二十二年)で、ほんの二十行ほどながら雄弁な「言文一致体」の文章を披露していた(これが彼の公表した唯一の口語散文と言われてい

る）。

要するに、日本の小説言語が置かれていたアクチュアルな状況に対して、透谷は十分以上に意識的であったということだ。彼は逍遥や四迷が抱えていたのと同じ問題機制の中で自分のエクリチュールを動かし、その実験的な変容と展開の可能性を試行していた。その結果として産まれ落ちた、もっとも冒険的な成果が「宿魂鏡」である。では、透谷もまた、日本の小説言語の必然的な史的発展と考えられるものに身を寄り添わせ、言文一致の趨勢《すうせい》に沿って抜かりなく文体を工夫し、それを近代化しようとする柔軟さを見せていたと――彼が文語体から口語体への完全な越境を果たしえずに終ったのは、突然の死という偶然が介入したからにすぎないと、そう考えてよいのだろうか。

そう考えることを妨げる決定的な問題が一つある。「魂を宿す鏡」という綺想が皮相な思いつき倒れに終っていると言うほかない「宿魂鏡」は結局、単なる通俗的物語の域を出ておらず、そこに文学的試みとしてわれわれの興味を刺激するものはほとんどないという点がそれである。

主人公の「芳三」が謎の「幻鏡」を矯《た》めつ眇《すが》めつするうちに、その鏡面から恋人の立体映像が出現し、さらに「異態の怪物」まで飛び出してきて、両者が「行き戻り入り乱れ、或《あるい》は走り或は駐《とど》まり、逃げつ追はれつ、追はれつ逃げつ。忽《こつ》として消え、忽として現じ、忽として浮び、忽として滅す」(9)といったどたばたが演じられる一場の怪奇的趣向に、多少の面白みがないわけではない。鏡面というそれ自体はまさに「空白」そのものであるつるつるの表面から、望ましいものと忌まわしいものという二種の霊魂がホログラフィーのように現出し、主人公の面前で追跡と格闘を繰り広げるというこの場面は、前章でやや詳しく分析した『蓬萊曲』の、「空しき紙」とその上に塗りたくられた「仇なる墨のすさみ」というイメージと共鳴し合っており、その意味では、ここにもまた透谷のきわめて個人的にして個性的なイマジネールの表現があることは間違いない。

だが、『蓬萊曲』をかたちづくる稠密《ちゅうみつ》な詩的言語と比べるとき、「宿魂鏡」のエクリチュールは結局、怪奇綺譚の道具立てを通俗的に誇張することにしか奉仕しておらず、そこに窺われるのは「近代小説」なるものに対する透谷の高の括りようばかりだ。全篇を覆うこれ見よがしの軽薄さのトーンが、「鏡」をめぐるイマジネールから表現の強度とパトス的必然性を抜き去っていることもまた明らかである。詩と小説の差異を超えた本質的次元で、「宿魂鏡」は薄く軽く弱い。要するに、あの透谷的「内部」がここにはない。「宿魂鏡」は失敗した作品なのである。そして、透谷の自死を遠くから準備したかもしれぬこの失敗には、きわめて重大な歴史的意味があるとわれわれは考える。

圧殺される透谷

今日まで書かれてきた数多《あまた》の透谷論のうち、透谷の採用した言語態の意味を、非常に早い時期に、しかも明瞭かつ簡潔に語り尽くしているのは、管見の限りでは山田有策「秘宮は日本近代にありうるか——透谷と口語散文」(『現代詩手帖』一九七〇年十一月号初出)に指を屈する。

山田氏は、「宿魂鏡」自体は口語で書かれているわけではないものの、透谷はそこにおいてこれまでになく口語に接近し、自己の内面を口語散文を通して表白する糸口をこのとき初めて摑んだのだとしたうえで、しかし、と付け加える――

> しかし、その反面、彼はこの作品で大きなものをとりおとしていく。秘宮そのものがこの作品から後退していくのである。つまり、口語散文に接近することで心宮はなめらかに表白され小説性を獲得していくものの、秘宮は後方におしかくされていくのである。いいかえれば、こうした文体では秘宮を表わすことはできないのである。
> ただ、この時、透谷は鷗外を頂点として形成されつつある近代日本文学の秩序に初めて接したといえるだろう。その秩序は口語散文によって表白できる内面しか許さなかったのである。[10]［傍点原文］

右の引用の最後の文で山田氏が用いている「内面」という言葉に注目したい。柄谷行人はその『日本近代文学の起源』(一九八〇年)で、「日本の近代文学は、いろんな言い方はあっても、要するに「近代的自我」の深化として語られるのがつねである」[11]という前提から出発し、しかしその自我の「内面」とは或る「起源」を持つ制度でしかなく、かつまたその制度化を可能にしたものは言文一致であると述べている。まず「内面」なるものが先験的かつ普遍的に存在し、言文一致の出現でそれがついに間然するところなく表現されうるようになったというわけではなく、言文一致のシステムこそが「内面」を作り出したのであり、その逆と見えてしまうことの「転倒」を告発するというのがそこでの柄谷氏の趣旨であり、それはそれで一応の説得力を持つ議論ではあろう。

だが、右に引用した、口語散文によって初めて表現可能となった或る特異な種類の「内面」があり、それは「近代日本文学の秩序」に固有に帰属するものだとする山田有策の指摘は、柄谷氏の「内面」論を時期的に先取りしているのみならず——「口語散文によって表白できる内面しか許さなかった」[傍点松浦]ところの「構造あるいは秩序」と山田氏が呼ぶものを「制度」と読み換えてみれば、それがそのまま柄谷氏の立論となる——、その「制度としての内面」には包括されえない或る具体的な「外部」を実際に名指してみせているという点で、柄谷氏の論に対して一日の長があり、またより深くより鋭い文学史的明察を孕《はら》んでいるように思う。そして、その「外部」こそ、逆説的ながら、透谷の「内部＝秘宮」にほかならない。

「だから、もし透谷がこの秩序内に生きつづけようとするならば、自らを「宿魂鏡」の作家としてその内に位置づけるより他はないといえるのだ」と山田氏は続けているが、透谷のエクリチュールの存在理由のいっさいは、「この秩序内に」生き延びることを決してしなかった、ないしそれができなかったという一点にかかっていると言うべきだろう。「言文一致体」で書けるようになった「内面」があるとして、それは所詮、たかだか「言文一致体」で書ける程度の「内面」でしかない。もっと言うならそれは、「言文一致体」によって初めて書けるようになったというよりはむしろ、「言文一致体」によって捏造《ねつぞう》された「内面」であろう。決意によってか運命的にか、そうしたものに背を向けざるをえなかった透谷は結果的に、「近代日本文学の秩序」の外に弾き出されてゆくほかはない。「透谷が秘宮を表白しようと全身的になればなるだけ、日本の近代は彼を疎外し進行していくのである。疎外するだけではない。最終的には日本近代は透谷を圧殺しつくしていくのである」(「秘宮は日本近代にありうるか」、傍点原文)(12)。

山田氏のこれら的確このうえもない指摘をことごとく肯《うべな》いつつ、そこにあえてわれわれが付け加えてみたいのは、なるほど「透谷と日本近代とのめくるめくばかりの懸隔」(山田)があったのは事実とはいえ、一方に、口語散文によって可能となったあれやこれやの内面的小説やら内面的随筆やらがあり、他方に、口語散文によってかたちづくられる「秩序」のうちに収まりがつかない「空白の枡目」の跳躍に絶えず駆動され、「蚕娘」の吐き出す「繊糸」のように繰り延べられてゆく透谷のエクリチュールがあるとしたとき、真に「近代」の側に位置するのははたしてどちらなのかという問いである。言うまでもなく、透谷こそが「近代」の側にあるとわれわれは考える。ほとんど独力で「近代」を開くや、同時にそれを不可能性の時空に一挙に封じ込めてしまったのは他ならぬ透谷なのである。

それに代わって可能となったものに「日本近代文学」のレッテルが貼り付けられ、爾来《じらい》、その特殊な言語態がそれなりの量の作品群を産み出しつづけ、その蓄積によって或る歴史的地層を形成してきたのは事実である。しかし二一世紀初頭の今、「言文一致体」によって捏造された「内面」――それを「近代的自我」と呼ぶのであれ透谷のように「心宮」と呼ぶのであれ――という仮構のうえに基礎づけられたその「近代文学」の耐用年数は、いつの間にか過ぎ去ってしまったかに見える。

山田有策は、この論考「秘宮は日本近代にありうるか」を初出から三十年以上経ってから収録し刊行した論文集の冒頭に、「幻想の近代――〈言文一致〉のはてなるところ」と題する序文を置いた。彼はそこで、「〈言文一致〉の理論や運動の結果としての口語文化はまさしく日本の近代と一体化したもの」だとしたうえで、そこから「切り捨てられ、言語文化の深層へと追い込まれていく文語体が体現する世界の意味やイメージがあまりに巨大かつ魅力的でありすぎる」ことと対比しつつ、「〈言文一致〉のはてなるところ」としてのわれわれの現在の文化状況の貧しさと乏しさを慨嘆している。そして彼はその慨嘆を、きわめて婉曲《えんきょく》かつ慎重な言いかたでこう締め括っている――

> [...]美妙たちが必死に追い求めた〈言文一致〉すなわち文体の口語化という目標が一種奇妙な幻想に他ならなかったように思われてならないのだが、それは私一人の妄想にすぎないのであろうか。
> (「幻想の近代」)(13)

「妄想」どころか、然り、そんな「近代」など幻想にすぎなかったのだと端的に言い切るべきだろう。「内部＝秘宮」ならざる単なる「内面＝心宮」を表白することしか許さない

「近代日本文学の秩序」など、はかない蜃気《しんき》楼《ろう》でしかなかったと冷酷に言い做《な》していっこうに構うまい。なぜなら、その一方で、幻想ならざる現実の近代がたしかに実在し、そのモデルニテは、透谷のみならず少なからぬ数の作家や詩人たちの作品において、きわめて具体的かつ物質的な言語体験として結晶しているからである。むろんそれは、「表現」されたり「表白」されたりしているわけではなく——なぜならあたかも「空白の枡目」を充塡《じゅうてん》するようにしてそれを「表現」「表白」するのは不可能性であるという認識こそ、その現実の近代の本性そのものであるから——、ただ言語の物質的なありようそれ自体として、われわれの文学的アーカイヴになまなましく現前しているのだ。柄谷氏が『日本近代文学の起源』の「あとがき」で、自著のタイトルに含まれる「近代」という語には「カッコが附されねばならない[14]」という周到な留保を書き添えているのも、恐らくそのことの謂《い》いにほかなるまい。

今日われわれは、良かれ悪しかれ「はてなるところ」に行き着いて、「幻想の近代」がいかなる無惨な体たらくをさらすことになったかをまざまざと眼前にしている。だからこそわれわれは、「妄想」とは無縁の客観的な判断として、たとえ「言文一致体」によって自我の深化としての「内面」が「発見」されたとして、しかしその「内面」なるものに何ほどの意義があったのかと今こそ冷静に反問しうるはずである。「風景」も「内面」も実のところ文学にとってどうでもよい些事にすぎず、もともと「近代」と何ら本質的な関係はなかったのだと一息に断定してしまうべきなのだ。なるほどそんな「風景」だの「内面」だのが、硬直した「制度」と化して文学史の或る場面に君臨するといったことがあったのは事実だろう。

だが、たとえそうだとしたところで、平明にして透明な言語で過不足なく表象されうるようになったというそんな「風景」や「内面」が、その政治性を暴き出しその呪縛力をイデオロギー的に相対化しようとして柄谷氏があれほどの知力を傾けるに値するほどの対象だったとはとうてい思えない。「制度」のうちに閉じ込められている者だけがその脱構築を必要とするのである。

漱石に『猫』や『坑夫』や漢詩があり(『こゝろ』や『道草』や『明暗』ではなく)、鷗外にも「近代的自我」とは無縁の後期の史伝群があって、それらがあの「内面」から多かれ少なかれはみ出したエクリチュールの実践であり、そのことごとくを包含した大きな言語創造をなしえたところに彼らの知識人としての傑出した度量があったことは事実である。だが、他方、たかだか「言文一致体」によって表現可能になった程度の「風景」や「内面」などには最初から洟《はな》も引っ掛けず、「鷗外を頂点として形成」されていった「近代日本文学の秩序」(山田有策)に取り込まれることを頑として拒みながら、あの「空白の枡目」にのみ衝き動かされ、透明な「内面」ならざる空白の「内部」という不可能性のトポスを日本語によって浮かび上がらせようと試みた一群の作家や詩人たちが、日本の現実の近代に実在したこともまた事実である。

そのとき、彼らが文語で書いたか口語で書いたかという差異は、実のところ真に「関与的」なパラメーターではない。真の問題は、口語散文の成立とともに立ち上がった「秩序」を自然なものと見なし、そのうちに安住して「空白の枡目」をせっせと埋めることに専心するか、それともその「秩序」を自明な環境として受け入れることを拒み、言語の不透明な物質性が差し向けてくるしぶとい抵抗との徹底的な格闘に身を投じるか、この二者択一の選択にある。いずれにせよ、国木田独歩によって創始され有象無象の私小説等に継承されてゆく「風景」と「内面」のエクリチュールなど、「近代」文学にあって最初から最後まで傍系でしかなく、その爽快な没落のさまは今や白日の下にさらけ出されている。

透谷、一葉、露伴、鏡花、そしてさらに時代を下れば言語の物質性の露出によって絶えず「風景」からも「内面」からも大胆に逸脱しつづけた内田百閒《ひやっけん》や吉田健一こそ、「近代」のもっとも過敏な特異点に触れえた作家たちなのであり、彼らが自己の全存在を賭けて織り上げた限界的なテクスト群の傍らに置くとき、漱石のお説教臭い通俗心理小説やら鷗外の華麗な文体見本帳やらは、所詮、知識人の慰戯の域を超えるものではない。そして、「近代」の核心に触れえなかった二流作家の制度性を撃って大見得を切る批評の力業もまた、言語の物質性と出会いそこねて空を切るほかはない。

註

第Ⅱ部　歴史とイデオロギー

17　科学——博物学(一)

(1) 大場秀章「日本における植物学の歩みと小石川植物園」(『大場秀章著作選1——植物学史・植物文化史』八坂書房、二〇〇六年刊所収、一五〇—一八六頁)。同「伊藤圭介と物産学」(同前、一九三—二二八頁)。なお、『日本植物研究の歴史——小石川植物園三〇〇年の歩み(東京大学コレクションⅣ)』大場秀章編、東京大学総合研究博物館、一九九六年刊も参照のこと。

(2) 『日本近代思想大系3　官僚制　警察』(由井正臣・大日方純夫校注)岩波書店、一九九〇年刊、三二一頁。

(3) 拙著『知の庭園——一九世紀パリの空間装置』(筑摩書房、一九九八年刊)の「Ⅱ-2　怪物のエチカ」の章、とくに一四一頁以降を参照。

(4) たとえば、『彩色江戸博物学集成』平凡社、一九九四年刊、今橋理子『江戸の花鳥画——博物学をめぐる文化とその表象』スカイドア、一九九五年刊、杉本つとむ『江戸の博物学者たち』講談社学術文庫、二〇〇六年刊、同『日本本草学の世界——自然・医薬・民俗語彙の探究』八坂書房、二〇一一年刊などを参照。

(5) Cf. Michel Foucault, *Les Mots et les choses. Une archéologie des sciences humaines*, Gallimard,

1966, Ch.III: Représenter - VI. Mathesis et taxinomia. ミシェル・フーコー『言葉と物——人文科学の考古学』渡辺一民・佐々木明訳、新潮社、一九七四年刊、「第三章 表象すること——六「マテシス」と「タクシノミア」」参照。

(6) 牧野富太郎「『小石川植物園草木目録後編』ハ何故同ジ様ナ本ガ二冊アルノカ」、『植物研究雑誌』第五巻、一九二八年刊所収、二〇七―二一〇頁。

(7) 大場秀章「伊藤圭介」、『学問のアルケオロジー』(「東京大学創立百二十周年記念東京大学展——学問の過去・現在・未来／第一部 学問のアルケオロジー」図録)東京大学出版会、一九九七年刊所収。

(8) 『東京大学法理文三学部年報(第五年報)』東京大学、一八七八年刊、七―八頁。

18 外圧——博物学(二)

(1) 白幡洋三郎『プラントハンター——ヨーロッパの植物熱と日本』講談社選書メチエ、一九九四年刊／講談社学術文庫[『プラントハンター』と改題]、二〇〇五年刊、一二九―一三〇頁。

(2) プラントハンターたちが故国に持ち帰った植物種は、植物園や畑に移植され、西欧各国の気候風土への馴化のための品種改良が試みられた。この「動植物の新風土馴化(acclimatation)」の試みに内在するイデオロギー的含意(他者性の消去)に関しては、前掲拙著『知の庭園——一九世紀パリの空間装置』の「Ⅲ-2 スペクタクルとしての動物」の章、とくに二四五―二四八頁を参照。一九世紀中葉のフランスにおいて「アクリマタシオン」の事業をとりわけ精力的に推進したのは、一八四一年から六一年までパリの自然史博物館附設のメナジュリー(動物園)の園長を務めたイジドール・ジョフロワ・サン＝ティレール(ジョルジュ・キュヴィエとの比較解剖学論争で名高いエティエンヌ・ジョフロワ・サン＝ティレールの息子)であった。彼は一八五四年に「帝国アクリマタシオン協会」を創設し、また五八年には外国産の動物を集めた「アクリマタシオン園(Le Jardin d'Acclimatation)」をブーローニュの森の北端に開設している。一八六〇年に一般公開されたこの「アクリマタシオン園」は多くの入園客を集め、それと並行して「アクリマタシオン」は当時のパリの知的世界で一種の流行語にもなった。パリの一般市民は、世界各地からの帝国主義的収奪の成果たる動植物のコレクションを休日の娯楽として享受したのである。「アクリマタシオン園」の名を残した施設は今日なおパリの同じ場所に存在しており、多少の動物が飼われたり菜園コーナーがあったりするものの、その内実は第二帝政期のものとはまったく違うありきたりの公園となっている。

(3) ラザフォード・オールコック『大君の都——幕末日本滞在記』(上・中・下、山口光朔訳、岩波文庫、一九六二年刊)のうち、第十五章(日本農業の技術や作物、また果樹や草花などに関する記述)、第二十章(ジョン・グールド・ヴィーチを伴ったくだんの富士山《フジヤマ》への「巡礼」の記録)、第二十一章(伊豆の農村生活、熱海の製紙工場、パルプ原料となる樹皮の商品価値への注目)等に、彼の「博物学」的興味が顕著である。

(4) 『明治文学全集60　明治詩人集(一)』(矢野峰人編)筑摩書房、一九七二年刊、一八—二〇頁。

(5) 同前、一三—一四頁。

19　分類——システム(一)

(1) 中島敦「文字禍」、『中島敦全集1』ちくま文庫、一九九三年刊所収、四二頁。

(2) 「契沖ほうし、歌書に限りてはあれど、此道すぢ[古学——松浦註]を開きそめたり、此人をぞ、此まなびのはじめの祖《オヤ》ともいひつべき」(本居宣長『うひ山ぶみ』、『日本思想大系40　本居宣長』岩波書店、一九七八年刊所収、五二五頁)。

(3)『和字正濫鈔』は『契沖全集　第十巻』岩波書店、一九七三年刊所収、一〇三―二七九頁。『和字正濫要略』は同前、六六九―七三六頁。

(4)『日本釈名』は『益軒全集　巻之一』益軒全集刊行部、一九一〇年刊所収、一―八三頁。『和字解』は同前、一〇八―一一九頁。

(5) 伊藤圭介「これもまた　くちよくいふべくして　そのことはおこなはれがたきのせつ」、『東京学士会院雑誌』第三編第十冊、一八八一年刊所収。

(6) 同前、第三編第三冊、一八八一年刊所収。

(7) 前掲、伊藤圭介「これもまた　くちよくいふべくして　そのことはおこなはれがたきのせつ」。

(8) 田中義廉『小学日本文典』(著者自身の「編輯幷蔵版」による私家版)、一八七五年刊、第二編第八章「七品詞の名目」。

(9) 同前、第二編第十三章「名詞の格」。

(10) 大槻文彦『言海』ちくま学芸文庫、二〇〇四年刊、一五頁。

(11) 同前、一二五七頁。

(12) Cf. Richard M. Rollins, *The Long Journey of Noah Webster*, The University of Pennsylvania Press, 1980.

20　秩序――システム(二)

(1) 大槻文彦『語法指南』、前掲『言海』、九〇頁。

(2) 同前、一〇四頁。

(3) 同前、一〇五頁。

(4) 同前。

(5) 同前。

(6) 「玉(実詞)」の連なりがそこに「緒(テニヲハ)」を通すことで数珠のように繋がれていき、それが日本語の文をなすという「詞の玉緒」論は、やがて歌人・国文学者の折口信夫の言語世界で特異な変奏を見せるに至る。拙著『折口信夫論』(太田出版、一九九五年刊／増補版、ちくま学芸文庫、二〇〇八年刊)の「II 喪の裳」の第三節「玉の緒」の結び目」を参照。

(7) 前掲、大槻文彦『言海』、三〇五頁。

(8) 同前、七六九頁。

(9) 『広辞苑 第六版』岩波書店、二〇〇八年刊、一七八二頁。

(10) 前掲、大槻文彦『言海』、一一三六頁。

(11) 同前、三九一頁。

21　例外──システム(三)

(1) 傍点を付した『ラング』は原文ではイタリック体で強調されている。Giorgio Agamben, *Stato di Eccezione*, Bollati Boringhieri, 2003, pp. 49-50. ジョエル・ゲイローによるフランス語訳及び上村忠男・中村勝己両氏による日本語訳を参照しつつ拙訳を試みた(ジョルジョ・アガンベン『例外状態』未來社、二〇〇七年刊、七五頁)。同書からの引用に関しては以下も同じ。ちなみにアガンベンは、言語行為と法とのアナロジーというこの問題をめぐって、『ホモ・サケル──主権権力と剝き出しの生』(一九九五年刊)においてすでにかなり精細な議論を展開している。同書「第一部 主権の論理」の「一 主権の逆説」、とくに第三節─第五節を参照のこと。

（2）Agamben, *Stato di Eccezione*, p. 49.（邦訳、七四頁）

（3）『ホモ・サケル――主権権力と剝き出しの生』においてアガンベンはすでにこの問題に言及し、「言語活動は、恒常的な例外状態にあって、言語の外などはない、自分はつねに自分自身の彼方にある、と宣言する主権者である」と簡潔に定式化している。Giorgio Agamben, *Homo sacer. Il potere sovrano e la nuda vita*, Einaudi, 1995, p. 26. 高桑和巳訳、以文社、二〇〇三年刊、三四頁。

（4）Agamben, *Stato di Eccezione*, p. 50.（邦訳、七五―七六頁）「その零度にまで還元」云々の一句はフランス語訳での加筆。「過剰なるシニフィアン」の一語から想起すべきはもちろんラカンやフーコーの仕事であろう。

22　革命――システム（四）

（1）Agamben, *Stato di Eccezione*, p. 70.（邦訳、一〇九頁）

（2）ヴァルター・ベンヤミン『暴力批判論 他十篇』野村修編訳、岩波文庫、一九九四年刊、五四頁。

（3）同前、五九頁。

（4）同前、六四頁。

（5）北一輝『国体論及び純正社会主義』、『北一輝著作集 第一巻』みすず書房、一九五九年刊所収、二五四頁、三六三頁。

（6）カール・シュミット『政治神学』田中浩・原田武雄訳、未來社、一九七一年刊、二三頁。引用は多少の字句の変更を施させていただいた。

（7）前掲、ベンヤミン『暴力批判論 他十篇』、五四頁。

（8）ヴァルター・ベンヤミン『ドイツ悲劇の根源（上）』浅井健二郎訳、ちくま学芸文庫、一九九九年刊、一一六頁。引用は多少の字句の変更を施させていただいた。

（9）同前、一三二頁。

（10）Agamben, *Stato di Eccezione*, p. 74.（邦訳、一一五頁）

（11）Agamben, *Ibid.*, p. 83.（邦訳、一二八頁）

（12）「大地を救済された彼岸へと導くことをせず、それを絶対的に空虚な天空へと委ねるこのような「白い終末論」こそが、バロックの例外状態をカタストロフとして形象化するのだ。そして、シュミット的な神学的＝政治的なるものを定義していた主権性と超越性との間の照応、君主と神の間の照応を切断するのもまた、この白い終末論なのである」（Agamben, *Ibid.*, p. 74. 邦訳、一一四頁）。

23　条理──進歩史観（一）

（1）有賀長雄『増補 社会進化論』牧野書房、一八八七年刊、「凡例」一頁。

（2）同前、「総論」四頁。同書は「総論」のみ以下に収録されているので該当箇所のレファランスを記す──『日本近代思想大系10 学問と知識人』（松本三之介・山室信一校注）岩波書店、一九八八年刊、三九六頁。

（3）L・H・モルガン『古代社会（上）』青山道夫訳、岩波文庫、一九五八年刊、二四頁。引用は多少の字句の変更を施させていただいた。

（4）前掲『明治文学全集60 明治詩人集（一）』、一九頁

（5）『西周全集 第一巻』宗高書房、一九六〇年刊、五七二頁。

（6）『日本近代思想大系15 翻訳の思想』（加藤周一・丸山眞男校注）岩波書店、一九九一年刊、一二三頁。

(7)『福沢諭吉全集 第四巻』岩波書店、初版一九五九年刊、再版一九七〇年刊、一五二頁。
(8) 田口卯吉『支那開化小史』経済雑誌社、再版一八八七年刊、「例言」一頁。
(9)『明治文学全集14 田口鼎軒集』(大久保利謙編)筑摩書房、一九七七年刊、六二頁。
(10)『日本近代思想大系13 歴史認識』(田中彰・宮地正人校注)岩波書店、一九九一年刊、二四〇頁。
(11) 同前、二四五頁。
(12)『西周全集 第四巻』宗高書房、一九八一年刊、七四頁。本文の左側に添えられた傍註は( )内に補った(以下同)。
(13) 同前。
(14) 同前、六五―六六頁。「百学連環」の「総論」の「永見本」(永見裕の筆記によるテクスト)には甲・乙二つのヴァージョンがあるが、ここでは推敲の進捗度が高いと思われる「乙本」に拠って引用する。英文の不正確な箇所は訂正した。
(15) 同前、六六―六七頁。
(16) 西周は"rational"には通常、「道理アル」「道理上」といった訳語を当てている。ちなみに"logical"は「致知上ノ」("logic"は「致知学」)と訳されている。

24　優劣――進歩史観(二)

(1) 加藤弘之『国体新論』、『明治文学全集3 明治啓蒙思想集』(大久保利謙編)筑摩書房、一九六七年刊所収、一七〇頁。
(2) 同『人権新説』、同前、一七四頁。
(3) エドワード・シルヴェスター・モース『日本その日その日』石川欣一訳、講談社学術文庫、二〇一三年刊、一六一―一六二頁。

(4) 前掲『明治文学全集3　明治啓蒙思想集』、一七三頁。

(5) 『福沢諭吉全集　第六巻』岩波書店、初版一九五九年刊、再版一九七〇年刊、四二五頁。

(6) 前掲『明治文学全集3　明治啓蒙思想集』、一七五頁。

(7) 同前、一七三頁。なお、明治十五年に谷山楼より初版が刊行された『人権新説』の原本では、このエピグラフは加藤自身の手になる墨痕淋漓《りんり》たる毛筆の書がそのまま写真版で転写されている。いかにも「座右の銘」といった風情を湛えた毛筆のオートグラフ(「優勝劣敗是天理矣　加藤弘之」と、同じ運筆の勢いのまま署名まで含めて記されている点が重要だろう)は、印刷された字体にはないオーラをまとっており、この著作全体の「空気」を威圧的に支配している。

(8) 同前、一八一頁。

(9) 「我日本古《いにしえ》より今に至る迄哲学無し。[…]近日は加藤某、井上某、自ら標榜して哲学家と為し、世人も亦或は之を許すと雖も、其実は己れが学習せし所の泰西某々の論説を其儘《そのまま》に輸入し、所謂《いわゆる》崑崙に箇の棗《なつめ》を呑めるもの、哲学者と称するに足らず」(中江兆民『一年有半』、『中江兆民全集10』岩波書店、一九八三年刊、一五五頁)。

(10) 外山正一『ゝ山存稿　前編』丸善、一九〇九年刊、四八四―四九四頁、及び四九五―五一一頁。二つの文章のうち前者には、表題の傍らに「明治十六年一月」と註記されている。

(11) 加藤弘之『進化学より観察したる日露の運命』博文館、一九〇四年刊、五六―五七頁。

(12) 同前、六一頁。

(13) 同前、七九―八〇頁。

(14) 同前、八一頁。

（15）同前、八九頁。

25　不徹底——進歩史観(三)

（1）この時期の歴史学と社会学の相互影響関係に関しては、大久保利謙「明治初期における歴史学と社会学との交流——文明史と東京大学史学を中心として」(『大久保利謙歴史著作集7　日本近代史学の成立』吉川弘文館、一九八八年刊所収、一〇九—一三四頁)を参照。

（2）前掲『明治文学全集60　明治詩人集(一)』、一三頁。

（3）江藤淳『南洲残影』文春文庫、二〇〇一年刊、一六三頁。

（4）「[…]薩軍は、兵卒にいたるまで全員が日本刀を持っていた。[…]所謂抜刀隊がこれにほかならない。官軍は、最もこの抜刀隊に悩まされたのである」(同前、「二　慓悍無謀」、四五頁)。

（5）同前、一五七頁。

（6）同前、一六〇頁。

（7）同前、一五二—一五三頁。

（8）前掲『明治文学全集60　明治詩人集(一)』、一四頁。

（9）前掲、江藤淳『南洲残影』、二六二頁。

（10）前掲、有賀長雄『増補　社会進化論』、「総論」二七頁。前掲『日本近代思想大系10　学問と知識人』、四〇六頁。

（11）『社会学　巻之一』として明治十七年に刊行された『社会進化論』(東洋館)。有賀は同年、他に『社会学　巻之二　宗教進化論』『社会学　巻之三　族制進化論』なども上梓している。

（12）前掲『明治文学全集60　明治詩人集(一)』、三頁。

(13) 同前、一六―一七頁。

26　大勢――進歩史観(四)

(1) 『明治文学全集34　徳富蘇峰集』(植手通有編)筑摩書房、一九七四年刊所収、五六頁。
(2) 同前、一一四頁(原漢文)。
(3) 同前、一一八頁。
(4) 同前、六三頁。
(5) 同前、六五頁。
(6) 米原謙『徳富蘇峰――日本ナショナリズムの軌跡』における引用(中公新書、二〇〇三年刊、五〇頁)。
(7) 前掲『明治文学全集34　徳富蘇峰集』、一〇八頁。
(8) 同前、八八―八九頁。
(9) 同前、二六三頁。
(10) 米原謙『近代日本のアイデンティティと政治』ミネルヴァ書房、二〇〇二年刊、一二九頁。同書の「第三章　パロディの精神――『三酔人経綸問答』を読む」を参照のこと。山室信一氏による「蘇峰=紳士君のモデル」説については、同氏の『法制官僚の時代――国家の設計と知の歴程』(木鐸社、一九八四年刊)を参照。
(11) 前掲『明治文学全集34　徳富蘇峰集』、一一四頁(原漢文)。
(12) 『中江兆民全集8』岩波書店、一九八四年刊、二五八頁。
(13) 同前、二五九―二六〇頁。

(14)　同前、二六二頁。
(15)　同前、二六三頁。

27　天――天皇(一)

(1)　『国民之友 第三集』民友社、一八八九年刊、一―一二頁。「隠密なる政治上の変遷」は以降、同誌第十九号まで五回にわたって連載された。
(2)　『中江兆民全集14』岩波書店、一九八五年刊、一六八頁。
(3)　前掲『中江兆民全集8』、二六四頁。
(4)　同前、二六六頁。
(5)　Cf. Henri Bergson, *Essai sur les données immédiates de la conscience*, F. Alcan, 1889. アンリ・ベルクソン『意識に直接与えられたものについての試論』合田正人・平井靖史訳、ちくま学芸文庫、二〇〇二年刊を参照。
(6)　前掲『中江兆民全集8』、二六三―二六四頁。
(7)　前掲『明治文学全集3　明治啓蒙思想集』、二八〇頁。
(8)　吉野作造「我国近代史に於ける政治意識の発生」(一九二七年初出)、『吉野作造選集11』岩波書店、一九九五年刊所収、二二六―二二七頁。
(9)　『日本思想大系3　律令』岩波書店、一九七六年刊、三四三頁。
(10)　たとえば、前掲、オールコック『大君の都(上)』、三三七―三三九頁を参照。
(11)　『秘書類纂　憲法資料　下巻』伊藤博文編、秘書類纂刊行会、一九三五年刊、四九七頁。
(12)　前掲『中江兆民全集14』、四一―四三頁。

(13) 同前、三八―四〇頁。

28　転移――天皇(二)

(1) 教育勅語の成立過程に関しては、海後宗臣『教育勅語成立史の研究』(厚徳社、一九六五年刊)や稲田正次『教育勅語成立過程の研究』(講談社、一九七一年刊)などを参照。なお、本章及び次章の主題となる教育勅語をめぐる諸テクストの大部分は、『日本近代思想大系6　教育の体系』(山住正己校注、岩波書店、一九九〇年刊)の「V　教育勅語体制の確立」に収められている。

(2) 前掲『日本近代思想大系6　教育の体系』、三七三頁。

(3) 同前、三七四頁。

(4) 「曰天、曰上帝、曰神(謂真一之神、不可与鬼神之神混)、曰造化之主宰、名異而義一」。「請質所聞」は静嘉堂文庫に所蔵されている自筆本である。小泉仰『中村敬宇とキリスト教』(北樹出版、一九九一年刊)に書き下しの試みがある(四四―六〇頁)。

(5) 前掲『日本近代思想大系6　教育の体系』、三七五―三七六頁。

(6) 『藤田省三著作集1　天皇制国家の支配原理』みすず書房、一九九八年刊、一八頁。ただし、藤田省三の処女作とも呼べる論文「天皇制国家の支配原理」自体の初出は、一九五六年九月刊の『法学志林』(法学志林協会)である。ここで「天皇制国家の支配原理」に傍点が振られているのは、そうした「国家」の成立後、次いで日本に「天皇制社会」が出現するに至るという藤田の通史的認識による。彼は「天皇制国家の支配原理」の続篇として「天皇制社会」の分析を構想していたが、書かれずに終った。「「天皇制国家」から「天皇制社会」への歴史的変化の劃期は、日露戦争でありました」(「新編へのあとがき――書き残した部分の素案の断片」、前掲『藤田省三著作集1　天皇制国家の支配原理』、二九八頁)。

(7)「学制につき被仰出書」、前掲『日本近代思想大系6 教育の体系』、三一頁。
(8) 同前、一九頁。
(9) 同前、三七七頁。ルドルフ・フォン・グナイストはドイツの法学者・政治家。憲法調査で渡独した伊藤博文らに憲法を講義した。
(10) 前掲『藤田省三著作集1 天皇制国家の支配原理』、三三頁。
(11) 数次にわたる井上草案の推移に関する詳細は、本章註(1)に挙げた海後宗臣や稲田正次の労作の該当箇所を参照。
(12) 前田愛は教育勅語をめぐる鋭利な小論考「元田永孚と教育勅語」において、「この二人〔井上と元田――松浦註〕の組合せは明治国家の巧まざる狡智の産物であったといえるかもしれない」と述べている(『前田愛著作集 第四巻 幻景の明治』筑摩書房、一九八九年刊、一一二頁)。
(13) 前掲『藤田省三著作集1 天皇制国家の支配原理』、三九頁。
(14) 前掲『日本近代思想大系6 教育の体系』、三八三頁。

29 命令――天皇(三)

(1) 前掲『日本近代思想大系6 教育の体系』、七八―七九頁。
(2) 同前、八〇―八三頁。
(3) 同前、八二頁。
(4) 同前、八五頁。
(5)「稲田初稿」と呼ばれるものより引用。同前、三七八―三七九頁。
(6) 同前、三七六頁。

（7）同前、三八三頁。
（8）同前、三七八頁。
（9）久野収・鶴見俊輔『現代日本の思想——その五つの渦』岩波新書、一九五六年刊、一三二頁以下を参照(久野の執筆による「Ⅳ 日本の超国家主義——昭和維新の思想」の章)。
（10）前掲『日本近代思想大系6 教育の体系』、三八〇頁。

30　無比——天皇(四)

（1）『敬宇文集(第二冊)』吉川弘文館、一九〇三年刊、巻之五、一頁(原漢文)。
（2）前掲『中江兆民全集14』、一〇八頁。
（3）Louis Marin, *Le Portrait du roi*, Ed. de Minuit, 1981. 邦訳はルイ・マラン『王の肖像——権力と表象の歴史的哲学的考察』渡辺香根夫訳、法政大学出版局、二〇〇二年刊。彼がこの「表象の二重性」の命題を簡潔に定式化している一節を挙げておこう——「言い換えれば、表象する(représenter)とは、何事かを表象しつつある自己を提示する(se présenter représentant quelque chose)ことを意味する。かくして、いかなる表象、いかなる表象記号、いかなる意味作用過程も、二つの次元を包含しており、わたしはその第一のものを反射的《レフレクシヴ》——自己を提示する——、第二のものを他動詞的《トランジティヴ》——何事かを表象する——と呼ぶことを習慣としている」。《Le cadre de la représentation et quelques-unes de ses figures》, in *De la représentation*, Gallimard/Le Seuil, 1994, p. 343.
（4）ヴォルテールの『ルイ十四世の世紀』は、十七歳のルイ十四世が法服貴族たちに向かって高飛車にそう言い放ってのける場面を生彩豊かな筆致で描いているが、この言葉を実際に彼が口にした事実はないというのが現代の歴史家の定説である。Cf. Lucien Bély, *Louis XIV: le plus grand roi du*

monde, Ed. Jean-Paul Gisserot, coll.《Les classiques Gisserot de l'histoire》, 2005.

（5）多木浩二『天皇の肖像』岩波新書、一九八八年刊(岩波現代文庫、二〇〇二年刊)、原武史『可視化された帝国――近代日本の行幸啓』みすず書房、二〇〇一年刊(増補版、二〇一一年刊)。

（6）前掲『日本近代思想大系6　教育の体系』、四一二頁(井上哲次郎『勅語衍義』に付された註による)。

（7）同前、四一二頁。

（8）同前、四一三頁。

（9）『日本古典文学大系67　日本書紀　上』岩波書店、一九六七年刊、一四七頁。

31　快楽――無意識

（1）Charles Baudelaire, *Œuvres complètes*, Tome 1, Bibliothèque de la Pléiade, Gallimard, 1975, p. 280.『ボードレール全集Ⅳ』阿部良雄訳、筑摩書房、一九八七年刊、一三頁。以下、ボードレールのテクストは阿部良雄訳に拠り、わずかな表記上の変更を加えた。

（2）*Ibid.*, p. 281. 同前『ボードレール全集Ⅳ』、一五頁。

（3）*Ibid.*, p. 287. 同前『ボードレール全集Ⅳ』、二三頁。

（4）*Ibid.*, p. 282. 同前『ボードレール全集Ⅳ』、一五頁。

（5）これは『実践理性批判』の第一部第一編第一章の第七節で、「純粋実践理性の根本法則」として提出される「命法」である(『カント全集7』坂部恵・伊古田理訳、岩波書店、二〇〇〇年刊、一六五―一六九頁参照)。

（6）前掲『福沢諭吉全集　第四巻』、八三頁。

（7）Foucault, *Op. cit., Les Mots et les choses. Une archéologie des sciences humaines*, pp. 335-336. 引用は拙訳による（前掲、ミシェル・フーコー『言葉と物』、三四五頁参照）。
（8）Foucault, *Ibid.*, p. 333.（邦訳、三四二頁参照）
（9）前掲『福沢諭吉全集　第四巻』、三一―三二頁。

第Ⅲ部　エクリチュールと近代

32　牢獄――北村透谷（一）

（1）『透谷全集　第三巻』岩波書店、一九五五年刊、二三三―二三四頁。
（2）『前田愛著作集　第五巻　都市空間のなかの文学』筑摩書房、一九八九年刊、八三頁。
（3）サミュエル・スマイルズ『西国立志編』中村正直訳、講談社学術文庫、一九八一年刊、三四五―三四六頁。数多く存在する旧版を参照して、新仮名遣いを旧仮名遣いに、幾つかの仮名を漢字に、適宜変更した。他に、同書二一二―二一五頁なども参照のこと。
（4）『日本近代思想大系23　風俗　性』（小木新造・熊倉功夫・上野千鶴子校注）岩波書店、一九九〇年刊、五三頁。
（5）同前。
（6）前掲『前田愛著作集　第五巻　都市空間のなかの文学』、七八―七九頁。
（7）島崎藤村「六年前、北村透谷二十七回忌を迎へし時に」（『大観』一九二一年七月号初出）。この文章は『明治文学全集29　北村透谷集』（小田切秀雄編、筑摩書房、一九七六年刊）に再録されている。当該の証言は同書三三六頁を参照のこと。

(8) 『透谷全集 第二巻』岩波書店、一九五〇年刊、三三九頁。
(9) 同前、三一二―三一三頁。
(10) 同前、一五三頁。
(11) 前掲『透谷全集 第三巻』、一六八頁。
(12) 前掲『透谷全集 第二巻』、三二七頁。
(13) 同前、三一五―三一六頁。
(14) 同前、二四二頁。
(15) 同前、三一四頁。
(16) 同前、三五三頁。
(17) 同前、三五四頁。
(18) 『透谷全集 第一巻』岩波書店、一九五〇年刊、一九頁。
(19) 同前、二〇頁。

33　内部――北村透谷(二)

(1) 前掲『透谷全集 第二巻』、三五一頁。
(2) 同前、二三八―二三九頁。
(3) 同前、三三〇頁。
(4) 「藤村詩集序」、『日本現代詩大系 第二巻』河出書房新社、一九七四年刊所収、一四一頁。
(5) 前掲『透谷全集 第二巻』、三五五頁。
(6) 前掲『透谷全集 第一巻』、二五四頁。

（7）同前、二五六頁。
（8）同前、九頁。
（9）同前。
（10）同前、一一頁。
（11）同前、一八頁。
（12）同前、三三頁。
（13）同前、八六頁。
（14）同前、八六―八七頁。
（15）同前、八八頁。
（16）同前。

34　欠如――北村透谷(三)

（1）前掲『透谷全集 第一巻』、八八―八九頁。
（2）同前、九〇―九一頁。
（3）同前、九一頁。
（4）Gilles Deleuze, *L'Ile déserte. Textes et entretiens 1953-1974*, Ed. de Minuit, 2002, pp. 258-265. 引用は拙訳による。ジル・ドゥルーズ『無人島 1969-1974』稲村真実・他訳、河出書房新社、二〇〇三年刊、八四―九三頁参照。
（5）*Ibid.*, pp. 260-261.（邦訳、八七頁参照）
（6）*Ibid.*, p. 261.（邦訳、八八頁参照）

(7) 前掲『透谷全集 第一巻』、五一—五二頁。

(8) G. Deleuze, *Op. cit.*, p. 266.(邦訳、九五頁参照)

(9) 前掲『透谷全集 第一巻』、四二—四三頁。

(10) G. Deleuze, *Op. cit.*, p. 267.(邦訳、九五—九六頁参照)

(11) 前掲『透谷全集 第一巻』、一四一—一四二頁。

(12) 拙稿「不眠のための断章群A——否定・外部」及び「不眠のための断章群B——欠語・不死」(『口唇論——記号と官能のトポス』青土社、一九八五年刊/新装版、一九九七年刊所収)を参照のこと。ヴァレリーの詩篇「眠る女」(詩集『魅惑』所収)、カフカの短篇「断食芸人」、ブランショのエッセイ「夜、眠り」(『文学空間』所収)、J・G・バラードの短篇「マンホール69」(『時の声』所収)、ボルヘスの短篇「記憶の人フネス」(『伝奇集』所収)等は、この問題系のインデックスを形成する幾つかの目立った指標にすぎない。

35　不可能——北村透谷(四)

(1) 前掲『透谷全集 第二巻』、九頁。

(2) 同前、一三頁。

(3) 同前、三五二頁。

(4) 同前、八頁。

(5) 同前、一四頁。

(6) 同前、三七一頁。

(7) 『新編浮雲』第二篇の「第十回 負るが勝」の冒頭部分である。『明治文学全集17 二葉亭四迷・嵯峨の屋おむろ集』(中村光夫編)筑摩書房、一九七一年刊、四八頁。
(8)　前掲『透谷全集 第一巻』、三頁。
(9)　前掲『透谷全集 第二巻』、三八九頁。
(10)　山田有策「秘宮は日本近代にありうるか——透谷と口語散文」、『幻想の近代——逍遙・美妙・柳浪』おうふう、二〇〇一年刊所収、一六八—一六九頁。
(11)　柄谷行人『日本近代文学の起源』講談社、一九八〇年刊/講談社文芸文庫、一九八八年刊、七五頁。
(12)　前掲、山田有策『幻想の近代』、一六九頁。
(13)　同前、三九頁。
(14)　前掲、柄谷行人『日本近代文学の起源』、二四三頁。

本書は二〇一四年五月、新潮社より刊行された。

明治の表象空間（中）―歴史とイデオロギー

2024年5月15日　第1刷発行

著　者　松浦寿輝《まつうらひさき》

発行者　坂本政謙

発行所　株式会社 岩波書店
〒101-8002 東京都千代田区一ツ橋 2-5-5

案内 03-5210-4000　営業部 03-5210-4111
https://www.iwanami.co.jp/

印刷・精興社　製本・中永製本

ISBN 978-4-00-600475-0　Printed in Japan

岩波現代文庫創刊二〇年に際して

二一世紀が始まってからすでに二〇年が経とうとしています。この間のグローバル化の急激な進行は世界のあり方を大きく変えました。世界規模で経済や情報の結びつきが強まるとともに、国境を越えた人の移動は日常の光景となり、今やどこに住んでいても、私たちの暮らしは世界中の様々な出来事と無関係ではいられません。しかし、グローバル化の中で否応なくもたらされる「他者」との出会いや交流は、新たな文化や価値観だけではなく、摩擦や衝突、そしてしばしば憎悪までをも生み出しています。グローバル化にともなう副作用は、その恩恵を遥かにこえていると言わざるを得ません。

今私たちに求められているのは、国内、国外にかかわらず、異なる歴史や経験、文化を持つ「他者」と向き合い、よりよい関係を結び直してゆくための想像力、構想力ではないでしょうか。

新世紀の到来を目前にした二〇〇〇年一月に創刊された岩波現代文庫は、この二〇年を通して、哲学や歴史、経済、自然科学から、小説やエッセイ、ルポルタージュにいたるまで幅広いジャンルの書目を刊行してきました。一〇〇〇点を超える書目には、人類が直面してきた様々な課題と、試行錯誤の営みが刻まれています。読書を通した過去の「他者」との出会いから得られる知識や経験は、私たちがよりよい社会を作り上げてゆくために大きな示唆を与えてくれるはずです。

一冊の本が世界を変える大きな力を持つことを信じ、岩波現代文庫はこれからもさらなるラインナップの充実をめざしてゆきます。

（二〇二〇年一月）

岩波現代文庫［学術］

G467
コレモ日本語アルカ？
―異人のことばが生まれるとき―
金水敏

ピジンとして生まれた〈アルヨことば〉は役割語となり、それがまとう中国人イメージを変容させつつ生き延びてきた。〈解説〉内田慶市

G468
東北学／忘れられた東北
赤坂憲雄

驚きと喜びに満ちた野辺歩きから、「いくつもの東北」が姿を現し、日本文化像の転換を迫る。「東北学」という方法のマニフェストともなった著作の、増補決定版。

G469
増補 昭和天皇の戦争
―「昭和天皇実録」に残されたこと・消されたこと―
山田朗

平和主義者とされる昭和天皇が全軍を統帥する大元帥であったことを「実録」を読み解きながら明らかにする。〈解説〉古川隆久

G470
帝国の構造
―中心・周辺・亜周辺―
柄谷行人

『世界史の構造』では十分に展開できなかった「帝国」の問題を、独自の「交換様式」の観点から解き明かす、柄谷国家論の集大成。佐藤優氏との対談を併載。

G471
日本軍の治安戦
―日中戦争の実相―
笠原十九司

治安戦（三光作戦）の発端・展開・変容の過程を丹念に辿り、加害の論理と被害の記憶からその実相を浮彫りにする。〈解説〉齋藤一晴

岩波現代文庫［学術］

G472
網野善彦対談セレクション
1 日本史を読み直す
山本幸司編

日本史像の変革に挑み、「日本」とは何かを問い続けた網野善彦。多彩な分野の第一人者たちと交わした闊達な議論の記録を、没後二〇年を機に改めてセレクト。（全二冊）

G473
網野善彦対談セレクション
2 世界史の中の日本史
山本幸司編

戦後日本の知を導いてきた諸氏と語り合った、歴史と人間をめぐる読み応えのある対談六篇。若い世代に贈られた最終講義「人類史の転換と歴史学」を併せ収める。

G474
明治の表象空間(上)
―権力と言説―
松浦寿輝

学問分類の枠を排し、言説の総体を横断的に俯瞰。近代日本の特異性と表象空間のダイナミズムを浮かび上がらせる。（全三巻）

G475
明治の表象空間(中)
―歴史とイデオロギー―
松浦寿輝

近代の言説から既存の学問分類の枠を排し横断的に俯瞰。新たな輪郭線を描き出す。中巻では、進歩史観、システム、天皇制を論じる。

G477
シモーヌ・ヴェイユ
冨原眞弓

その三四年の生涯は「地表に蔓延する不幸」との闘いであった。比類なき誠実さと清冽な思索の全貌を描く、ヴェイユ研究の決定版。